中国军民融合发展与成果年鉴

CHINA MILITARY AND CIVILIAN INTEGRATION DEVELOPMENT AND ACHIEVEMENTS YEARBOOK

（2014）

韩璞 汤文仙 编著

图书在版编目（CIP）数据

中国军民融合发展与成果年鉴 / 韩璞，汤文仙编著. -
北京：西苑出版社，2016.1
ISBN 978-7-5151-0550-5

Ⅰ. ①中… Ⅱ. ①韩… ②汤… Ⅲ. ①军民关系－中国－年鉴
Ⅳ. ①E225-54

中国版本图书馆CIP数据核字(2015)第286643号

中国军民融合发展与成果年鉴

作　　者　韩璞　汤文仙
责任编辑　李健
图书策划　张怡
封面设计　韩宾
开　　本　787毫米x1092毫米　1/16
印　　张　17.75
字　　数　230千字
版　　次　2015年12月第1版　2015年12月第1次印刷
印　　刷　北京新越翔达彩色印刷有限公司
书　　号　ISBN 978-7-5151-0550-5
定　　价　360.00元

出版发行　西苑出版社　北京市朝阳区利泽东二路3号　100102
发 行 部　（010）84254364
编 辑 部　（010）84250838
总 编 室　（010）64228516
网　　址　http://www.jccb.com.cn
电子邮箱　jinchengchuban@163.com
法律顾问　陈鹰律师事务所（010）64970501

（内部资料　注意保存）

编辑委员会成员

主　　编：赵可铭

副 主 编：齐三平　黄成林　马之庚

作　　者：韩　璞　汤文仙

主　　任：赵滨江

副 主 任：杨千里　于安成　李方来　徐光裕　赵澄谋　姜鲁鸣
徐振川　张晓明　曹国英　李清华

委　　员：（以姓氏笔画为序）

马立星　王　跃　王宇飞　王苏珲　王国礼　史其存
汪顺亭　刘德峰　李　鸥　李宣良　李法勇　李爱明
李海军　李晓清　闫　欢　郭　泉　张　怡　张孝云
赵小木　赵　耀　陈岳平　陈　刚　陈财森　金　明
周　疆　周金强　周永亮　周寅虎　范黎恒　郭　泉
胡乐伟　姬鹏宏　高海军　徐　勇　黄瑞成　黄永刚
黄雅琳　韩　宾　葛明宽　程瑞华　廉　清　蒲　果
薛昌雄

编制单位：军民融合（北京）装备技术研究院
中国电子信息产业发展研究院赛迪军民结合研究所

责任编辑：李　健

图书策划：张　怡

封面设计：韩　宾

前言

党的十八大做出了“坚持走中国特色军民融合式发展路子，坚持富国与强军相统一”的战略部署，十八届三中全会进一步把推动军民融合深度发展作为深化国防和军队改革的重大战略任务，上升到国家的意志和决心。习近平主席出席十二届全国人大三次会议解放军代表团全体会议时第一次明确提出“把军民融合发展上升为国家战略”，深刻阐明了新形势下大力实施军民融合发展战略的重要性紧迫性，为加快形成全要素、多领域、高效益的军民融合深度发展格局指明了方向。

将军民融合发展上升为国家战略，是我党长期探索经济建设和国防建设协同发展规律的重大成果，是从国家安全和发展战略全局出发作出的正确决策。在新的历史条件下，全面推进军民融合深度发展，对于加快国防现代化建设、促进经济持续健康发展，实现富国强军，具有重要而深远的意义。当前，我国军民融合已进入建立健全管理领导体制、破解深层矛盾的关键期，我国军民融合的战略定位和形势进一步明晰。但在推动军民融合深度发展过程中，建立科学合理的体制机制，调整利益关系，制定促进军民融合的相关法律法规和民参军层次与国防建设的需求不相适应等现实问题，都需要加大改革开放的力度。目前，这些都需要认真研究和准确把握。

2014 年，军地相关部门认真贯彻落实党的十八大和十八届三中全会对中国特色军民融合式发展做出的明确指示，按照国家主导、市场运作、需求牵引的战略思路，从顶层设计入手、通盘考虑、统筹安排、统一部署，同心协力做好军民融合深度发展这篇大文章。整体看来，2014 年我国军民融合工作全面提速，军队和地方，军工企业和民用企业，专家学者和民间人士推进这项工作的积极热情高涨，推动军民融合向广度深度大步迈进。国家层面顶层发展规划和政策建设相继启动，多领域融合的速度明显加快，资源共享的领域不断拓展，地方政府推动军民深度融合的责任感进一步提高，“民参军”的热情进一步高涨。

为及时跟踪和准确分析我国推进军民深度融合发展的最新动态和发展方向，军民融合（北京）装备技术研究院联合赛迪研究院军民结合研究所，倾其全力，以政府公开发布的资料为根据，在广泛调研的基础上，全面总结和深度分析了 2014 年来我国军民融合式发展的最新态势，归纳总结各相关单位在促进军民融合的工作做法和经验，深入分析研究军民融合过程中出现的新情况新问题，完成了我国首部军民融合领域的年鉴，内容包括近几年有关军民融合法规和重要文件、党和国家领导人的重要讲话精神、有关军地部门推动军民融合战略的举措、全国各地推进军民融合的探索实践、各军工集团的军民融合工作以及国家级军民结合产业基地的进展情况，全面展示了我国 2014 年推进军民深度融合发展的积极成效和现实难点。特别是针对未来趋势作出研判，借鉴国外的成功经验和教训，提出有深度对策的建议。相信这部年鉴对军地有关部门和研究机构、军地企业深入了解军民融合的发展现状，促进我国军民融合的深度发展具有重要参考价值。

赵可铭

2015.12.9.

CONTENT
目录

CONTENT

目录

第一部分 全国军民融合工作综述

2014年，全党、全国、全军认真贯彻落实党的十八大和十八届三中全会对中国特色军民融合式发展做出的明确指示，按照需求牵引、国家主导、市场运作的思路，同心协力做好军民融合深度发展这篇大文章。面对新要求、新形势，我国军民融合的战略定位和形势进一步明晰。

整体看来，2014年我国军民融合工作全面提速，向深度融合的方向大步迈进。军地推动军民融合发展的主动性和积极性增强，各项政策红利逐步释放，军民结合产业发展态势良好，国防科技创新能力有所提升；2014年军民融合深度发展过程中关注了几大问题：军工科研院所深入改革，典型军民结合产业良性发展，军民融合协同创新模式构建，民参军渠道畅通等。预计2015年，军民融合深度发展将是国家及地方国防科技工业“十三五”规划编制的重要内容之一，各类利好政策将会继续推出，军工行业改革将稳步开展，民技参军、民资参军、民智参军的深度将加大，军民融合将迎来新一轮发展高潮。

（一）2014年中国军民融合发展的基本推进情况

以十八届三中全会明确提出推动军民融合深入发展为标志，中国特色军民融合发展进入到全新的发展阶段。综观2014年，中国军民融合发展得到中央和各相关领导的高度重视，军地协作创造性扎实推进具体工作；政策法规建设不断完善；典型军民结合产业趋于理性发展；军工行业改革稳步开展，逐渐形成协同共促、深化融合的发展局面。

（1）军民融合工作扎实推进

2014年，中央和各相关领导一直高度重视军民融合式发展，特别是新一届中央领导对加快军民融合式发展，提出了新的要求。国家高层对军民融合保持高度关注，习近平主席在十二届全国人大二次会议解放军代表团全体会议上以及在中共中央政治局第十七次集体学习时，都强调要坚定不移走军民融合式创新之路。针对军民融合的专题调研工作延续开展。同时，围绕军民融合工作国家相关部门领导进行了密集的专题调研。马凯副总理先后到洛阳、武汉等地调研，考察军工及民口企业、科研院所、高校等；万钢部长等相关领导在湖北就“军民融合式科技创新发展”进行专题视察；许达哲副部长在黑龙江省开展调研。所有调研的核心议题均指向军民融合。

2014 年，地方政府为贯彻实施军民深度融合频出新思路。地方政府积极响应国家战略纷纷出台贯彻实施军民深度融合的新举措。湖北省委成立了军民融合发展体制机制创新专项领导小组，负责军民融合发展体制机制创新专项工作，由湖北省国防科工办牵头负责。湖北省国防科工办于 2014 年初向各军事代表机构和军工企事业汇编发布了第一期《湖北省优势民企参军推荐名录》。此次汇编发布的名录中，共推荐 21 个单位，主要涉及激光技术、光纤技术、信息技术、新能源技术、卫星应用技术、精密制造技术等专业，其中多项技术具备国际领先水平。此次名录发布是建立在广泛深入调研的基础上，也是湖北省国防科工办贯彻落实十八届三中全会关于“引导优势民营企业进入军品科研生产和维修领域”精神的重要举措之一。“2014 年贵州省军民融合发展推介会”在西安曲江国际会展举办，贵州省借助此次推介会以搭建军民技术成果展示、信息交流、资源共享、市场开拓、资本对接的平台，现场签约项目 20 项，签约金额 22.13 亿元。

2014 年，各军工集团在推进军民融合中各自有所作为，利用自身技术优势，积极推进技术的“研、产、用”。中国核工业集团公司中国原子能科学研究院日前与香港天文台签订合作意向书，在环境辐射监测、辐射防护和核事故后果评价技术等领域开展合作。中国航天科工集团公司一院广州航天海特公司中标“青海省交通运输管理信息平台及路网运行监测与服务支撑系统工程”项目，中标价约为 4.4 亿元。该工程建设内容主要包括青海省交通运输管理系统和路网监测、应急处置、信息服务支撑系统。

2014 年，军地协作借助各类公开性活动扎实推进具体工作的落实。围绕军民融合深度发展这篇大文章，军地双方主动作为，积极开展各类活动。5 月 26 日，总装备部、工信部、国防科工局、全国工商联联合举办了首届“民营企业高科技成果展览暨军民融合高层论坛”，160 余家民营企业参展。10 月 16 日，第二届中国（绵阳）科技城国际科技博览会举行，在军民融合创新发展论坛上，分享并探讨了“军民融合”成功经验和发展新途径。据不完全统计，截至 2014 年 10 月底，全国性的军民融合相关论坛、学术交流、座谈会各类学术会议 15 余次。

2014 年，公共服务平台建设取得新突破。为推进军民融合发展，完善政府公共服务手段，畅通军民间信息交流渠道，工业和信息化部、财政部组织开展了国家军民结合公共服务平台建设工作。目前，该平台已建设完成，从 2013 年 12 月 31 日起正式开通试运行。国家军民结合公共服务平台由军民用技术产品信息服务、军民结合产业发展引导、军民结合运行监测等 3 个子平台和 1 个公共服务门户网站构成，主要提供军民用技术产品信息服务、军民结合产业发展引导服务、军民结合运行监测服务等。平台对外发布信息采取定向发布和公开发布两种方式。其中，对于政府、军队有关部门所需的数据信息，将按照有关规定和相应工作流程定向发布。公开类信息，将通过国家军民结合公共服务门户网站集中发布。国家军民结合公共服务平台开通试运行，将为政府机关、企事业单位等查询利用相关信息资源，搭建起畅通交流与合作的桥梁。地方政府也在逐步推进公共服务工作，如湖北省和贵州省做得比较好，对其他地方政府具有借鉴作用。湖北省国防科工办发布《湖北省民营企业参与军品科研生产政策与信息汇编》，主要内容包括：民营企业参与军品科研生产所需资质的申请指南；在鄂部分重点军工企事业单位的武器装备科研生产配套需求信息和军队装备部门的军事采购需求信息；从事军品科研生产的有关优惠政策等。《湖北省民营企业参与军品科研生产政策与信息汇编》旨在增进民营企业对国家军品科研生产政策、军工需求信息的了解，明确资质申报要求，获取军品市场信息，为民营企业参与军品科研生产提供帮助。贵州省编制发布《贵州省军民结合新产品、新技术、新工艺研发项目目录》、《贵州省军用技术转民用推荐目录》，促进军工企业和民口企业通过技术转移、合资合作等方式，实现技术成果产业化，推动军民技术互通转化。

（2）政策法规建设不断完善

2014 年 4 月，为推进工业和信息化领域军民融合深度发展，工业和信息化部印发了《促进军民融合式发展的指导意见》。该文件针对军工开放、民参军、军民资源共享、军民科技成果转化、军民结合产业、公共服务体系等提出了针对性意见，是对前期军民融合相关政策的进一步细化，利于军民融合向纵深发展。5 月，针对民参军，总装备部、国防科工局和国家保密局联合印发了《关于加快吸纳优势民营企业进入武器装备科研生产和维修领域的措施意见》，提出了改进工作的八项主要措施，为优秀民企参军构建起协调顺畅、简明规范、高效有序、安全保密的准入管理制度打下良好基础。10 月 9 日，国防科工局组织召开的座谈会，讨论《国防科技工业全面深化改革总体方案（征求意见稿）》和《关于推进国防科技工业军民融合深度发展的若干政策措施建议（征求意见稿）》，并提出意见建议。

（3）典型军民结合产业趋于理性发展

国家和地方政府借助战略性新兴产业发展的有利时机，加速军工先进技术、产品向产业化发展。特别是在一些传统的军工大省以及民用高技术水平较高的地区，军民结合产业尤其是具有核、航天、航空、船舶、兵器等军工特色的传统优势产业，在国家及地方一系列政策引导下，保持了稳速发展态势。

民用核能。经过多年发展我国已经形成了较为完整的民用核能体系，相关技术不断提升。我国三代核电在引进国外先进技术基础上，通过消化、吸收、再创新，部分技术已达到世界领先水平，核电设备制造国产率得到提高，如中广核位于阳江的机组国产化率最高可达 85%。

民用航天。航天技术应用已辐射到新材料、新能源、精密制造等民用领域，民用航天产值已占到航天总产值半壁江山。其中，北斗产业规模不断扩大，核心技术取得较大突破，至2014年9月，国产的导航型北斗芯片模块销量达330万块，芯片的主要指标已接近国际水平。北斗产业园也逐步覆盖全国各大区域，基本形成了基础产品、应用终端、系统应用、运营服务相对完整的产业链。

民用航空。我国民航产业在世界经济复苏艰难、国内经济下行压力加大的情况下，继续保持平稳较快增长。2014年，C919大飞机、ARJ21涡扇支线飞机项目不断取得新进展，充分带动了相关产业发展，但不可否认在关键核心技术领域与国际发达国家仍存在较大差距。在通用航空领域，我国虽然尚处起步阶段，但发展势头较猛，全国已建成140多个通用航空产业园。

民用船舶。2014年，船舶工业加快产业结构调整，我国船舶出口额、主营业务收入整体上保持增长。尤其是海洋工程装备行业增长加快，接单占比保持全球第一，其中，上半年新签各类海洋工程装备81艘（座），占世界市场份额提高到32%，居全球第一。技术水平也不断提升，4月，我国自主研发的迄今下潜最深、国产化率最高的无人遥控潜水器系统“海马号”通过了海上验收。

军工电子。虽然我国电子信息产业发展已居全球前列，但国防工业部分关键技术领域，如芯片等核心元器件距离国际领先水平差距依然非常大。在未来装备信息化趋势下，通信、探测识别、精确制导等将成为重要的发展趋势。

民爆行业。在国民经济稳步发展、能源需求持续旺盛、交通等基础设施建设规模不断加大的拉动下，2014年民爆行业总体保持稳步增长的态势，上半年，行业累计实现经营总收入347.7亿元，同比增长2.3%。同时，产品结构得到不断优化，产业集中度进一步提高。

（4）军工行业改革稳步开展

十八届三中全会通过的《中共中央关于全面深化改革若干重大问题的决定》，对我国经济及资本市场产生了重大影响，2014年也因此被称为深化改革元年。6月28日，首届中国军工产融年会举行，来自国家相关部委、科研院所、军工集团、民口配套企业、投资机构等200余家单位参加，探讨如何通过资本市场更好地推动军工行业改革。7月，中国兵器工业集团制定印发了《集团公司全面深化改革领导小组2014–2015年工作要点》，大力推进“无禁区”改革。同时，军工行业中被认为科技实力最为雄厚、具有最优质的资产的科研院所改制试点方案已上报有关部门。10月13日，中国船舶重工集团公司明确披露，旗下科研院所已经完成了“一所两制”改革，将成立四大科技产业控股公司作为平台公司，方便科研院所资产注入上市公司。

（二）2014年中国军民融合发展的主要关注问题

2014年军民融合深度发展过程中重点关注了几大问题：军工科研院所深入改革，典型军民结合产业良性发展，军民融合协同创新模式构建，民参军渠道畅通等。

（1）关注军工科研院所改革问题

军工科研院所改制已是大势所趋，从目前正在论证实施的军工科研院所改制情况看，还存在诸多难点。一是目标的清晰界定。正在论证实施的改革方案，主要参照地方事业单位改革模式，简单地对军工科研院所按照统一分类的原则和标准进行分类，院所的改革目标和规划尚未从根本上全面论证清楚并加以界定。二是院所的分类。军工科研院所经过多年的建设发展与调整，许多单位已与最初定位有了很大不同，综合型院所明显增多，职能任务可能涉及基础研究、应用研究、先期技术开发、演示验证、型号研制和试验鉴定、技术基础等一个或多个领域，很难按照统一分类的原则和标准将其简单地划分为公益一类、二类或企业。而且未来院所应划为哪一类，由国家还是院所自身来定也有待进一步科学论证。三是相关配套政策跟进。院所改制后科研任务管理如何调整，国防基础研究任务如何保证，军工技改资产如何管理，事业费取消或大幅度减少后如何扶持和激励人才，等等，都需要有一整套新的系统完善的配套政策。目前军工院所改革论证中大家观望多、取舍难。

（2）关注重点军民结合产业发展问题

随着军民融合程度不断加深，军民结合产业覆盖的范围也在不断扩大，既包括传统的“四民”（民用核能、民用航天、民用航空、民用船舶），也包括利用国防科技优势发展的、与军工技术同源或工艺相近的节能环保、新材料、新能源、高端装备制造、安防产品等新兴产业和高技术产业。不同产业的发展思路和发展路径不能一概而论，部分产业在发展过程中由于缺乏规范管理、合理引导，致使产生重复建设、同质化竞争等众多问题。如船舶工业在快速发展过程中就积累了一些深层次的问题，表现在创新能力不强、结构性矛盾突出、产能过剩矛盾加剧等；卫星导航与位置服务产业尽管发展空间巨大，园区建设异军突起，但大多园区同质化现象较为突出，地理位置分散，行业排名前10位的企业市场占有率不足全国6%，且绝大多数为小微企业，没有形成真正意义上的产业集群式发展；通用航空产业，随着低空空域的逐步开放，地方政府及民间资本对通航领域的投资热情高涨，全国各地纷纷上马通用航空项目，通航产业园遍地开花，但是依然缺乏规划，同样出现了产品结构雷同、投资单一、运营效率和盈利能力低、产业集中度较低等问题，产业集群建设和市场发展环境都远未成熟。

（3）关注军民融合协同创新问题

协同创新作为一种高效的创新组织模式，对于提高科技创新效率发挥重要作用。《中共中央关于全面深化改革若干重大问题的决定》特别指出“要健全国防工业体系，完善国防科技协同创新体制”。但是由于技术创新主体、自主创新层次、军民通用标准等的不协同，我国国防科技协同创新的体系还未完全建立。首先，我国军民科研任务管理缺乏顶层统筹，尚未在国家层面建立统一、权威、高效的领导体制。民口科研管理机构有科技部、教育部、工信部、发改委、国家自然科学基金委等；军口科研管理机构有总装备部、工信部、国防科工局、发改委等。现行的科研管理体制在国家层面存在的多头分散、政出多门等现象，无法实现军、民科技创新活动的统筹协调。其次，军民分割、行业分割、自我封闭等现象依然不同程度的存在，各类创新主体之间存在一定的组织壁垒，不利于政产学研协同攻关局面的建立。此外，国防重大科技难题的研发投入方面，由于受国防特殊性要求、知识产权制度等的影响，尚未建立起政府、军方、企业、社会资本协同投入的多元化国防科技投资模式；信息交互方面，具备较强专业水平、权威性和公信力的服务平台相对较少，特别是体现军与民特质的要素融合平台更加缺乏，信息交流不畅通、不对称较为突出，相关主体对接不畅。多种因素交互，致使科研生产重复、浪费现象严重，军民融合协同创新的格局难以形成，影响了国防研发能力和产业技术水平的提高，大大降低了创新效率。

（4）关注民参军体制机制等问题

民营企业参与军品科研生产尽管取得了不小进展，但由于受诸多因素影响，民参军过程依然存在一些亟待解决的问题。主要表现在：管理体制上，准入程序严格，民企承担武器装备科研生产任务所需资质的审查论证及管理涉及到政府和军方多个部门，虽然《关于加快吸纳优势民营企业进入武器装备科研生产和维修领域的措施意见》2014 年已出台，但是申请流程长、牵涉部门多等问题依然没有得到根本性解决。而且在“四证”办好后，企业在后期维护上也要投入较大的人力和物力；在机制上，面临信息不对称、交流机制不畅等问题，尤其是民企获取军方需求信息难度较大，参与武器装备科研生产的多数民企参与程度还不是太深，长期以来基本只能承担三级以外的配套任务，很难从军方或总承单位及时获取技术产品的需求信息，导致自身技术产品与军方需求不能很好地对接；在政策上，军民用标准、投融资、知识产权等政策一定程度上已不能适应当前形势，亟待更新完善。受上述多重因素不同程度的制约，目前民参军的深度和广度尚显不够。

（三）2015年中国军民融合发展的预计推进方向

推动军民融合深度发展，是我党统筹经济建设和国防建设的大战略、大文章、大思路。当前和今后很长时期里，中国实现强国梦、强军梦，要认真贯彻军民融合发展战略，努力形成全要素、多领域、深层次高效益的军民融合发展格局。2014 年，中国军民融合发展的战略定位和形势进一步明晰。2015 年，预计在法制建设、军工科研院改革、军民结合产业升级、协同创新机制建设、民参军制度改革等方面，继续推进落实军民融合发展。

（1）通过法治方式推动军民深度融合

积极贯彻落实十八届四中全会精神，运用法治思维和法治方式推动军民深度融合。首先，要建立健全组织领导体系，统一思想，科学把握军民融合式发展的战略目标和重点，切实形成合力。其次，相关机构协同，主动作为，建立健全法规制度。通过全面梳理军民融合发展现状和存在问题，认真分析制约军民融合的体制性障碍和政策性问题，在找准突破口和切入点的基础上紧密围绕依法治国的总目标抓好军民融合相关法制建设，出台针对性的意见和建议，如改进技术保密制度、军民技术统一标准等，确保高层的决策部署不折不扣地得到落实。

（2）稳步推进军工科研院所改制

在研究和推进军工科研院所改革的过程中，可借鉴和学习发达国家的成功经验，将基础性、共性技术研发机构与企业分开，但始终要保证一支强大的国防科研“国家队”。首先需针对基础研究、应用研究、型号研制等不同阶段科研特点，对军工科研院所进行科学分类和界定。对于基础性、战略性、前沿性科学研究和共性技术研究，建议考虑在适当时由国家主导重构一支归政府直接管理、从事国防科研的研究机构，继续作为国家行政事业单位，国家建立稳定的科研支持机制，专门瞄准基础和前沿技术进行开发研究。以先期技术开发、演示验证和型号研制为主的，根据不同情况由国家和企业共同管理，促进产研结合。以应用研究为主的，走市场化道路，统一划归企业管理。对于新材料、动力等专业性强的研究面向三军形成专业化集团。然后，选定部分针对性科研院所进行先行试点，在对院所科学分类的基础上，根据国家的院所改制流程逐步实施改革。

（3）促进重点军民结合产业升级

首先，国家需要加强全国军民结合产业发展的统筹规划，对重点发展产业进行全国一盘棋式的规划管理。然后，针对军民通用性强、市场前景广阔的高新技术产业，出台规范管理的相关政策加以支持，引导并加速其成长和推广应用。此外，对于重点关注产业，未来还要围绕产业发展的重点领域和薄弱环节，夯实基础，着力核心关键技术研发和市场培育，增强国际竞争力和抗风险能力。如船舶工业重在创新驱动，大力发展高技术船舶和海洋工程装备；航空工业重在加快培育和发展通用飞机、民用直升机、大型飞机等，解决动力、材料发展等滞后问题；航天工业重在推动国家空间基础设施建设，加强军民用卫星的统筹；核工业重在解决核动力关键软件自动化、后处理、核安全等瓶颈问题，大力发展民用核材料产业；军事电子工业重在突破芯片、关键电子元器件、基础软件、服务器等核心技术，提升自主创新能力和国产化替代水平。

（4）尽快建立健全协同创新机制

建立军民融合协同创新机制，首先必须结合实际，在国家层面强化统筹规划，在科技研发活动及生产制造活动之间建立有效的衔接网络，实现从基础研究到产业发展创新链路合理有序的全过程管理。其次，国家在政策上也要积极鼓励协同创新。如完善知识产权激励制度，强化知识产权的运用和保护，使得民口科研生产单位能“放心”参军、“全心”合作。再次，提高主体的主动性和积极性。学习借鉴美国国防部高级研究计划局 DARPA 科研模式，成立专门部门，全世界、全领域、全方位扫描高端技术和人才，建立森严的项目决策体制和宽容失败的管理理念。此外，协同创新过程中要高效利用好国防科研投入，提高关键技术的自主创新能力，重点突破关键原材料、核心元器件、军用动力、先进制造工艺、计算机基础软件等技术瓶颈。

（5）继续推动民参军相关制度改革

首先，加大前期政策的落实，进一步释放政策红利。其次，深入贯彻新一届政府机构职能转变的思路与要求，政府在许可申请指导和军品市场监管方面加大力度，努力营造适度竞争、规范有序并充满活力的军品市场环境，全力推进军品市场有序开放。第三，在“四证”申请办理方面，探索合并、简化的可行性，审查机制上进一步优化相关程序。一是建立国防科技工业管理部门与军队装备管理部门联合审查制度，审查论证结果双方予以认可。同时，加强二者的沟通协调，探索解决双重认证的问题。二是采取“多证联审”，划分审查论证机构责任区域，赋予部分有能力的中介组织承担审查认证职能，减少现有审查机构的工作量和企业负担。

第二部分 军民融合法律、行政法规和国家重要文件

军民融合相关政策法规建设不断完善，在已有的相关法律法规基础上，基本实现了顶层有文件整体调控，操作层有法律法规微观指导。2014年，《促进军民融合式发展的指导意见》、《关于加快吸纳优势民营企业进入武器装备科研生产和维修领域的措施意见》、《国防科技工业全面深化改革总体方案（征求意见稿）》、《关于推进国防科技工业军民融合深度发展的若干政策措施建议（征求意见稿）》等一系列文件、法律法规的颁布实施，进一步细化了前期的军民融合相关政策，大大促进了军民融合的纵深发展。

（一）我国军民融合政策法规的基本梳理

我国军民融合政策法规的基本梳理以我国国家、政府、部委、军队及总部机关颁布军民融合相关的法律、行政（军事）法规、规章、条例为主，以国防科技工业军民融合政策法规为主，突出民参军相关的政策。表1-3分别梳理了我国涉及军民融合内容的相关法律、国家有关军民融合的主要政策法规以及国家部委、军队总部有关军民融合主要政策规章。

表1 涉及军民融合内容的国家相关法律

名称	时间	发布单位	相关内容
《中华人民共和国国防法》	1997年3月	全国人大常委会	总则第四条指出“国家在集中力量进行经济建设的同时，加强国防建设，促进国防建设与经济建设协调发展”。
《中华人民共和国国防动员法》	2010年2月	全国人大常委会	总则第四条“国防动员坚持平战结合、军民融合的方针，遵循统一领导、全民参与、长期准备、重点建设、统筹兼顾、有序高效的原则”。

表2 国家有关军民融合的主要政策法规

名称	时间	发布单位	相关内容
《国务院关于鼓励支持和引导个体私营等非公经济发展的若干意见》（非公36条）	2005年2月	国务院	允许非公有制企业进入国防建设领域。
《“国家中长期科学和技术发展规划纲要”若干配套政策》	2006年2月	国务院	提出“促进军民融合”；“扩大军品市场的准入范围，将符合条件的民口科研机构和企业纳入装备承研承制单位名录”。
《关于建立和完善军民结合寓军于民武器装备科研生产体系的若干意见》	2010年10月国发[2010]37号	国务院和中央军委	为贯彻落实十七大提出的建立和完善军民融合武器装备科研生产体系的战略部署，推进军民融合式发展，提出意见。
《关于鼓励和引导民间投资健康发展的若干意见》	国发[2010]13号	国务院	第二十条：鼓励民间资本进入国防科技工业投资建设领域。引导和支持民营企业有序参与军工企业的改组改制，鼓励民营企业参与军民两用高技术开发和产业化，允许民营企业按有关规定参与承担军工生产和科研任务。允许民间资本进入国防工业领域。
《中华人民共和国国民经济和社会发展第十二个五年规划纲要》		国务院	第十五篇，军民融合加强国防和军队现代化建设。
《关于深化装备采购制度改革若干问题的意见》		中央军委	明确要大力开展竞争性装备采购。
《统筹国防和经济建设十二五发展规划》	2012年7月 国发[2012]38号	国务院、中央军委	
《中共中央关于全面深化改革若干重大问题的决定》	2013年11月12日	中国共产党第十八届中央委员会第三次全体会议	《决定》指出要推动军民融合深度发展。在国家层面建立推动军民融合发展的统一领导、军地协调、需求对接、资源共享机制。健全国防工业体系，完善国防科技协同创新体制，改革国防科研生产管理和武器装备采购体制机制，引导优势民营企业进入军品科研生产和维修领域。

表3 国家部委、军队总部有关军民融合主要政策规章

名称	时间	发布单位	相关内容
《中国人民解放军装备承制单位资格审查管理规定》	2003年12月	总装备部	对民营企业和传统军工企业实行相同资格审查条件和审查程序，没有对民营企业的军品市场准入设置限制性规定，只要具备规定的资格条件就可进入《装备承制单位名录》。
《装备科研生产许可实施办法》	2005年6月	国防科工局（原国防科工委）	对民口单位进入国防领域进行“正名”与“鼓励”。
《装备科研生产许可审查专家管理暂行办法》	2005年9月		
《装备科研生产许可现场审查规则》	2005年9月		
《关于民营企业经济参与国防科技工业建设的指导意见》	2007年2月		允许民营企业进入第二类军品领域（武器装备一般分系统、专用配套产品）。
《民营企业经济参与国防科技工业建设指南》	2007年8月		鼓励和引导民营企业参与军品科研生产任务的竞争和项目合作。
《关于加强竞争性装备采购工作的意见》	2009年2月		引导开展分类、分阶段、分层次和一体化竞争，并规定对竞争实施保护。
《关于鼓励和引导民间资本进入国防科技工业领域的实施意见》	2012年8月科工计[2012]733号	国防科工局、总装备部	要按照走中国特色军民融合式发展路子的要求，进一步扩大民间资本进入国防科技工业的领域和范围，完善鼓励和引导的政策措施，促进武器装备和国防科技工业发展。
《武器装备科研生产许可退出管理规则》	2013年6月科工管[2013] 第775号	国防科工局总装备部	维护武器装备科研生产秩序，规范武器装备科研生产退出管理，保证武器装备科研生产体系完整有效。

（二）2014年军民融合政策法规的进一步完善

2014 年，我国涉及军民融合的政策法规进一步明确军民融合是我国当前的发展战略，细化了前期的军民融合相关政策，大大促进了军民融合的纵深发展。

1. 2014年 4月 3日印发《促进军民融合式发展的指导意见》

根据党的十八大和十八届二中、三中全会关于推进军民融合式发展的战略部署，为进一步贯彻落实《国务院中央军委关于建立和完善军民结合寓军于民武器装备科研生产体系的若干意见》有关要求，推进工业和信息化领域军民融合深度发展，工业和信息化部组织制定并于近日印发了《促进军民融合式发展的指导意见》。

《促进军民融合式发展的指导意见》努力贯彻三中全会关于深化改革、进一步简政放权、发挥市场在资源配置中的决定性作用等新思路和新要求，提出到2020年，形成较为健全的军民融合机制和政策法规体系，军工与民口资源的互动共享基本实现，先进军用技术在民用领域的转化和应用比例大幅提高，社会资本进入军工领域取得新进展，军民结合高技术产业规模不断提升。同时，针对当前存在的融合机制不尽完善、融合方式不够丰富、融合范围尚需拓展等亟待解决的问题，《促进军民融合式发展的指导意见》突出了建立军工和民用一体化国家工业基础这一重要抓手，提出了进一步推动军工开放式发展这一工作重点，强调了军民资源共享、有机互动、有效转化这一迫切需要，明确了大力发展军民结合产业这一有效支撑。

2. 2014年5月20日发布《关于加快吸纳优势民营企业进入武器装备科研生产和维修领域的措施意见》

为贯彻落实党的十八届三中全会精神和习主席关于推进军民融合深度发展的一系列重要指示，总装备部、国防科工局和国家保密局联系印发了《关于加快吸纳优势民营企业进入武器装备科研生产和维修领域的措施意见》，根据《意见》中提出的总体思路和目标要求，积极吸纳优势民营企业进入武器装备科研生产和维修领域，对于打破行业垄断、激发创新活力、提高装备采购效益具有重要意义。

（1）总体思路和目标要求

加快吸纳优势民营企业进入武器装备科研生产和维修领域，要以党的十八届三中全会精神和习主席关于推进军民融合深度发展的一系列重要指示为指导，以武器装备建设需求为牵引，坚持问题导向，消除准入壁垒，建立准入协调机制，畅通受理渠道，简化工作程序，降低进入“门槛”，强化监督管理，提高武器装备建设资源配置效率和公平性，构建协调顺畅、简明规范、高效有序、安全保密的武器装备科研生产和维修领域准入管理制度。

2014年底前，建立分类审查制度，完善跨部门审查工作协调机制，减少重复审查，统一设立资格审查申请受理点，修订完善相关管理规章；2015年底前，建立相关配套制度机制，完善联合监督管理和退出机制，承担武器装备科研生产和维修任务的民营企业数量和任务级别显著提升。

（2）改进工作的主要举措

A 实施分类审查准入

根据装备重要和涉密程度，将装备承制（含承研、承修，下同）单位分为三类。

第一类是武器装备的总体，关键、重要分系统和核心配套产品（即列入国防科工局、总装备部发布的武器装备科研生产许可目录内的专业或产品）的承制单位。在通过保密资格认证和质量体系认证基础上对申请企业进行许可审查、资格审查。

第二类是武器装备科研生产许可目录之外的专用装备和一般配套产品的承制单位。只对申请企业进行资格审查，不再进行许可审查和强制性武器装备质量体系认证（需建立武器装备质量管理体系，在资格审查时一并进行审核）。对本类承制单位的保密要求：产品本身不涉密但背景、用途等涉密的，由采购方与承制方签订保密协议；应急或短期生产秘密级产品的，由采购方按照有关保密标准和程序对承制方进行保密审查，签订保密协议，提出保密要求；生产机密级（含）以上的产品或长期承担涉密武器装备科研生产任务的，实行保密资格认证。

第三类是军选民用产品的承制单位。申请企业需建立国家标准质量管理体系，只进行资格审查（以文件审查形式为主）。对参与军选民用产品招标竞争的企业不设特别资格限制，凡产品及服务符合招标要求的企业均可参加投标，中标企业经资格审查后，可注册第三类装备承制单位资格。

积极鼓励企业自主创新研究，承担装备预研计划中应用基础研究、应用开发研究任务的单位，不需进行资格审查。

B 建立跨部门审查工作协调机制

建立保密资格认证、质量体系认证、许可审查和资格审查工作协调机制，明确工作协调组织形式和内容。建立定期协调制度，保证各部门在受理、审查等方面相互协调、同步推进。严格各类审查工作节点时限要求，确保按期完成审查和审批。对于确因程序原因无法及时取得保密资格的第二类装备承制单位，可先行注册装备承制单位资格，并要求企业在签订涉密合同前取得相应的保密资格。

C 改进质量体系认证工作

对第一类装备承制单位实施强制性武器装备质量体系认证，第二、三类装备承制单位可自愿申请武器装备质量体系认证。简化质量体系认证流程，取消认证申请推荐环节，精简认证审批程序，将认证注册周期控制在 6 个月以内。扩充认证机构数量，吸收通过保密审查、具备良好信誉和较高审核能力的认证机构参与认证。逐步推行质量体系分级认证。

D 逐步推进许可与承制资格的联合审查

国防科工局和总装备部修订《武器装备科研生产许可专业（产品）目录》，进一步精简优化许可审查管理范围，经降密处理后向社会公开发布。建立许可审查和资格审查联合审查机制，修订完善相关规章，推进“两证”联合审查。

E 统一设立资格审查申请受理点

按照专业类别和地域分布，依托全军各军事代表局或总部有关部门授权的机构，设立军队资格审查申请受理点，并向社会公布。各申请受理点负责对企业承制资格申请材料进行形式审查，明确承制单位类别及受理意见，对企业是否需开展许可审查、质量体系认证、保密资格认证及其认证等级提供相关政策法规咨询服务。

F 规范保密资格认证等级审核工作

省级国防科技工业管理部门、各军工集团公司总部和军队各资格审查申请受理点，在各自职责范围内，根据企业承担或拟承担项目的密级，依照定密管理有关规定，审核企业保密资格认证级别。其中，军队下达的装备采购计划、组织签订的装备采购合同（含配套合同）涉及的保密资格认证申请单位，由申请企业持军队资格审查申请受理点出具的保密资格认证级别建议，到相关保密资格认证机构申请认证。

G 建立承制单位资质联合监管机制

构建保密资格认证、质量体系认证、许可审查和资格审查工作联合监管机制，在各管理部门之间建立重大问题、重大情况通报制度。加大军事代表机构对民营企业监管力度，完善合同履约信誉等级评价和年度资格监督报告制度，健全退出管理机制。

H 取消各类收费制度

各类审查认证和监督检查均不得收取企业任何费用。加强审查认证从业人员教育和监督，严格控制现场审查人数，严禁变相收费，严禁向企业推销指定的设施设备及培训资料。各主管部门应向社会公开投诉渠道，加强纪律监督和责任追究。

（3）有关要求

各部门各系统要加强组织领导，统一思想认识，进一步认清改进武器装备科研生产和维修领域准入制度和管理工作，对于推动军民融合深度发展、加速优势民营企业参与装备建设的重要意义，切实做好对各项举措的学习理解和宣贯落实工作。要切实履行职责，按照工作任务要求，及时调整工作程序，完善工作制度，确保各项举措落实到位。要进一步转变工作作风，强化服务意识，牢固树立一盘棋思想，切实做好各项工作的衔接配合。

《关于加快吸纳优势民营企业进入武器装备科研生产和维修领域的措施意见》明确了总体思路和目标要求，提出了改进工作的八项主要措施，为构建起协调顺畅、简明规范、高效有序、安全保密的武器装备科研生产和维修领域准入管理制度打下良好基础。

3. 2014年不断完善《国防科技工业全面深化改革总体方案（征求意见稿）》、《关于推进国防科技工业军民融合深度发展的若干政策措施建议（征求意见稿）》

国防科工局组织召开军工集团公司、中国工程物理研究院主要负责同志座谈会，传达学习李克强总理在国务院研究部署“十三五”规划编制工作会议上的重要讲话精神。为加速推进国防科技工业“十三五”规划编制，坚定不移推动国防科技工业全面深化改革，深入推进国防科技工业军民融合深度发展，多方针对《国防科技工业全面深化改革总体方案（征求意见稿）》和《关于推进国防科技工业军民融合深度发展的若干政策措施建议（征求意见稿）》发表意见建议，加快了《国防科技工业全面深化改革总体方案》和《关于推进国防科技工业军民融合深度发展的若干政策措施建议》发布的进程。

其中，许达哲强调，要坚定不移推动国防科技工业全面深化改革。一是要统一思想，主动作为，坚定改革的信心和决心。要切实把思想和行动统一到中央全面深化改革的决策部署上来，抓住机遇，乘势而上，通过全面深化改革，激发活力，努力实现新的跨越；同时，还要充分认识国防科技工业改革的紧迫性、复杂性和艰巨性，既发挥好政府的主导作用，又发挥好市场机制的作用。二是要着眼全局，突出重点，找准改革的突破口和切入点。要做好改革的顶层设计，按照中央总体部署，对国防科技工业改革进行整体设计和系统谋划，积极稳妥推进军工科研院所和军工企业改革，推进能力结构调整；要抓住改革的关键，以问题为导向，认真梳理分析制约国防科技工业发展的体制性障碍、结构性矛盾和政策性问题，有针对性地提出改革的举措和重点任务。三是要统筹协调，实事求是，把握好改革的节奏。要注重改革的系统性、整体性、协同性，做好与国民经济和军队相关领域改革的衔接，同时，还要紧密结合国防科技工业实际，对影响大、关注度高、敏感性强的专项改革，深入论证举措的可行性，适应环境，循序渐进，稳步推进，处理好改革发展的关系。四是要明确责任，精心组织，抓好改革的落实和检查。要按照中央有关要求，切实加强组织领导，加大工作力度，加快工作节奏，明确任务分工和时间表、路线图，抓好责任落实和督促检查，在“落细、落小、落实”上下工夫，确保改有所进、改有所成。

许达哲要求，要深入推进国防科技工业军民融合深度发展。国防科技工业是军民融合最重要的领域。推动军民融合深度发展，是贯彻落实党的十八大和十八届三中全会精神的重要体现，既是经济高效、创新发展武器装备的根本要求，也是优化军工经济结构、推动国防科技工业转型升级的迫切需要。要针对军工行业存在不合理的重复建设、军工与民口资源共享不够、军民科技相互支撑和转化不够等急需解决的问题，研究制订具有可操作性的政策措施。军民融合是寓军于民，在强调“民参军”的同时，更要注重“军转民”，让军工技术更好地为经济社会服务，各军工集团公司和中物院要深入研究提出“军转民”的重要思路和重大举措。

（三）军队采购条例及相关重要军民融合政策法规

国防科研项目计价管理办法

计字[1995]第1765号

第一章 总则

第一条 为加强国防科研试制费管理，规范国防科研项目计价工作，保证国家指令性国防科研任务的下达和完成，提高经费使用效益，依据《国防科研试制费拨款管理暂行办法》和《武器装备研制合同暂行办法》及国家有关法规制度，特制定本办法。

第二条 本办法所称国防科研项目，是指国家下达并使用国防科研试制费的武器装备研制、应用基础研究、技术基础研究和其他研究等项目，包括实行和没有实行合同制管理的项目。

第三条 本办法是国防科研项目计价和国防科研试制费计划（预算）的依据，军队使用部门和承担国防科研项目的企、事业单位及其主管部门均执行本办法。

第四条 国防科研项目计价原则是：维护国家整体利益，从加快国防科学技术和武器装备发展、提高国防科研试制费使用效益的总目标出发，实事求是地考虑国防科研过程所需的必要补偿和研制单位合理收益，规范国防科研项目计价范围及其标准，保证国防科研试制费的合理分配和有效使用。

第二章 计价范围和方法

第五条 国防科研项目价款由计价成本、收益和不可预见费三部分组成。承包项目的计价还包括项目承包单位拨付给分承包单位分承包项目价款及研制主管部门和总承包单位对该项目组织技术协调费用。

国防科研项目计价考虑价格涨落因素。可根据近年来与项目研制成本有关的物价变化，情况和项目研制期间有关物价的变化趋势，适当测定国防科研项目计价成本。

第六条 国防科研项目计价成本，包括从项目论证阶段到试生产阶段所发生的设计费、材料费、外协费、专用费、试验费、固定资产使用费、工资费、管理费等八项内容。

具体计价范围和计算方法：

1、设计费 指项目研制过程中需要发生的论证费，调研费，计算费，技术资料的购买、复制和翻译费，设计用品费，设计评审费，设计跟产费等。计算方法为：

(1) 论证、调研、设计评审、设计跟产等费用，按预计参加人次乘以人均费用 (本单位人员工资费除外) 计算；

(2) 支付外单位计算费用＝Σ (计算时数 × 小时费用率)。

2、材料费 指科研项目研制中研制产品：必须耗用的各种原材料、辅助材料、外购成品和元器件的费用 (包括购买、运输和整理筛选所发生的费用)，以及专用新材料应用试验费、型谱外专用电子元器件研制费和燃料动力费等。计算方法为：

(1) 原材料费用＝Σ (原材料预计耗用量 × 计划单价)；

(2) 构成产品实体的外购成品费用 (不含分承包或外协的部件) ＝Σ (外购成品件数 × 计划单价)；

(3) 研制项目在研制过程中 (试验过程除外) 直接消耗的水、电、风、气、煤、燃油、天然气等动力燃料费用，均按计划单价和耗用数量计算。在计算材料费用时，可适当考虑受订货起点限制所增加并且应在该项目科研费中分担的费用。

3、外协费 指项目研制中由于研制单位自身的技术、工艺和设备等条件的限制，必须由外单位协作所发生的协作加工费用。包括工艺外协和工件外协等 (不含项目承包单位拨付分承包单位的科研费)。

4、专用费 指专用于某一项目的费用。包括：

(1) 专用测试设备仪器费。指项目研制过程中确需购买或自制的专用测试设备仪器的费用，包括购置费、运输费、安装调试费，自制设备仪器的料工费等。一个单位同时承担两个以上的军品(含民品)科研项目，共用的专用设备，其购制费在某一受益科研项目的成本应按使用工时比例法分摊计算。计算方法为:

专用设备仪器购置费＝Σ(某设备台数 × 单位计划单价);

自制专用设备仪器费＝Σ(某设备台数 × 单位计划成本);

某项目应分摊的设备仪器费＝Σ（某项目计划使用工时数 / 全部项目计划使用工时总数 × 共用的专用设备仪器费）。

(2) 专用工艺装备费。指为项目研制进行工艺组织所发生的费用。包括：工艺规程制定费、专用工艺研究费、工艺装备购制费。设计定型前的工装费可直接列入科研项目成本，试生产阶段的工装费在科研成本和生产成序；中各负担 50%。计算方法为：

设计定型前的工装费＝Σ(设计费 + 材料费 + 加工费);

试生产阶段的工装费＝Σ(设计费 + 材料费 + 加工费) ×50%。

(3) 零星技术措施费。指为完成研制任务而必须对现有设施条件进行的单项价值在 10 万元以下的零星技术改造或零星土建工程费。包括设计、施工、材料消耗、器件购置等费用。计算方法为:

零星技术措施费＝Σ（规定限额内的单项计划成本）。

(4) 样品样机购置费。指为项目研制必须购置的并能反映研制项目整体或部分性能、特征、结构、原理及技术指标的实物所需的费用。计算方法为:

样品样机购置费＝Σ（样品样机台数 × 计划单价）。

(5) 技术基础费。指为配合本科研项目需直接开支的标准、计量、情报等技术基础费用。

5、试验费 指项日研制过程中用于工艺试验、仿真试验、综合匹配试验、例行试验、可靠性试验、阶段性试验、定型试验、储存试验和打靶、发射、试飞、试航、试车等各种试验验证费用，包括试验过程中所消耗的动力燃料费，陪试品、消耗品的费用，研制单位外场试验的技术保障及参试人员补助费用。在军队试验基地和其他承担指令性试验任务的单位进行试验时研制单位按国家规定的收费标准支付军队试验基地和其他承担指令性试验任务的单位直接消耗性费用(没有收费规定的,可与军队试验基地和其他承担指令性试验任务的单位协商)。计算方法为:

试验费用＝Σ（预计次数(或小时数) × 每次(或每小时)计划费用）。

6、固定资产使用费，指项目应分摊的研制单位按规定比例分类计提的固定资产使用费。其中：科研用设备仪器按 5%计提，科研用房屋建筑物按 2%计提。计算方法为:

科研事业单位固定资产使用费，按科研用设备仪器原值的 5%和科研用房屋建筑物原值的 2%之和计算，然后再对某项目按工时比例分摊。即:

某项目应分摊使用费＝某项目年均计划工时 / 年计划总工时 ×[Σ（科研用设备仪器原值 ×5% + 科研用房屋建筑物原值 ×2%）]× 研制年限

企业和自收自支事业单位的固定资产折旧费应按《工业企业财务制度》的有关规定计提，并按《军品价格管理办法》中规定的费用分摊方法计算。

凡使用某国防科研项目项下的国防科研试制费和国家专项基建技改投资购置建设的设备仪器和房屋建筑物，在该项目研制期内不得计提固定资产使用费。

7、工资费 指经财政部、国防科工委认定没有事业费拨款的科研单位(包括自收自支的事业单位)、高等院校及各类企业中从事军品研制人员的工资、奖金、津贴、补贴和职工福利费等工资性支出。具体分摊计算方法为：

某项目应分摊人工费=年直接从事该项目研制标准人数 × 年人均计划工资费用 × 研制年限。

8、管理费 指研制项目应分摊的管理费。包括劳保用品费、办公费、公用水电费、会议费、差旅费、取暖费、外事费、交通运输费、图书资料费、科研及办公用房屋建筑物修缮费、专用设备仪器维修费、环境保护费、低值易耗品摊销费、科研器材毁损和报废(盘亏减盘盈)、科技培训费、保险费、审计费、业务招待费等。

各级管理费总额一般不超过本条款1——6项合计数的15%(从事某项目研制的一线职工年人均国防科研试制费。投资超过5万元以上时，管理费应低于15%)；远离城市的偏远地区的研制单位，管理费比例可适当提高，一般不超过20%。军队使用部门和研制主管部门不得从国防科研项目计价中计提管理费。

第七条 收益 科研项目计价收益，按计价成本(不包括拨付分承包单位的科研费)扣除外购成品附件费、外购样品样机费、专用设备仪器购置费后的5%计算。有国拨事业费的单位，其计价收益计算基数中，包括从事该项目研制的人员工资费支出。

第八条 不可预见费 指对技术复杂、研制周期长、难度大的科研项目计价时，针对研制过程中可能出现的各种不可预见因素，预先考虑的预备费用。科研项目的不可预见费，应根据科研项目的大小、研制周期的长短和技术难易程度等具体情况确定比例，原则上不超过计价成本的5%。

第九条 项目总(主)承包单位负责系统技术协调所需的技术协调费应在合同计价中予以明确。研制主管部门为组织该项武器装备研制技术协调工作所必需的技术协调费，按国防科工委具体规定执行。

第十条 下列费用不得计入国防科研项目计价成本：

1、应在基本建设资金(含自筹基建投资)、其他专项资金(含专项拨款)开支的费用，以及基本建设或专项贷款利息；

2、应在自有资金中开支的各项费用；

3、各种赔偿费、违约金、滞纳金和罚款等；

4、未经财政部、国防科工委批准同意的其他费用。

第三章 管理与监督

第十一条 国防科工委归口负责国防科研项目计价管理工作，并接受国家计委、财政部等国家综合管理部门的检查和监督。

研制主管部门在国防科工委和国家有关综合管理部门的指导和监督下，具体负责本系统研制、单位承担的国防科研项目计价管理工作；在本. 系统研制单位承担的武器装备研制项目的计价工作中，要积极配合、支持军队使用部门做好工作。军队使用部门负责对本部年门所管理的武器装备研制项目的计价成本组织核查：编报项目科研费计划(概算及规划、计划指标)与研制方签订合同价款。

第十二条 承担国防科研任务的单位，应建立健全各种成本费用核算的原始资料登记和物资消耗、统计盘点制度，做好计价管理的基础工作，并依照本办法有关规定编制国防科研项目的成本草案，连同基础资料及成本草案说明一起上报研制主管部门。武器装备研制项目的成本草案(包括说明及有关资料)需同时报送使用部门。研制主管部门(武器装备研制项目以使用部门为主会同研制主管部门)负责对承担科研任务单位编报的科研项目成本草案组织审核，并向国防科工委上报国. 防科研项目科研费计划(总概算、规划、计划指标)，由国防科工委负责审批。实行合同制管理的国防科研项目，军队使用部门或研制主管部门应在国防科研试制费计划指标内与研制单位签订合同价款，并按合同制管理有关规定上报批准后执行。

第十三条 武器装备研制项目，因某些战技指标变更或出现重大技术反复以及受国家重大政策性影响而增加的费用，在原定国防科研试制费计划指标内确实无法消化的，可由军队使，用部门会同研制主管部门组织审查，并上报国防科工。委审核批准后，相应调整该科研项目的科研费计划(预算)指标，并依此修改合同价款。

一般情况下，国防科研项目的国防科研试制费计划(预算)指标或合同价款一经确定，不得随意调整。

第十四条 重大国防科研项目的合同价款，要进行全面综合论证，做好项目的技术总体方案和技术经济可行性评审，实事求是地确定。承担武器装备研制任务的单位及其主管部门与军队使用部门在项目计价工作中要密切配合、充分协商，严格按照本办法的有关规定，搞好国防科研项目计价工作。合同双方对合同价款有较大争议时，先由双方主管部门协商，最终由国防科工委负责协调。

第四章 附则

第十五条 本办法自颁布之日起执行，原有规定与本办法相悖时，以本办法为准。

第十六条 本办法由财政部、国防科工委负责解释。

中国人民解放军装备采购条例

(2002年中央军委发布)

第一章 总 则

第一条为了规范中国人民解放军装备采购工作，提高装备采购效益，保证装备采购质量，制定本条例。

第二条 本条例是中国人民解放军组织实施装备采购的基本依据。

本条例所称的装备采购，是指军队装备机关、有关部门依据国家法律和本条例的规定，采购武器、武器系统和军事技术器材等装备的活动。

……

第五条 装备采购范围包括经中央军委或者总装备部批准的下列项目：

（一）战斗装备体制项目；

（二）保障装备体制项目：

（三）应急装备项目；

（五）其他装备项目。

第六条 负责装备采购工作的机关、部门，应当严格执行国家和军队的有关法律、法规，认真履行职责，自觉维护国家和军队的利益。

从事装备采购工作的人员，应当符合规定的资格条件，定期接受培训和考核，做到遵纪守法，廉洁奉公。

第七条 总装备部主管全军装备采购工作。

总部分管有关装备的部门、军兵种装备部主管本系统装备采购工作。

第三章 采购计划

第十六条 年度装备采购计划实行三年滚动，包括当年装备采购计划、第二年装备采购草案计划和第三年装备采购预告计划。

当年装备采购计划，应当在上一年度下达的装备采购草案计划的基础上，结合上一年度装备采购计划执行情况和部队装备需求变化情况编制；第二年装备采购草案计划，应当在上一年度下达的装备采购预告计划的基础上编制；第三年装备采购预告计划，只列入生产周期在 18 个月以上的装备采购项目。

三年滚动的装备采购计划应当同时编制下达，依次递进，逐年滚动。

第十七条 年度装备采购计划应当包括编制依据、指导思想、保障重点，采购装备的名称、数量、单价及经费安排，装备采购方式和装备承制单位等内容。

第十八条 总装备部应当于每年 1 月 31 日前向总部分管有关装备的部门、军兵种装备部下达编制年度装备采购计划的通知。

总部分管有关装备的部门、军兵种装备部应当根据总装备部通知的要求，拟制本系统年度装备采购计划，并于当年 3 月 31 日前报总装备部审批。

总装备部对各单位上报的年度装备采购计划进行审核、汇总，并于当年 6 月 30 日前下达全军年度装备采购计划。

第十九条 总部分管有关装备的部门、军兵种装备部应当于每年 10 月 15 日前向总装备部上报年度装备采购计划预计完成情况，并视情提出当年装备采购计划调整建议。

总装备部根据当年装备采购计划的执行情况和保障特殊任务的需要，视情编制下达年度装备采购调整计划。

第二十条 在紧急情况下，总装备部可以制定应急装备采购计划。

应急装备采购计划可以越级下达，但事后应当向有关部门通告，并补办相应手续。

第二十一条 总部分管有关装备的部门、军兵种装备部应当对当年装备采购计划的执行情况进行监督检查，并将有关情况于第二年1月31日前报总装备部。遇有重大情况时，应当及时报告。

第四章 采购方式

第二十二条 装备采购采用下列方式：

（一）公开招标采购；

（二）邀请招标采购；

（三）竞争性谈判采购；

（四）单一来源采购；

（五）询价采购；

（六）总装备部认可的其他装备采购方式。

第二十三条 采购金额达到规定的限额标准以上、通用性强、不需要保密的装备采购项目，采用公开招标方式采购。

第二十四条 采购金额达到规定的限额标准以上、符合下列情形之一的装备采购项目，可以采用邀请招标方式采购：

（一）涉及国家和军队安全、有保密要求不适宜公开招标采购的；

（二）采用公开招标方式所需时间无法满足需要的；

（三）采用公开招标方式的费用占装备采购项目总价值的比例过大的。

第二十五条 采购金额达到规定的限额标准以上、符合下列情形之一的装备采购项目，可以采用竞争性谈判方式采购：

（一）招标后没有承制单位投标或者没有合格标的的；

（二）采用招标方式所需时间无法满足需要的；

（三）因技术复杂或者性质特殊，不能确定详细规格或者具体要求的；

（四）不能事先计算出价格总额的。

第二十六条 符合下列情形之一的装备采购项目，可以采用单一来源方式采购：

（一）只能从唯一装备承制单位采购的；

（二）在紧急情况下不能从其他装备承制单位采购的；

（三）为保证原有装备采购项目的一致性或者服务配套的要求，必须继续从原装备承制单位采购的。

第二十七条 采购金额在规定的限额标准以下、不需要保密，且符合下列情形之一的装备采购项目，可以采用询价方式采购：

（一）通用性强，规格、标准统一，货源充足的；

（二）价格变化幅度较小的。

第二十八条 各类装备适用公开招标采购、邀请招标采购、竞争性谈判采购和询价采购的限额标准，由总装备部规定。

第五章 采购程序

第二十九条 装备采购实行承制单位资格审查制度。

装备承制单位应当具备下列条件：

（一）具有独立承担民事责任的能力；

（二）具有良好的资信和健全的质量保证体系；

（三）具有履行装备采购合同所必需的条件和能力。

第三十条 总部分管有关装备的部门、军兵种装备部应当根据国家军品科研生产能力调整情况，依照本条例第二十九条规定的条件定期对装备承制单位的资格进行审查，编制本系统的《装备承制单位名录》，并报总装备部核准。

除特殊情况外，装备采购的承制单位应当从《装备承制单位名录》中选择。

第三十一条 采用公开招标、邀请招标方式采购装备的，适用国家有关法律规定的程序。

装备采购部门在招标前，应当对采购装备的成本进行分析，测算标底价格并提出定价方案。

第三十二条 在招标采购中，出现下列情形之一的，应予废标：

（一）符合条件的装备承制单位或者投标人不足两家的；

（二）出现影响采购公正的违法、违规行为的；

（三）投标人的报价均严重超出装备采购标底价格的；

（四）装备采购计划取消或者采购方式变更的。

废标后，装备采购部门应当将废标理由通知所有投标人。

第三十三条 采用竞争性谈判方式采购装备，应当在非公开状态下，按照成立谈判小组、制定谈判文件、确定参加谈判的装备承制单位名单以及谈判和确定装备承制单位的程序组织实施。

装备采购部门在谈判前，应当对采购装备的成本进行分析；经与被邀请的装备承制单位分别谈判后，提出定价方案。

第三十四条 采用单一来源方式采购装备，应当在非公开状态下，按照成立谈判小组、制定谈判文件、谈判的程序组织实施。

装备采购部门应当按照军品价格管理的有关规定，对装备承制单位提出的报价方案进行核算，提出定价方案，并督促装备承制单位对采购装备的配套件采用招标方式或者竞争性谈判方式采购。

第三十五条 采用询价方式采购装备，应当按照成立询价小组、确定被询价的装备承制单位名单以及询价和确定装备承制单位的程序组织实施。

装备采购部门应当对承制单位提供的装备报价进行比较，提出定价方案，并根据符合装备采购要求且报价最低的原则确定装备承制单位。

第三十六条 装备采购部门应当按照有关档案管理的规定，妥善保管装备采购活动的相关文件和资料。

第六章 合同订立

第三十七条 装备采购实行合同制。

装备采购合同由装备采购主管机关（部门）授权的驻厂军事代表机构或者其他机构与确定的装备承制单位以书面形式订立。

装备采购合同通常按照年度订立，必要时也可以跨年度订立。

第三十八条 订立装备采购合同的项目，应当符合下列条件：

（一）已列入年度装备采购计划；

（二）已设计定型或者通过鉴定；

（三）装备承制单位已列入《装备承制单位名录》；

（四）采购装备的价格已经装备采购主管机关（部门）批准。

不符合前款规定条件，需要订立装备采购合同的项目，必须经总装备部批准。

第三十九条 装备采购合同文本应当符合国家和军队的有关要求，并按照规定统一编号，确定密级。

装备采购合同的标准文本，由总装备部制定。

第四十条 被授权的驻厂军事代表机构或者其他机构与装备承制单位协商形成装备采购合同草案文本后，应当报本系统装备采购主管机关（部门）审定；总装备部规定的重要装备采购合同草案文本，由总部分管有关装备的部门、军兵种装备部报总装备部审定。

装备采购主管机关（部门）应当按照国家和军队的有关规定，对装备采购合同草案文本的法律依据、装备承制单位的资格条件、装备技术状态、经费、价格以及其他合同条款进行全面审查。

装备采购合同草案文本经装备采购主管机关（部门）审查同意后，被授权的驻厂军事代表机构或者其他机构方可与装备承制单位签订装备采购合同。装备采购合同经装备采购主管机关（部门）确认后生效。

第四十一条 总部分管有关装备的部门、军兵种装备部应当在装备采购合同生效之日起 15 日内，将装备采购合同报总装备部备案。

总部分管有关装备的部门、军兵种装备部应当对装备采购合同订立情况实施监督、检查，并将有关情况报总装备部。

第七章 合同履行

第四十二条 总部分管有关装备的部门、军兵种装备部应当组织驻厂军事代表机构，依据国家和军队的有关规定，履行装备采购合同规定的义务，并监督装备承制单位保证装备采购合同的履行。

第四十三条 总部分管有关装备的部门、军兵种装备部应当组织驻厂军事代表机构，加强装备生产过程中的质量监督工作，督促装备承制单位建立健全质量保证体系，及时发现和处理装备生产过程中出现的质量问题，确保装备生产质量符合规定的要求。

对因产品质量不稳定或者产品的关键、重要特性不合格而不能提供合格产品的装备承制单位，应当要求其采取有效措施限期解决；在规定期限内仍达不到要求的，应当终止装备采购合同的履行，要求装备承制单位承担违约责任，并将其从《装备承制单位名录》中剔除。

第四十四条 总部分管有关装备的部门、军兵种装备部应当组织驻厂军事代表机构，依据装备采购合同和验收技术条件，对装备承制单位提交的产品认真进行检验验收，确认合格后方能接收。对未达到装备采购合同规定要求或者不符合验收技术条件的产品，应当拒绝接收。

第四十五条 装备采购经费实行集中支付。

驻厂军事代表机构应当根据装备采购合同和产品检验验收情况，向本系统装备采购主管机关（部门）提出付款意见。总部分管有关装备的部门、军兵种装备部对付款意见进行审核后，报总装备部核准并由总装备部装备财务结算机构向装备承制单位办理结算支付手续。

第四十六条 总部分管有关装备的部门、军兵种装备部接到驻厂军事代表机构报送的申请装备出厂计划后，应当适时发出接装通知书，并及时组织接装单位接收装备。

接装单位应当做好接装前的各项准备工作，按照规定的程序和要求，对拟接收的装备进行必要的检查，符合条件的方可接收。

对装备交接发运过程中出现的问题，由驻厂军事代表机构、接装单位等有关部门与装备承制单位协商解决，必要时向上级主管机关（部门）报告。

第四十七条 总部分管有关装备的部门、军兵种装备部应当组织驻厂军事代表机构，按照装备采购合同的要求，督促装备承制单位制定装备技术服务计划，健全售后服务保障机制，为部队及时提供技术服务保障，协助解决装备在运输、贮存、使用和维修中出现的问题。

在装备服役期限内出现的装备质量问题，应当要求装备承制单位予以解决。装备采购合同对装备质量问题的处理有约定的，按照约定的条款处理。

第四十八条 装备采购合同订立后，不得擅自变更、中止或者解除。但遇有下列情形之一的，总部分管有关装备的部门、军兵种装备部应当向总装备部提出变更、中止或者解除装备采购合同的建议；经批准后，办理装备采购合同变更、中止或者解除事宜，并将办理情况报总装备部备案：

（一）装备采购计划被修改或者被取消的；

（二）装备采购合同的继续履行将损害国家和军队利益的；

（三）装备采购合同履行条件发生重大变化使主要条款无法履行的。

对于装备采购方的原因变更、中止或者解除装备采购合同而给装备承制单位造成损失的，总部分管有关装备的部门、军兵种装备部应当报总装备部批准后，向装备承制单位支付合理的补偿费用。

因装备承制单位的过错而变更、中止或者解除装备采购合同而给军队造成损失的，总部分管有关装备的部门、军兵种装备部应当依法向装备承制单位提出索赔要求。

第四十九条 总部分管有关装备的部门、军兵种装备部应当对当年装备采购合同履行情况实施监督、检查，并将有关情况报总装备部。

……

第九章 监督检查

第五十六条装备采购主管机关（部门）应当加强对装备采购工作的监督检查。监督检查的主要内容是：

（一）有关装备采购的法律、法规和规章的执行情况；

（二）装备采购计划、预算的编制和执行情况；

（三）装备采购范围、采购方式和采购程序的执行情况；

（四）装备采购合同的订立、履行情况；

（五）装备采购人员的专业技能及行为；

（六）本条例规定的其他监督检查内容。

第五十七条 装备采购主管机关（部门）应当依法受理装备承制单位或者投标人的询问、质疑与投诉，并在规定的期限内对当事人的询问、质疑与投诉作出答复；但答复的内容不得泄露军事秘密。对投诉事项需进行审查并作出处理决定的，应当及时将处理决定通知投诉人和相关当事人。

第五十八条 军队审计部门应当对装备采购进行审计监督。

第五十九条 军队纪律检查部门应当对从事装备采购工作的人员实施监察。

第六十条 任何单位和个人对装备采购活动中的违法行为，有权控告和检举。军队有关机关和部门应当依据各自的职责权限，依法查处装备采购活动中的违法行为。

第十章 奖励与处分

第六十一条 对在装备采购工作中表现突出，取得显著成绩的单位和个人，依照《中国人民解放军纪律条令》的有关规定，给予奖励。

第六十二条 有下列情形之一的，依照《中国人民解放军纪律条令》的有关规定，对负有直接责任的主管人员和其他直接责任人员给予处分；构成犯罪的，依法追究刑事责任；对单位给予通报批评并责令限期改正：

（一）在装备采购工作中，滥用职权、徇私舞弊的；

（二）玩忽职守，给装备采购工作造成损失的；

（三）在装备采购招标、投标、合同谈判中，与承制单位恶意串通的；

（四）侵吞、挪用、截留装备采购经费的；

（五）对采购装备的质量问题弄虚作假、隐情不报的；

（六）其他违反本条例规定，妨害装备采购工作的。

第十一章 附 则

第六十四条 本条例由总装备部负责解释。

第六十五条 本条例自 2003 年 1 月 1 日起施行。

中国人民解放军装备采购方式与程序管理规定

（2003年总装备部发布）

第一章 总 则

第一条 为了规范中国人民解放军装备采购方式与程序管理工作，提高装备采购效益，依据《中国人民解放军装备采购条例》制定本规定。

第二条 本规定是中国人民解放军确定装备采购方式与程序管理工作的基本依据。

装备采购方式是指实施装备采购时，根据不同情况应当采用的法定形式。装备采购方式是年度装备采购计划的基本要素之一。

装备采购程序是指采用确定的装备采购方式实施装备采购时，应当遵守的操作规程。

第三条 装备采购方式与程序的确定应当遵循统一领导、适度公开、竞争择优、注重效益、操作规范的原则。

第四条 装备采购方式根据装备类型、保密要求、采购金额和装备采购市场等情况确定。

装备采购采用公开招标采购、邀请招标采购、竞争性谈判采购、单一来源采购、询价采购以及经总装备部认可的其他方式采购方式。

第五条 总装备部负责全军装备采购方式与程序的管理工作。

总部分管有关装备的部门、军兵种装备部负责本系统装备采购方式的管理工作。

装备采购计划部门会同装备采购业务部门承办装备采购方式的确定工作；装备采购业务部门会同装备采购计划部门、驻厂军事代表机构等承办装备采购方式确定后的组织实施工作。

第六条 参与投标、谈判的装备承制候选单位应当在《装备承制单位名录》中选取，特殊情况报总装备部批准。

第七条 在确定装备采购方式和组织实施装备采购程序过程中，从事装备采购工作的人员与承制单位有利害关系的应当回避。

……

第三章 公开招标采购

第十二条 公开招标采购是指按照规定的程序，通过发布招标公告的方式，邀请不特定的承制单位投标，依据确定的标准和方法从所有投标中择优评选出中标承制单位，并与之签订合同的装备采购方式。

第十三条 采购金额达到300万元以上、通用性强、不需要保密的装备采购项目，采用公开招标方式采购。

第十四条 采用公开招标采购方式的，应当遵循下列基本程序：

（一）成立招标小组。总部分管有关装备的部门和军兵种装备部负责组织或者委托相应机构成立招标小组。招标小组负责拟制招标文件、组建评标委员会、组织实施装备采购招标等工作。招标小组由装备采购业务部门、装备采购计划部门或者其他机构、部门的人员组成。

（二）组建评标委员会。评标委员会由有关装备技术、价格、法律等方面的专家组成，成员人数为5人以上单数。

（三）拟制招标文件。招标小组根据招标装备的战术技术要求、采购数量和交付时限等情况，拟制招标公告、招标装备价格标底、评定标准和方法等招标文件。

（四）报批招标文件。招标文件由总部分管有关装备的部门、军兵种装备部审定。其中，总装备部规定的重要装备采购项目的招标文件，由总部分管有关装备的部门、军兵种装备部报总装备部审定。

（五）发标。招标文件经审定后，由招标小组通过指定的报刊、信息网络或者其他媒体公开发布招标公告。招标公告发出之日起至投标人提交投标文件截止之日止，不得少于20个工作日。

（六）投标。投标人的投标申请书、有关资格证书、技术和质量以及进度承诺、报价等投标文件，加盖单位公章及其负责人印鉴后密封，在规定的截标日期送达招标小组。

（七）开标。开标应当在招标文件规定的时间、地点公开进行。开标由招标小组主持，装备采购业务部门和装备采购计划部门的代表、招标小组成员、评标委员会成员和投标人参加。开标时，由投标人检查各自投标文件的密封情况，经确认无误后，由招标小组当众拆封，宣读投标人名称、报价等投标文件内容。开标过程应当记录。

（八）评标。评标委员会按照招标文件确定的评定标准和方法，对所有投标人的投标文件进行评审和比较。对投标文件中含义不明确的内容可以要求投标人作必要的澄清和说明。经过评定，评标委员会应当向招标小组推荐中标候选人，并提交书面评标报告，经所有成员签字后有效。

（九）定标。招标小组根据中标候选人的投标文件和评标委员会的书面评标报告，确定中标单位，并报总部分管有关装备的部门、军兵种装备部备案。招标小组向中标单位发中标通知书，并同时将中标结果通知所有未中标的投标人。

第十五条 在招标采购中，出现下列情形之一的，应当予以废标：

（一）符合条件的装备承制单位或者投标人不足两家的；

（二）出现影响采购公正的违法、违规行为的；

（三）投标人的报价超过或者低于装备采购标底价格20%的；

（四）装备采购计划取消或者采购方式变更的。

废标后，装备采购部门应当将废标理由通知所有投标人；除装备采购计划取消或者变更的情形外，应当重新组织招标。

第四章 邀请招标采购

第十六条 邀请招标采购是根据承制单位的资格条件，在一定范围内选择不少于两家承制单位向其发出投标邀请书，由被邀请的承制单位投标竞争，从中择优评选出中标承制单位，并与之签订合同的装备采购方式。

第十七条 采购金额达到300万元以上、符合下列情形之一的装备采购项目，可以采用邀请招标方式采购：

（一）涉及国家和军队安全、有保密要求不适宜公开招标采购；

（二）采用公开招标方式所需时间无法满足需要的；

（三）采用公开招标方式的费用占装备采购项目总价值的比例过大的。

第十八条 采用邀请招标采购方式的，实施程序可参照本规定第十四条执行。

第五章 竞争性谈判采购

第十九条 竞争性谈判采购是指通过与不少于两家承制单位进行谈判，择优确定承制单位并与之签订合同的装备采购方式。

第二十条 采购金额达到300万元以上、符合下列情形之一的装备采购项目，可以采用竞争性谈判方式采购：

（一）招标后没有承制单位投标或者没有合格标的的；

（二）采用招标方式所需时间无法满足需要的；

（三）因技术复杂或者性质特殊，不能确定详细规格或者具体要求的；

（四）不能事先计算出价格总额的。

第二十一条 采用竞争性谈判采购方式的，应当在非公开状态下遵循下列基本程序：

（一）成立谈判小组。总部分管有关装备的部门、军兵种装备部负责组织成立谈判小组。谈判小组由装备采购业务部门、装备采购计划部门的代表和装备技术、价格、法律等方面的专家组成。成员人数为7人以上的单数，其中专家人数不得少于三分之二。

（二）拟制谈判文件。谈判文件由谈判小组拟制。谈判文件应当明确谈判人员、谈判程序、谈判内容、合同文本草案以及评定成交的标准等内容。

（三）报批谈判文件。谈判文件由总部分管有关装备的部门、军兵种装备部审定。

（四）确定邀请参加谈判的承制单位名单。谈判小组从符合相应资格条件的承制单位名单中确定不少于两家的承制单位参加谈判，并向其提供有关谈判文件。

（五）谈判。谈判小组应当与承制单位分别进行谈判。谈判中，谈判的任何一方不得透露与谈判有关的其他承制单位的技术资料、价格和其他信息。谈判文件有实质性变动的，谈判小组应当以书面形式通知所有参加谈判的承制单位。

（六）确定承制单位。谈判结束后，谈判小组应当要求所有参加谈判的承制单位在规定时间内进行最后报价，并根据采购需求、质量、服务和报价等因素综合评定结果，提出候选成交承制单位，报总部分管有关装备的部门和军兵种装备部审定。

谈判小组应当将审定结果通知所有参加谈判的承制单位。

第六章 单一来源采购

第二十二条 单一来源采购是指只能从一家承制单位采购装备的采购方式。

第二十三条 符合下列情形之一的装备采购项目，可以采用单一来源方式采购：

（一）只能从唯一装备承制单位采购的；

（二）在紧急情况下不能从其他装备承制单位采购的；

（三）为保证原有采购项目的一致性或者服务配套要求，必须继续从原装备承制单位采购的。

第二十四条 采用单一来源采购方式的，应当在非公开状态下遵循下列基本程序：

（一）成立谈判小组。总部分管有关装备的部门、军兵种装备部负责组织成立谈判小组。谈判小组由装备采购业务部门、装备采购计划部门的代表和装备技术、价格、法律等方面的专家组成。

（二）拟制谈判文件。谈判文件由谈判小组拟制，内容应当包括装备的采购数量、质量、价格、交付进度及售后服务等要求。

（三）报批谈判文件。谈判文件由总部分管有关装备的部门、军兵种装备部审定。

（四）谈判。谈判小组应当根据谈判文件的要求与承制单位进行谈判。谈判过程出现与谈判文件规定不一致时，应当及时请示报告。

（五）报批谈判结果。谈判结束后，谈判小组将谈判结果报总部分管有关装备的部门、军兵种装备部审定。其中总装备部规定的重要装备采购项目，由总部分管有关装备的部门、军兵种装备部报总装备部审定。

第二十五条 对单一来源采购装备的配套设备与器件，具备招标方式或者竞争性谈判方式采购的，装备采购业务部门应当督促承制单位采用相应采购方式采购。

第七章 询价采购

第二十六条 询价采购是指向有关承制单位发出询价单让其报价，在报价基础上进行比较并确定最优装备承制单位的采购方式。

第二十七条 采购金额在300万元以下、不需要保密，且符合下列情形之一的装备采购项目，可以采用询价采购方式采购：

（一）通用性强，规格、标准统一，货源充足的；

（二）价格变化幅度较小的。

第二十八条 采取询价采购方式的，应当遵循下列基本程序：

（一）成立询价小组。总部分管有关装备的部门、军兵种装备部负责组织成立询价小组。询价小组由装备采购业务部门的代表和装备技术、价格等方面的专家3人以上的单数组成。询价小组应当对采购项目评定成交标准等事项作出规定。

（二）确定被询价的承制单位名单。询价小组根据采购需要，从符合相应资格条件的承制单位名单中确定不少于3家的承制单位，并向其发出询价单让其报价。

（三）询价。询价小组要求被询价的承制单位在规定的时间内一次报出不得更改的价格。

（四）确定承制单位。询价小组根据符合采购需求、质量和服务相当且报价最低的原则，依据评定成交标准进行综合评审，提出成交承制单位，报总部分管有关装备的部门、军兵种装备部审定。

询价小组应当将审定结果通知所有被询价的承制单位。

第八章 价格确定

第二十九条 总部分管有关装备的部门、军兵种装备部应当根据确定的装备采购方式，采取相应的定价模式，成立价格审核组，按照国家和军队有关装备价格法规政策，开展装备采购价格审核工作。

第三十条 采用公开招标、邀请招标方式实施装备采购时，价格审核组应当对采购装备的成本进行测算，提出价格标底，报总部分管有关装备的部门、军兵种装备部审定；需由总装备部确定的装备采购价格标底，由总部分管有关装备的部门、军兵种装备部专题报总装备部审定。

定标后，中标方投标价格即为中标价格，中标价格应上报备案。

第三十一条 采用竞争性谈判方式实施装备采购时，在谈判前，价格审核组应当对被邀请的装备承制单位报价进行审核，提出价格谈判预案；谈判结束后，其价格方案应当报总部分管有关装备的部门、军兵种装备部审定。需由总装备部确定的装备采购价格方案，由总部分管有关装备的部门、军兵种装备部专题报总装备部审定。

第三十二条 采用单一来源方式实施装备采购时，价格审核组应当对承制单位的报价进行审核，提出价格方案报总部分管有关装备的部门、军兵种装备部审定；需由总装备部确定的装备采购价格方案，由总部分管有关装备的部门、军兵种装备部专题报总装备部审定。

第三十三条 采用询价方式实施装备采购时，在询价结束后，其价格方案应当报总部分管有关装备的部门、军兵种装备部审定。

第九章 监督检查

第三十四条 装备采购主管机关（部门）应当加强对采购方式与程序管理工作的监督检查。监督检查的主要内容是：

（一）有关装备采购方式与程序管理工作规定的执行情况；

（二）选择装备采购方式和执行采购程序的情况；

（三）装备标底测算及定价方案制定和保密情况；

（四）装备采购工作人员执行回避制度的情况；

（五）装备采购人员的专业技能及行为；

（六）本规定明确的其他监督检查内容。

第三十五条 装备采购主管机关（部门）应当依法受理装备承制单位对装备采购方式与程序管理工作的询问、质疑与投诉，并在10个工作日内对当事人的询问、质疑作出答复，在30个工作日内对当事人的投诉作出答复，但答复的内容不得泄露军事秘密。对投诉事项需进行审查并作出处理决定的，应当及时将处理决定通知投诉人和相关当事人。

第三十六条 从事装备采购方式与程序管理工作的人员应当依照有关规定接受军队纪律检查部门的监察。

第三十七条 任何单位和个人对装备采购方式与程序管理活动中的违法行为，有权控告和检举。军队有关机关和部门应当依据各自职责权限，依法查处装备采购方式与程序管理活动中的违法行为。

第十章 奖励与处分

第三十八条 对在装备采购工作中采购方式选择合理、采购程序执行符合规定，取得显著成绩的单位和个人，依照《中国人民解放军纪律条令》的有关规定，给予奖励。

第三十九条 有下列情形之一的，依照《中国人民解放军纪律条令》的有关规定，对负有直接责任的人员给予相应处分；构成犯罪的，依法追究刑事责任；对单位给予通报批评并责令限期改正：

（一）向承制单位泄露标底或者定价方案的；

（二）在装备采购招标、投标和谈判中与承制单位恶意串通的；

（三）以不合理的条件对承制单位实行差别待遇或者歧视待遇的；

（四）应当采用公开招标方式而擅自采用其他方式的；

（五）在装备采购过程中接受贿赂或者获取其他不正当利益的；

（六）拒绝有关部门监督检查或者提供虚假情况的；

（七）其他违反本规定，妨害装备采购方式与程序管理工作的。

第十一章 附 则

第四十条 开展招标、谈判等装备采购工作所需业务经费，从年度装备采购经费中予以安排。

第四十二条 本规定自发布之日起施行。

军队物资采购管理规定

（2005年 解放军总后勤部）

第一章 总 则

第一条 为了规范军队物资采购行为，保证采购质量，提高采购效益，促进廉政建设，根据《深化军队物资、工程、服务采购改革总体方案》，制定本规定。

第二条　本规定适用于各级机关、部队在国内市场组织的物资采购。

本规定所称物资，主要包括战备储备物资、自动化设备器材、军训器材、文化体育装备器材、后勤装备、被装、给养、药品、医疗设备、油料、原材料、机电产品、办公用品等。

第三条　军队物资采购工作实行总部、军区级单位和部队三级管理体制，按照事业部门提出需求、采购机构集中采购、财务部门集中支付、审计部门实行监督的组织方式实施。

第四条　总后勤部军需物资油料部是全军物资采购的业务管理部门。各级后勤（联勤）机关军需物资油料部门是本级物资采购的业务管理部门。

第五条　军队物资采购管理工作应当遵循统一计划、集中采购、集中支付、公开透明、安全保密的原则。

第六条　军队物资采购实行目录管理制度。凡纳入物资集中采购目录的采购项目，应当由军队物资采购机构实施采购。

第七条　军队物资采购信息应当在总部和军兵种、军区后勤（联勤）机关军需物资油料部门指定的媒体上及时向社会或者军队公开发布，涉及军事秘密和商业秘密的除外。

第八条　军队各级机关和采购机构组织实施物资采购，必须坚持为部队服务的方向，做到公正、规范、优质、高效。

任何单位和个人不得阻挠和限制符合条件的供应商自由参加军队物资采购活动，不得采用其他方式非法干涉军队物资采购活动。除单一来源采购外，不得指定供应商和物资的品牌。

第二章　职　责

第九条　各级机关事业部门和其他需求单位（以下简称事业部门）在物资采购方面履行下列职责：

（一）编制物资采购预算和物资集中采购需求计划；

（二）审核物资招标文件和采购合同草案；

（三）指导物资采购机构做好物资招标、价格审定、合同签订和质量检验工作；

（四）组织办理采购资金结算申请；

（五）上级赋予的其他职责。

第十条　各级后勤（联勤）机关财务部门在物资采购方面履行下列职责：

（一）汇总和审核物资采购预算；

（二）会同有关部门拟制物资集中采购目录；

（三）审查物资招标文件和采购合同草案中的有关经费条款；

（四）集中支付物资采购资金；

（五）对物资采购实施全程财务监督；

（六）上级赋予的其他职责。

第十一条　各级后勤（联勤）机关军需物资油料部门在物资采购方面履行下列职责：

（一）拟制物资采购工作计划和管理制度；

（二）汇总、上报物资集中采购计划，审定物资采购方式；

（三）指导物资采购机构业务建设，组织物资采购业务培训；

（四）承办物资采购人员资格认证、采购机构招标资格认证工作；

（五）负责物资采购信息系统和产品资源库、供应商库、评审专家库的建设与管理；

（六）协调处理物资采购工作中的有关问题；

（七）上级赋予的其他职责。

未编设军需物资油料部门的军队单位，其承担物资采购业务管理的部门，按照前款规定履行职责。

第十二条　军队物资采购机构履行下列职责：

（一）负责物资采购市场调查，收集、整理和发布物资采购信息；

（二）审查物资供应商资格，聘请物资采购评审专家；

（三）拟制物资采购文件，订立物资采购合同；

（四）审核物资采购价格，实施物资采购；

（五）协同有关部门组织产品技术质量检验，为用户提供产品技术培训、维护保养等后续服务；

（六）负责需要中转物资的接收、储存和发运；

（七）负责为事业部门提供采购资金结算所需要的有关凭证和文书；

（八）上级赋予的其他职责。

第三章　采购机构与人员

第十三条　军队物资采购机构包括总后勤部军用物资采购局及北京物资采购供应站，总装备部后勤部试验装备物资采购局及办事处，军兵种、军区物资采购站，军级以下部队（含相当等级单位，下同）的军师级单位依托后勤直属分队抽组的采购机构、旅团级部队生产生活服务中心。

第十四条　总后勤部军用物资采购局及北京物资采购供应站，承担军委办公厅、总部机关、军事科学院、国防大学、国防科学技术大学的物资集中采购任务和其他单位委托的采购任务；总装备部后勤部试验装备物资采购局及办事处，承担总装备部直属部队的物资集中采购任务；军兵种、军区的物资采购站，承担本级机关和直属单位的物资集中采购任务；军级以下部队的物资采购机构分别承担本部队的物资集中采购任务；各级药材供应站按照规定的保障范围承担药品采购任务。

第十五条　军队物资采购人员实行资格认证制度。物资采购人员应当通过相应的资格考核，取得资格证书，方可从事物资采购工作。

军队物资采购人员资格认证由总后勤部军需物资油料部统一组织。具体考核认证办法，另行规定。

第十六条　采购机构工作人员、谈判小组成员、询价小组成员、评标委员会成员及其他相关人员，在军队物资采购活动中与供应商有利害关系的必须回避。

供应商认为采购机构工作人员、谈判小组成员、询价小组成员、评标委员会成员及其他相关人员，在军队物资采购活动中与其他供应商有利害关系的，可以申请其回避。

第十七条　军队物资招标应当由取得招标资格的军队物资采购机构组织实施。招标资格认证按照军队有关规定执行。

第四章　评审专家与供应商

第十八条　军队物资采购机构采用招标、竞争性谈判、询价和单一来源等方式采购物资，应当聘请专家参与物资采购的评审工作。

第十九条　军队物资采购评审专家的遴选，采用公开征集、推荐与自我推荐相结合的方式，按照规定的程序组织实施。获得评审专家资格的，纳入军队物资采购评审专家库管理。

军队物资采购评审专家管理办法另行制定。

第二十条　军队物资采购实行供应商准入制度。获得准入资格的供应商，纳入军队物资供应商库管理。

军队物资供应商库管理办法另行制定。

第二十一条　两个以上的自然人、法人或者其他组织组成联合体以一个供应商的身份参加军队物资采购的，物资采购机构应当要求其提交联合协议，明确联合体各方承担的工作和义务。

第二十二条　对违反国家和军队规定，弄虚作假，不按合同履行义务的供应商，军需物资油料部门和采购机构应当逐级报总后勤部军需物资油料部，由总后勤部军需物资油料部将其列入不良行为记录名单，在军内定期公示，1至3年内禁止其参加军队物资采购活动。

第五章　备案与审批

第二十三条　军队物资采购文件和采购事项，实行备案与审批制度。

第二十四条　下列物资采购文件和采购事项应当报有关部门备案：

（一）物资采购管理办法、操作规程等文件，报上一级有关部门备案；

（二）物资集中采购目录，报上一级财务部门和军需物资油料部门备案；

（三）物资招标公告、招标（谈判）文件，报有关事业部门和军需物资油料部门备案；

（四）物资采购合同副本，报有关事业部门、财务部门和军需物资油料部门备案；

（五）其他文件和事项，根据需要报有关部门备案。

第二十五条　下列物资采购文件和采购事项应当报有关部门审批：

（一）变更物资采购方式，报军需物资油料部门审批；

（二）物资采购合同草案，报有关事业部门和财务部门审批；

（三）物资采购合同的变更、中止、终止，报有关事业部门、财务部门审批；

（四）其他文件和事项，根据需要报有关部门审批。

第六章　采购方式

第二十六条　军队物资集中采购主要采用下列方式：

（一）公开招标；

（二）邀请招标；

（三）竞争性谈判；

（四）询价；

（五）单一来源采购。

第二十七条　符合下列条件的物资采购项目，应当采用公开招标方式：

（一）物资达到一定规模、无保密要求的；

（二）供应商有一定数量、存在市场竞争的；

（三）物资通用性强、有明确的技术标准和规格要求的；

（四）按照法定程序组织公开招标有时间保证的；

（五）可以以价格为基础做出中标决定的。

第二十八条　符合下列情形之一、不宜公开招标的物资采购项目，可以采用邀请招标方式：

（一）涉及国家安全和军事秘密的；

（二）具有特殊性，只能从有限范围的供应商处采购的；

（三）采用公开招标方式所需费用占采购总价值比例过大的。

第二十九条　符合下列情形之一、不宜招标的物资采购项目，可以采用竞争性谈判方式：

（一）招标后无供应商投标或者无合格标的的；

（二）技术复杂或者性质特殊，无法确定详细规格或者具体要求的；

（三）无法事先计算出价格总额的。

第三十条　采购的物资规格和标准统一、现货货源充足且价格变化幅度小的采购项目，可以采用询价方式。

第三十一条　符合下列情形之一的物资采购项目，可以采用单一来源方式：

（一）只能从唯一供应商处获得的；

（二）发生了不可预见的紧急情况无法从其他供应商处采购的；

（三）必须满足原有物资采购项目一致性或者配套要求，需要继续从原供应商处添购，且采购资金总额不超过原合同采购金额百分之十的。

第七章　采购程序

第三十二条　军队物资集中采购，应当按照编制采购预算、下达采购计划、组织实施采购、进行质量验收、集中支付资金的程序组织实施。

第三十三条　事业部门在编制年度分项预算方案时，应当按照预算编制有关规定，对年度物资集中采购的经费支出预算项目进行细化，报后勤财务部门审核。

事业部门应当在收到年度预算批复后 20 个工作日内，编制物资集中采购需求计划，送军需物资油料部门；军需物资油料部门应当在收到物资集中采购需求计划后 10 个工作日内分类汇总，编制物资集中采购计划，报本级后勤（联勤）机关审批下达，同时抄送事业部门、财务部门和审计部门。

第三十四条　采用招标方式采购的，按照《军队物资招标管理规定》组织实施。

第三十五条　采用竞争性谈判方式采购的，按照下列程序及其要求组织实施：

（一）成立由物资采购机构代表和有关专家组成的 3 人以上单数的谈判小组，其中专家的人数不少于成员总数的三分之二；

（二）制定谈判文件，明确谈判程序、谈判内容、合同草案的条款以及评定成交的标准等事项；

（三）物资采购机构从军队物资供应商库中选取不少于 3 家供应商参加谈判，并向参加谈判的供应商提供谈判文件；

（四）谈判小组所有成员集中与单一供应商分别谈判，谈判的任何一方不得透露与谈判有关的其他供应商的技术资料、价格和其他信息；

（五）谈判文件有实质性变动的，谈判小组以书面形式通知所有参加谈判的供应商；

（六）谈判结束后，谈判小组要求所有参加谈判的供应商在规定时间内进行最后报价；

（七）物资采购机构根据符合采购需求、质量和服务相等且报价最低的原则，从谈判小组提出的成交候选人中确定成交供应商，并将结果通知所有参加谈判的供应商。

第三十六条　采用询价方式采购的，按照下列程序及其要求组织实施：

（一）成立由物资采购机构代表和有关专家组成的 3 人以上单数的询价小组，其中专家的人数不少于成员总数的三分之二；

（二）询价小组对物资采购项目的价格构成和评定成交的标准等事项作出规定；

（三）物资采购机构根据采购需求，从军队物资供应商库中选取不少于 3 家的供应商，并向被询价的供应商发出询价通知书；

（四）询价小组要求被询价的供应商一次报出不得更改的价格；

（五）物资采购机构根据符合采购需求、质量和服务相等且报价最低的原则确定成交供应商，并将结果通知所有被询价的供应商。

第三十七条　采用单一来源方式的，军队物资采购机构与供应商应当遵循本规定确定的原则，在保证采购项目质量和双方商定合理价格的基础上实施采购。

第三十八条　收货单位应当按照采购合同约定的内容组织物资验收，并向事业部门报送《物资到货验收表》。

收货单位在物资验收中发现数量、质量问题，应当做好记录，及时与供应商取得联系，报告事业部门并通知物资采购机构协调处理。

第三十九条 物资采购资金支付与结算，按照《军队资金集中支付管理规定》、《军队物资、工程、服务集中采购资金支付暂行办法》执行。

第四十条 军队物资采购机构对集中采购项目每项采购活动的采购文件应当妥善保存，不得伪造、变造、隐匿或者销毁。采购文件的保存期限为从采购结束之日起至少保存 15 年。

采购文件包括采购活动记录、采购计划、招标文件、投标文件、评标标准、评估报告、定标文件、合同文本、验收证明、质疑答复、投诉处理决定及其他有关文件、资料。

采购活动记录应当包括下列主要内容：

（一）采购项目类别、名称；

（二）采购项目计划和合同价格；

（三）邀请和选择供应商的条件及原因；

（四）成交、评标标准及确定成交、中标人的原因；

（五）废标的原因。

第四十一条 年度终了和重大采购项目完成之后，军队物资采购机构应当向事业部门、军需物资油料部门书面报告采购情况。

第四十二条 军队物资采购机构应当对采购活动中相关数据资料进行统计，填报《军队物资采购综合统计表》，按照物资采购业务管理渠道，逐级汇总上报总后勤部军需物资油料部。

第四十三条 工程建设所需主要原材料和机电设备（随工程施工招标的除外），由军队物资采购机构集中采购，采购程序由军兵种后勤部、军区（战区）联勤部确定。

第八章 采购合同

第四十四条 军队物资采购合同应当采用书面形式，由军队物资采购机构与供应商依法订立。特殊情况，经军需物资油料部门批准，可以由采购机构组织军队需求单位与供应商签订合同。

供应商以联合体形式参加军队物资采购活动的，联合体各方应当共同与军队物资采购机构或者军队需求单位签订采购合同，对采购合同约定的事项承担连带责任。

第四十五条 军队物资采购机构应当自中标、成交通知书发出之日起 30 日内，按照采购文件确定的事项与中标、成交供应商签订物资采购合同。

第四十六条 军队物资采购机构应当将物资采购合同草案报有关事业部门审查，事业部门送财务部门，财务部门对有关经费条款进行审查，并将审查结果通知事业部门。自事业部门收到采购合同草案之日起 8 个工作日内，事业部门和财务部门均无异议的，物资采购机构与供应商签订正式合同，并将采购合同副本报事业部门、财务部门和军需物资油料部门备案。

第四十七条 物资采购合同一经签订，不得擅自变更、中止或者终止。事业部门确需变更合同的，应当以书面形式明确变更内容，涉及经费条款变更的送财务部门审查，无异议后下达物资采购机构，采购机构据此与供应商协商，订立书面协议，报事业部门、财务部门和军需物资油料部门备案；供应商提出变更物资采购合同要求的，军队物资采购机构应当与供应商协商提出建议，并及时报告事业部门确定。

军队物资采购机构发现合同履行将损害国家和军队利益时，应当向事业部门提出中止或者终止采购合同的建议，事业部门必须及时处理，并将处理意见通报财务部门、军需物资油料部门。

第四十八条　有下列情形之一的，有关部门或者单位应当承担责任：

（一）因物资集中采购需求计划编制、变更等原因导致违约的；

（二）物资集中采购计划汇总、下达失误的；

（三）物资采购合同订立失误的；

（四）采购经费支付违约的。

第九章　质量与价格

第四十九条　军队物资采购机构应当建立健全质量检验和价格审核制度，确保采购的物资质量合格、价格合理。

第五十条　事业部门编制的物资集中采购需求计划应当明确物资采购项目的有关质量和技术标准；军队物资采购机构必须按照物资集中采购计划确定的质量和技术标准与供应商订立合同。

对非标准或者有特殊要求的产品，军队物资采购机构应当会同有关单位对产品生产过程进行质量监督。

第五十一条　物资质量检验，应当依据采购合同约定的质量技术标准和供应商出具的质量证明文件，由事业部门或者收货单位会同军队物资采购机构实施。

物资采购合同对产品质量标准约定不明确的，按照国家和军队的有关标准执行。

需要对产品内在质量进行检测的，应当在国家或者军队认证的检测机构检测。

第五十二条　物资采购价格应当通过市场竞争确定；国家对物资价格另有规定的，从其规定。

第五十三条　军队物资采购机构应当掌握物资市场行情，建立价格评估体系，对采购物资价格构成要素进行分析评估。

第十章　服务与保障

第五十四条　军队物资采购机构应当建立和完善物资采购咨询服务系统，为机关和部队提供物资采购信息咨询服务。

第五十五条　经军队物资采购机构中转供应部队的物资，军队物资采购机构应当按照事业部门要求，做好初检、接收、储存、发运工作。

第五十六条　军队物资采购机构应当了解物资使用情况，协调供应商做好物资售后服务工作。

对技术复杂、使用要求高的装备器材，军队物资采购机构应当依据物资采购合同的约定，组织供应商为部队提供专业培训和技术服务。

第五十七条　军需物资油料部门和物资采购机构应当加强军队物资采购信息化建设，逐步实现网上采购和业务管理自动化。军队物资采购信息系统，由总后勤部军需物资油料部组织开发。

第十一章　质疑与投诉处理

第五十八条　军队物资采购机构对供应商提出的询问应当及时作出答复；对提出的书面质疑应当在 7 个工作日内作出答复，并以书面形式通知质疑供应商和质疑相关的供应商。

军队物资采购机构对供应商询问和质疑的答复内容不得涉及军事秘密和商业秘密。

第五十九条　军需物资油料部门收到投诉书后，应当在 5 个工作日内进行审查，对不符合投诉条件的，分别按照下列要求处理：

（一）投诉书内容不符合规定的，告知投诉人修改后重新投诉；

（二）投诉不属于本部门管辖的，转送有管辖权的部门，并通知投诉人；

（三）投诉不符合其他条件的，书面告知投诉人不予受理，并应当说明理由。

对符合投诉条件的投诉，自军需物资油料部门收到投诉书之日起即为受理。

第六十条　军需物资油料部门应当在受理投诉后的 3 个工作日内，向被投诉人和与投诉事项有关的供应商发送投诉书副本，通知被投诉人和与投诉事项有关的供应商在收到投诉书副本之日起 5 个工作日内，以书面形式向军需物资油料部门作出说明，并提交相关证据、依据和其他有关材料。

军需物资油料部门应当自受理投诉之日的 30 个工作日内，对投诉事项作出处理决定，并以书面形式通知投诉人、被投诉人及其他与投诉处理结果有利害关系的采购当事人。

第六十一条　军需物资油料部门在处理投诉事项期间，可以视情书面通知物资采购机构暂停采购活动，暂停时间最长不超过 30 天。

第十二章　监督检查

第六十二条　对军队物资采购工作负有监督管理职责的各级机关有关部门，应当按照职责分工，加强对军队物资采购活动的监督检查。

监督检查主要包括下列内容：

（一）军队物资采购有关管理规定的落实情况；

（二）物资集中采购范围、采购方式和采购程序的执行情况；

（三）物资采购人员的业务素质和专业技能；

（四）物资采购机构的业务建设情况。

被检查的单位和个人应当如实反映情况，提供有关资料。

第六十三条　军队物资采购机构的采购经办人员和采购合同审核、验收人员，其职责应当明确，相互分离，互相监督。

第六十四条　审计部门应当对军队物资采购工作实施全面审计，军队有关部门和物资采购机构应当接受审计部门的监督。

第六十五条　任何单位和个人对军队物资采购活动中的违规违法行为，有权控告和检举，有关部门应当按照职责分工及时处理。

第十三章　奖励与处分

第六十六条　对在军队物资采购工作中作出显著成绩的单位和个人，依照《中国人民解放军纪律条令》的有关规定，给予奖励。

第六十七条　有下列情形之一的，依照《中国人民解放军纪律条令》的有关规定，对负有责任的主管人员和其他直接责任人员，给予处分，构成犯罪的，依法追究刑事责任；对单位给予通报批评，并责令限期改正：

（一）按照规定应当交由物资采购机构集中采购而自行采购的；

（二）擅自变更物资集中采购计划的；

（三）不按规定采购方式和程序组织采购的；

（四）挪用采购资金的；

（五）中标、成交通知书发出后不与中标、成交供应商签订物资采购合同的；

（六）无正当理由拒不执行物资集中采购计划或者采购合同的；

（七）向供应商泄露秘密、与供应商串通侵害军队利益的；

（八）拒绝监督检查或者在接受监督检查时提供虚假情况的；

（九）其他违反国家法律和军队法规的。

第十四章　附 则

第六十八条　物资集中采购目录以外的物资采购项目，由军队单位按照本规定确定的原则，自行组织采购或者委托军队物资采购机构采购。

第六十九条　中国人民武装警察部队物资采购管理工作参照本规定执行。

第七十条　本规定自发布之日起施行。2002 年 2 月 28 日总后勤部发布的《军队物资采购管理规定》即行废止。

关于进一步推动科研基地和科研基础设施向企业及社会开放的若干意见

(2006年12月31日以国科发基字〔2006〕558号文发布)

各省、自治区、直辖市、计划单列市科技厅（委、局），新疆生产建设兵团科技局，国务院各有关部委、各直属机构科技主管部门：

根据《国家中长期科学和技术发展规划纲要（2006–2020 年）》和《国务院关于实施〈国

家中长期科学和技术发展规划纲要（2006–2020年）〉若干配套政策的通知》（国发〔2006〕6号），为进一步推动科研基地和科研基础设施向企业及社会开放，提出以下意见。

1. 政府投资建立的科研基地和科研基础设施属于国家公共科技资源，非涉密或国家无特殊规定的，均应向企业及社会开放。

2. 科研基地和科研基础设施要利用现代信息技术手段，建立信息网站和公共信息交流服务平台，通过多种方式向企业及社会发布开放工作信息。

3. 科研基地和科研基础设施要积极为企业及社会使用科学仪器设备提供服务。

符合条件的科学仪器设备应纳入全国或区域性大型科学仪器协作共用网。

4. 科研基地和科研基础设施拥有的种质资源、标准物质、标本和样品、科学数据、科技文献和信息等要向企业及社会开放，实现共享，并应有相应的管理办法。

5. 有条件的科研基地和科研基础设施应面向企业及社会设立开放课题并予以经费资助。

6. 鼓励科研基地和科研基础设施根据企业及社会需求开展技术人员培训，有条件的机构要积极与企业联合培养研究生、共建博士后工作站。

7. 具备条件的科研基地和科研基础设施要加强与企业研发中心的联系与合作，为产学研战略联盟的形成发挥积极作用。

8. 科研基地和科研基础设施要积极创造条件，向社会公众特别是中小学生开放，传播科学知识，提高公众科学素养。

9. 科研基地和科研基础设施开放可以采取有偿服务的形式，但不能以营利为目的。

10. 科研基地和科研基础设施的开放应纳入单位的年度工作计划。新建科研基地和科研基础设施的建设方案应明确开放措施。

11. 科研基地和科研基础设施的开放情况应作为其运行绩效考核的重要指标。成绩突出的，予以表彰和奖励。

12. 科研基地和科研基础设施在开放过程中要遵守国家有关保密规定。

关于非公有制经济参与国防科技工业建设的指导意见

（2007年2月27日以科工法〔2007〕179号文发布）

各省、自治区、直辖市国防科工委（办），各军工集团公司，委管各单位：

改革开放以来，我国个体、私营等非公有制经济不断发展壮大，已经成为社会主义市场经济的重要组成部分和促进社会生产力发展的重要力量。非公有制经济参与国防科技工业建，有利于推动发展、促进竞争，更好地发挥市场配置资源的基础性作用，有利于促进技术进步，增强自主创新能力，提高武器装备研制生产能力和水平，有利于促进国防科技工业体制机制创新，对加快建立国防科技工业社会化大协作体系具有重要意义。

为贯彻落实《国务院关于鼓励支持和引导个体私营等非公有制经济发展的若干意见》（国

发〔2005〕号）文件精神，鼓励、支持和引导非公有制经济参与国防科技工业建设，现提出以下意见：

一、鼓励和引导非公有资本进入国防科技工业建设领域。要逐步扩大非公有资本对国防科技工业投资的领域，形成规范、有序的开放性国防科技工业发展格局。

允许非公有资本对军品科研生产项目和基础设施进行投资，具体投资领域及方式按国家有关规定执行。

二、鼓励和引导非公有制企业参与军品科研生产任务的竞争和项目合作。非公有制企业可承担武器装备分系统和配套产品研制生产任务，具体承担任务的范围按照国防科技工业主管部门发布的武器装备科研生产许可目录及有关管理办法执行。

非公有制企业从事武器装备科研生产许可目录所列产品（技术）科研生产活动，应当取得武器装备科研生产许可。

鼓励和支持非公有制企业通过产学研结合等方式，参与国防科技创新活动。

三、鼓励和引导非公有制企业参与军工企业改组改制。除从事战略武器装备生产、关系国家战略安全和涉及国家核心机密的核心重点保军企业外，允许其参与其他军工企业的股份制改造。鼓励非公有制企业通过参股、控股、兼并和收购等多种形式，参与以民为主或从事军民两用产品、一般武器装备及配套产品生产的军工企业改组改制。鼓励非公有制企业参与军工企业分离办社会职能工作和辅业改制。具体参与军工企业改组改制的范围、方式和程序，按照国家有关规定执行。

四、鼓励非公有制企业参与军民两用高技术开发及其产业化。按照加大自主创新、发展高新技术、推进产业化、提升产业规模的要求，鼓励非公有制企业研究开发科技含量高、市场前景好的军民两用高新技术产品，参与民用核能、民用航天、民用飞机、民用船舶等军民结合高技术产业的发展。

五、非公有制企业要充分认识承担军品科研生产任务的特殊性，严格执行国家保密制度、军品科研生产质量管理规定、安全生产管理规定、技术标准和军工设备设施管理规定等，建立健全企业内部相关制度，严格履行合同，保质、保量、按时完成军品科研生产任务。

非公有制企业申请承担军品科研生产任务或参与军工企业改组改制，应在地方国防科技工业管理部门登记备案；已承担军品科研生产任务或参与军工企业改组改制的，应及时向备案部门报告军品科研生产或改组改制进展情况。

六、向非公有制企业提出军品科研生产任务的单位，应与承担任务单位依法签订合同，并严格履行合同，及时跟踪任务进展情况，对于影响军品科研生产任务完成的重大情况，应及时采取相应措施并报主管部门（单位）。

七、承担军品科研生产任务的非公有制企业，可按有关规定使用由国家投资建设的实验室、军工专用测试和试验设施等现有科技资源条件。

八、完善配套政策，为非公有制经济参与国防科技工业建设创造良好的政策环境。在国家政策允许范围内，非公有制企业在军品市场准入、任务竞争及参与军工企业改组改制等方面应与国有军工企业一视同仁。根据非公有制企业承担军品科研生产任务的性质和特点，通过贷款贴息、资本金注入以及租赁、借用、调配等多种方式，为非公有制企业完成重要军品科研生产任务提供必要的保障条件。完善军品科研生产招投标制度，以鼓励非公有制企业积极参与军品科研生产任务招投标。

九、完善信息发布制度，搭建适合非公有制经济发展特点的信息交流和共享平台。及时定向发布相关政策法规、武器装备科研生产许可目录、社会投资领域指导目录、军工企业股份制改造指导目录、军工产品和技术需求、技术标准等信息，指导非公有制企业加强与军工科研生产单位的信息沟通。

十、中介服务机构要创新服务方式，规范服务行为，为非公有制经济参与国防科技工业建设开展政策咨询、管理咨询、科技成果交流、人才培训、科技创新、技术支持、信息交流与共享、项目孵化、筹资融资、认证认可等方面服务。

十一、加强政府对非公有制经济参与国防科技工业建设活动的监管。各级国防科技工业管理部门要依法履行监督和管理职能，完善相关制度，改进监管办法，提高监管水平。对承担军品科研生产任务的非公有制企业，在合同执行、产品质量、保密、军工设备设施管理和使用、资质条件等方面进行监督检查，及时预警风险，对违反国家有关规定的依法予以查处。

地方国防科技工业管理部门要加强对本地区承担军品科研生产任务非公有制企业的指导，帮助非公有制企业解决在参与国防科技工业建设中遇到的问题，按有关规定协调落实非公有制企业在投资、税收、土地使用等方面应享受的政策。

深化国防科技工业投资体制改革的若干意见

（2007年4月13日以科工计〔2007〕226号文发布）

国防科技工业是国家战略性产业，是军队武器装备发展的基础，是国家科技创新体系的重要组成部分，是国家发展高新技术产业、推动产业升级的重要力量。改革开放以来，国防科技工业投资体制改革取得了重要进展，政府投资的范围由向军工单位投资转为向军品能力及军工主导产业投资，资金来源由单一的政府投资扩大到多元的社会投资，项目建设初步实现了市场化。但是，随着社会主义市场经济体制的不断完善，现行的国防科技工业投资体制还存在诸多不适应，特别是政府投资的领域和重点需要进一步明确，投资全过程监管需要进一步加强，投资效益需要进一步提高，投资主体多元化需要尽快规范并有序推进。为此，在《国务院关于投资体制改革的决定》（国发〔2004〕20号）的基础上，现就深化国防科技工业投资体制改革提出以下意见：

一、改革的指导思想和目标

1. 指导思想。以国防建设和国民经济发展需求为导向，坚持军民结合、寓军于民、强化基础、自主创新方针，贯彻落实科学发展观，既要体现国防科技工业的特殊性，又要适应社会主义市场经济体制的要求。健全公正合理、规范有序的制度和机制，优化投资结构和军工能力布局，营造公平竞争环境，提高投资效益，全面推进国防科技工业和武器装备的可持续发展。

2. 改革目标。进一步明确政府投资领域和投资重点，根据武器装备和国防科技工业发展需求，保证政府对国防科技工业的主导作用和对军工核心能力的有效控制；发挥市场配置资源的基础性作用，扩大社会对国防科技工业投资的领域，形成开放性国防科技工业发展格局；加强投资全过程监管，形成规范、安全的投资和建设秩序。通过深化改革和扩大开放，使国家投资体制改革的普遍性与国防科技工业的特殊性相结合，最终建立起政府调控有效、社会资本参与、中介服务规范、监督管理有力、军民良性互动的新型投资体制。

二、改进政府投资管理

3. 投资的领域和重点。政府投资要突出武器装备研制生产基础和军工能力建设，支持军民结合高技术产业发展，形成服务于国防建设、促进国民经济发展的强大物质基础。军工能力建设要坚持保障武器装备型号任务与强化基础相结合，重点增强核心能力，包括战略武器、关键主战装备的技术研究开发和总体设计能力，装备系统集成、测试和总装能力，以及关键分系统和专用军品配套研制生产能力。通过加大对重大军民结合高技术研究、产品研制和产业化的支持力度，促进军民结合高技术产业发展。同时，要支持人才培养、政府履行公共服务和社会管理职能必需的条件及设施建设。

4. 加强规划的作用。国务院国防科技工业主管部门根据国防建设和国民经济发展需要，在充分征求有关部门意见的基础上，编制国防科技工业中长期发展规划，作为政府投资安排的依据。军工集团公司、重点科研生产单位要根据该发展规划，编制中长期发展建设规划，国务院国防科技工业主管部门要协商军队武器装备主管部门从军事和经济需求、建设目标、能力结构布局、建设方向和重点等方面予以核准。

5. 改进政府投资方式。政府投资资金按项目安排，根据资金来源、项目性质和调控需要，政府投资可采取直接投资、资本金注入、投资补助和贷款贴息等方式。其中，对研制条件、基础能力、公共服务以及还贷能力低的批生产改造等以军事效益和社会效益为主的建设项目，主要采取直接投资、资本金注入方式；对符合产业政策和发展规划，需要政府投资支持和引导的军民结合高技术产业，以及具有一定经济效益的批生产改造等建设项目，主要采取资本金注入、投资补助、贷款贴息方式。

6. 探索新的建设方式。为保障科研生产任务顺利完成，提高投资效益，适应承担生产任务的单位多元化和军工设备设施专门化、高级化的形势，政府投资项目可根据任务性质、任务单位的所有制形式和建设项目的特点等情况，采取代建、租赁、借用、补偿、调配等建设方式，以及投资多元化运用、鼓励合资合作等办法。

7. 规范政府对非国有独资企业的投资。政府按公正合理的原则安排对非国有独资企业的项目和投资，因此形成的国有股权或产权，须经企业股东（大）会或全体出资人决议同意，并向国防科技工业主管部门出具书面文件。要落实国有资本持有单位，必要时可由国防科技工业主管部门按有关规定确定。

三、推进投资和产权主体多元化

8. 扩大社会投资领域，实行分类管理。在确保国防安全的前提下，尽可能扩大社会对国防科技工业投资的领域。根据产品在类型、层次和科研生产阶段等方面的有关要求，在综合权衡国防安全和保密规定、军品科研生产能力结构布局、社会公共利益、军民通用程度等因素的基础上，将投资领域分为放开类、限制类和禁止类。其中放开类，鼓励社会资本进入，不限投资比例；限制类，允许社会资本进入，但重要领域须由国家控股；禁止类，实行国有独资。国务院国防科技工业主管部门要会同军队武器装备主管部门，适时制订、颁布《社会投资领域指导目录》。对外资进入国防科技工业领域的，除执行本意见的有关规定外，还要符合国家在国防安全、技术保密、国民属性等方面的规定。

9. 建立健全项目审批制、核准制和备案制。凡是有政府投资参与的建设项目，均实行审批制。其中，采取直接投资和资本金注入方式的，仍执行项目建议书、可行性研究报告等审批和管理规定；采取投资补助、贷款贴息方式的，只审批资金申请报告。对未使用政府资金的限制类项目，实行核准制；对未使用政府资金的放开类项目，实行备案制。

10. 创造良好的制度和政策环境，促进军民结合、寓军于民。加快建立和完善与民用科技工业有机结合、优势互补、相互促进的国防科技工业体制和运行机制。鼓励民用单位发展军品，鼓励军工单位发展民品，促进军品一般加工、配套能力融入国民经济发展。军工技术规范和管理规范要有利于民用单位进入武器装备科研生产领域，能采用民用标准的，要采用民用标准。国务院有关部门要加快与军品有关的价格、税收等配套政策的改革，形成公平竞争的制度环境。国家保密工作部门要会同有关部门，抓紧制定和完善与市场经济和国防建设相适应的保密管理规章和制度，进一步强化保密管理。

四、加强监督管理

11. 规范中介服务。各类参与国防科技工业投资和建设的中介服务机构，要坚持诚信原则，加强自律，提供安全可靠、优质高效、形式多样的中介服务。在符合保密要求的情况下，政府要对项目设计、咨询等中介服务机构引入竞争机制，建立评估制度。

12. 加强监管。对政府投资项目实行全过程监管，对不遵守法律法规给国家造成重大损失的，要追究有关人员的责任。对在项目申报和建设过程中提供虚假信息、延误前期工作和建设进度、挪用建设资金、擅自调整建设内容的，要采取通报批评、暂停下达投资计划、取消投资项目、限制相关投资活动等措施予以惩戒；对构成犯罪的，要依法追究刑事责任。建立项目后评价制度，使用政府投资、执行武器装备科研生产配套任务的单位，要承担供货和服务义务，擅自退出供货和服务的，政府应收回投资，取消其配套资格，并追究其责任；擅自处置或改变军工设备设施用途的，应限期恢复，政府不再安排资金用于同一项目建设，对拒不恢复的，要按有关规定追究责任。

国防科技工业投资体制改革是一项艰巨复杂的任务。国务院有关部门要根据《意见》的精神和要求，按照职能分工，抓好配套办法的制定和修订工作，为国防科技工业持续发展营造规范有序的投资环境。地方各级人民政府和有关部门要按照统一部署，高度重视，密切配合，切实抓好各项政策措施的贯彻落实工作，确保改革任务顺利完成。

关于推进军工企业股份制改造的指导意见

（2007年6月23日以科工法〔2007〕546号文发布）

各省、自治区、直辖市国防科工委（办）、发展改革委、经贸委（经委）、中小企业局（厅、办）、国资委，证监会，总装备部，各军工集团公司，国防科工委委管各单位：

为贯彻落实党的十六大、十六届三中、四中、五中和六中全会精神，落实《国务院关于鼓励支持和引导个体私营等非公有制经济发展的若干意见》（国发〔2005〕3号）要求，积极探索在改革开放和社会主义市场经济条件下国防科技工业发展的新路子，深化军工企业改革，加快体制机制创新，进一步增强军工企业活力，促进国防科技工业全面、协调和可持续发展，经国务院同意，现就军工企业股份制改造工作提出如下意见。

一、充分认识军工企业股份制改造的重大意义

（一）推进军工企业股份制改造是当前和今后一段时期一项十分重要和紧迫的任务。近年来，在国家政策支持和引导下，军工企业改革不断深化，取得了一定成效。但由于多种原因，军工行业整体改革步伐缓慢，多数企业产权结构单一、机制不活、效益不高等长期存在的问题没有根本解决，这不仅严重制约了国防科技工业的持续、健康发展，而且难以适应中国特色军事变革的需要。随着企业改革的深化，军工行业壁垒逐渐被打破，许多具有技术和经济实力的非军工企业，包括民营企业、外资企业以及混合所有制企业积极参与武器装备的科研生产活动，军工企业面临越来越激烈的市场竞争。因此，必须通过体制机制创新，增强企业自主发展能力和市场竞争能力。加快推进军工企业股份制改造，既是适应社会主义市场经济发展的客观需要，也是解决影响军工企业改革发展深层次矛盾和问题的有效措施。

（二）军工企业股份制改造已具备了相应的条件。随着社会主义市场经济体制的不断完善，国有企业改革进一步深化，为军工企业股份制改造创造了良好的外部环境。与此同时，按照建立“小核心、大协作、寓军于民”新体系的要求，国防科技工业调整改革不断深化，也为推进军工企业股份制改造创造了条件。目前除少数关系国家战略安全和涉及国家核心机密的重点军工企业外，多数军工企业承担的是军民两用产品或一般军用配套产品生产任务，改变

了单一生产军品的状况。军工企业既是武器装备科研生产的骨干力量，又是国民经济建设的生力军，具有公益性和经营性双重属性，也应适应市场经济的发展要求。按照党的十六届三中全会关于使股份制成为公有制主要实现形式的要求，在保证国有经济控制力的前提下，符合条件的军工企业完全可以实行规范的股份制改造，为国防科技工业发展提供新动力。

（三）推进军工企业股份制改造是国防科技工业领域的一场深刻变革，意义重大。一是有利于打破行业、军民及所有制界限，拓宽融资渠道，充分利用社会各方面科技和经济力量进行国防建设，提升国防科技工业的整体能力和水平，促进国防科技工业寓军于民新体制和竞争、评价、监督、激励机制的建立。二是有利于军工企业建立规范的法人治理结构，转换经营机制，增强军工企业内在活力和自主发展能力，成为真正的市场主体。三是有利于军工企业国有资本合理流动和重组，实现资源优化配置和军工国有资产保值增值。要进一步解放思想，转变观念，与时俱进，充分认识军工企业深化改革的重要性和紧迫性，积极创造条件推进军工企业实施股份制改造。

二、推进军工企业股份制改造的指导思想、目标和基本原则

（四）军工企业股份制改造的指导思想是：以邓小平理论和“三个代表”重要思想为指导，全面贯彻落实党的十六大、十六届三中、四中、五中和六中全会精神，牢固树立科学发展观，坚持军民结合、寓军于民的方针，以完善公司法人治理结构、转换经营机制和提高经济效益为重点，积极稳妥和规范有序地推进军工企业股份制改造，建立适应社会主义市场经济和武器装备建设要求的新体制新机制，切实提高国防科技工业自主发展能力和整体素质，更好地满足国防建设和国民经济发展需要。

（五）军工企业股份制改造的主要目标是：力争用几年的时间，使符合条件的军工企业基本完成股份制改造，实现投资主体多元化，推动军工企业建立现代企业制度和现代产权制度，形成规范的法人治理结构，打造管理高效、机制灵活、决策科学的新型军工企业，建立起有效的激励机制和风险制约机制，使其成为真正的市场主体。

（六）军工企业股份制改造的基本原则是：坚持正确处理改革、发展和稳定的关系，改革方案要同武器装备发展和国民经济发展需要相适应；坚持分类指导，循序渐进，稳步推进股份制改造，确保国家对武器装备科研生产能力的控制力；坚持严格审批、规范操作、有效监控，保证军工设备设施的安全、完整和有效；坚持保护各类投资主体的合法权利和维护职工的合法权益，防止军工国有资产流失和职工利益受到损害。

三、分类推进军工企业股份制改造

（七）军工企业关系国家安全，必须严格界定股份制改造的范围和程度，科学区分企业类型，统筹规划，选择试点，精心组织，分步实施。

（八）对从事战略武器装备生产、关系国家战略安全和涉及国家核心机密的少数核心重点保军企业，应继续保持国有独资，在禁止其核心保军资产和技术进入股份制企业的前提下，允许对其通用设备设施和辅业资产进行重组改制。

（九）对从事关键武器装备总体设计、总装集成以及关键分系统、特殊配套件生产的重点保军企业在保持国家绝对控股的前提下可以实施股份制改造。鼓励境内资本（指内资资本）参与企业股份制改造，允许企业在行业内部或跨行业实施以市场为主导的重组、联合或者兼并，允许企业非核心资产在改制过程中租赁、转让或拍卖。

（十）除上述两类企业外，对从事重要武器装备生产的其他重点保军企业，根据承制武器装备的重要程度，可实行国有绝对控股、相对控股、参股等多种形式的股份制改造，鼓励引入境内资本和有条件地允许外资参与企业股份制改造，鼓励符合条件的企业通过资本市场进行融资。

（十一）鼓励和支持以民为主，从事军民两用产品、一般武器装备及配套产品生产的军工企业引入各类社会资本实施股份制改造，具备条件的军工企业可以在国内外资本市场上融资。

（十二）国有独资的军工企业要按照《公司法》的要求，逐步建立董事会制度，规范公司的组织和行为。鼓励军工集团公司之间交叉持股，经批准允许其主营业务资产整体重组改制。

四、加强对军工企业股份制改造的监督管理

（十三）各有关部门要充分认识军工企业股份制改造的必要性、复杂性和艰巨性，以高度的政治责任感和历史使命感，转变观念，扎实工作，切实加强对军工企业股份制改造工作的组织领导和监督管理，确保军工企业股份制改造工作规范有序推进。

（十四）军工企业实施股份制改造，报国资委、国防科工委批准后，依照《企业国有资产监督管理暂行条例》等规定的法定程序实施。国防科工委会同总装备部和国家有关部门综合考虑武器装备战略影响大小、系统集成强弱和国防专用程度高低等因素，制定军工企业核心保军资产和技术指导目录，实施目录管理，并根据发展需要进行动态调整。

（十五）军工企业实施股份制改造，要严格遵守国务院办公厅转发国务院国有资产监督管理委员会《关于规范国有企业改制工作意见的通知》（国办发〔2003〕96号）等国家有关规范国有企业改制工作的规定。

（十六）军工企业实施股份制改造，应严格执行国家保密法律法规。企业要建立严格的保密议事规则，涉密董事、监事、股东在保密期限内必须承担保密义务，签订保密协议；要强化保密意识，落实保密责任，加强对涉密事项和涉密人员管理，严禁发生泄密事件。规范军工企业的信息披露，境内上市公司披露信息中涉及军品秘密的，可持国防科工委保密部门出具的证明，向证券交易所提出信息披露豁免申请。为军工企业股份制改造或上市提供服务的中介机构，必须符合国家有关保密要求的规定。

（十七）在非常情况下，国家可依据《宪法》、《国防法》和国家有关法律法规，对武器装备科研生产、装备采购、战时动员以及承担武器装备科研生产改制企业等实行特别管制，确保武器装备科研生产任务的完成和国家安全。

五、加强相关政策法规和制度建设

（十八）加强政策的引导作用，鼓励和支持符合条件的军工企业实施股份制改造。国家为实施股份制改造的军工企业在军品市场准入、承担军品任务、投资、军工设备设施管理、税收和土地使用等方面创造良好的政策和法规环境。

（十九）建立和完善武器装备科研生产准入和退出制度。修改限制非国有资本进入武器装备科研生产领域的政策法规，扩大武器装备科研生产许可证发放范围，鼓励社会资本参与武器装备科研生产。根据国家有关武器装备科研生产许可证管理的规定，对股份制改造后符合条件的军品生产企业，国家将继续发放武器装备科研生产许可证，并对获得许可证的企业实行动态管理。

（二十）改革和完善国防科技工业投资体制。国家营造有利于各类投资主体参与军品科研生产公平、有序竞争的市场环境，促进生产要素的合理流动，优化投资结构，推进投资主体多元化。同时充分发挥国家投资的引导性作用和市场配置资源的基础性作用。国家对实施股份制改造的军工企业，继续给予军品科研生产必要的投资支持。

（二十一）加强军工设备设施管理。严格贯彻执行国家有关国防资产、军工设备设施管理的法律法规，规范股份制改造过程中军工设备设施使用、处置行为，保证军工设备设施的安全、完整和有效，确保武器装备科研生产能力不受损害，为武器装备科研生产提供重要基础保障。

（二十二）改革完善军品税收政策，为不同所有制企业从事武器装备科研生产创造公平竞争环境。实施股份制改造后的军工企业，符合有关规定的，国家将继续给予军品科研生产税收优惠政策。

非公有制经济参与国防科技工业建设指南

（2007年7月30日以科工法〔2007〕179号文发布）

为积极稳妥地引导非公有制经济规范有序地参与国防科技工业建设，现将非公有制经济参与国防科技工业建设相关事项指南公布如下：

一、登记

非公有制企业申请或已参与国防科技工业建设的，应在所在地省级国防科技工业管理部门（以下简称地方国防科工委（办））登记。

二、信息获取

非公有制企业参与国防科技工业建设所需的相关信息可到地方国防科工委（办）查询。

三、资质条件与审批

（一）从事武器装备科研生产许可目录范围内科研生产活动的非公有制企业，要按照《武器装备科研生产许可实施办法》的规定取得武器装备科研生产许可证。获得保密资格认证（只限承担涉密任务的单位）、质量体系认证，并具有相应的安全生产条件等是申请武器装备科研生产许可的必要条件。

武器装备科研生产许可证管理办公室（设在国防科工委经济协调司）负责受理一类许可申请，各地方国防科工委（办）负责受理本地区二类许可的申请。

（二）从事许可目录范围外国防科技工业建设的非公有制企业，根据所参与范围的不同，需具备相应的资质和条件。

1. 若需取得相应等级的保密资格认证的，申请一级保密资格审查认证，可向国防武器装备科研生产单位保密资格审查认证委员会申报，其办公室设在国防科工委安全保密局；申请二级和三级保密资格审查认证，可向省级武器装备科研生产单位保密资格审查认证委员会申报，其办公室设在地方国防科工委（办），个别设在省级保密工作部门。

2. 若需取得军品质量体系认证的，应按照国家有关规定，建立质量保证体系，并向国防系统具有质量体系认证资质的认证机构申请。

3. 若需具备安全生产条件的，应按照国家有关规定具备相应的安全生产条件。

四、参与范围与审批

（一）非公有制资本投资军品科研生产项目和基础设施，经军工集团公司或地方国防科工委（办）初审后，由国防科工委综合计划司办理审批、核准或备案手续。

（二）非公有制企业可参与国防基础科研计划项目，可根据项目指南编制项目建议书，经地方国防科工委（办）论证评审后，由国防科工委科技与质量司办理审批手续。非公有制企业可参与军品配套科研项目，并根据项目指南、任务总要求编制可行性研究报告，经地方国防科工委（办）审查、汇总申报，由国防科工委经济协调司办理审批手续。

（三）非公有制企业可通过与军工企事业单位或军队使用单位相互合作或参加军品任务招投标等方式，参与军品科研生产活动。

（四）非公有制企业可与军工企业达成协议，参与军工企业的改组改制，经军工集团公司或地方国防科工委（办）申报后，由国防科工委体制改革司办理审批手续。

（五）非公有制企业可以采取多种方式与军工企业合作，参与军民两用高技术开发及其产业化发展。

五、相关政策

（一）承担军品科研生产任务的非公有制企业，符合条件的，由地方国防科工委（办）初审后向国防科工委申请国家投资，由国防科工委综合计划司办理有关审批手续。

（二）承担军品科研生产任务的非公有制企业，可按照相关规定向地方国防科工委（办）提出税收优惠政策申请，经国防科工委经济协调司鉴章后，由财务司按照有关规定会同有关部门办理审批手续。

（三）非公有制企业在军品科研生产中形成的技术成果，涉及国防利益以及对国防建设具有潜在作用需要保密的，可以按照《国防专利条例》的规定向国防专利机构申请。

国防科工委关于进一步推进民用技术向军用转移的指导意见

（2007年8月27日以科工经〔2007〕885号文发布）

各省、自治区、直辖市国防科工委（办），各军工集团公司，有关民口集团公司（研究总院），委管各单位：

为贯彻军民结合、寓军于民方针，促进军民良性互动、协调发展，实现国防科技工业和国民经济领域两种资源的优势互通互补互动，根据《国务院关于印发实施〈国家中长期科学和技术发展规划纲要〉(2006—2020年）若干配套政策的通知》（国发〔2006〕6号）精神，现就进一步推进民用技术向军用转移（以下简称民技军用）提出以下意见：

一、按照政府引导、平等准入、公平竞争、规范有序的原则，进一步鼓励和支持民用技术为军品科研生产服务，促进国防建设和经济建设两个能力的结合。

二、本指导意见中的民技军用，是指将民用市场上已经成熟应用或正在研究开发的技术和产品向武器装备科研生产转移的活动。

三、建立民技军用信息发布平台。国防科工委牵头组织并不定期向有关使用部门、军工集团公司及武器装备研制生产单位发布可以应用于武器装备研制生产的先进民用技术信息；根据武器装备科研生产提出的需求，编制可以利用先进民用技术的科研项目指南，并按有关规定发布。

四、逐步扩大武器装备科研生产许可证的发放范围。对列入许可管理目录范围的技术及产品，在审核发放许可证时，给予拥有先进民用技术的单位同等待遇，吸引更多企事业单位参与武器装备科研生产活动。

五、进一步完善国防科技工业标准体系。在满足军用需求的前提下，武器装备研制生产尽可能采用先进成熟的民用标准。

六、加强民技军用过程中的知识产权保护。先进民用技术在向武器装备科研生产转移过程中，要严格按照国家有关规定依法对其知识产权进行保护和补偿。

七、进一步完善武器装备科研生产招投标制度。在不影响国家安全的前提下，逐步扩大武器装备科研生产及配套项目的招标比例，扩大信息发布范围，支持和鼓励有技术优势、有实力的单位公平地参与有关武器装备科研生产任务的竞争。

八、为民技军用创造公平的政策环境。在任务竞争、投资、税收等方面对承担民技军用任务的单位给予同等政策待遇。

九、各武器装备总承包和分承包单位要高度重视民技军用工作，积极吸纳和利用先进的民用技术和产品，提高武器装备研制生产水平。

十、承担民技军用任务的单位必须严格执行军品科研生产的保密管理、质量管理等规定，严格履行合同，保质、保量、按时完成武器装备科研生产任务。

十一、鼓励中介机构开展民技军用政策咨询、信息交流、信誉评价、认证认可等服务，不断提高服务水平。

各级国防科技工业管理部门要认真履行监督和管理职能，加强对民技军用工作的指导，促进民技军用工作规范有序进行。

军工企业股份制改造实施暂行办法

（2007年11月8日以科工改〔2007〕1366号文发布）

第一章 总则

第一条 为推进和规范军工企业股份制改造工作，根据《国防科工委发展改革委国资委关于推进军工企业股份制改造的指导意见》，制定本办法。

第二条 本办法所称军工企业股份制改造，是指中央或地方管理的军工企业，依照《中华人民共和国公司法》改制为有限责任公司或股份有限公司。

第三条 军工企业股份制改造（以下简称改制），应坚持军民结合、寓军于民的方针，遵循分类指导、稳步实施、规范有序、有效监管的原则，保证国家对军品科研生产能力的控制力，保障军品科研生产，维护国家安全。

第四条 鼓励境内资本（指内资资本，以下同）以及有条件的允许外资参与军工企业改制，保护各类投资主体的合法权利，维护职工的合法权益。

第五条 国防科工委负责指导、协调、监督军工企业改制工作。地方国防科技工业管理机构负责组织地方管理的军工企业改制工作。各军工集团公司（或其他国有及国有控股企业）负责组织所属军工企业改制工作。

第六条 军工企业改制报国防科工委批准后，按照《企业国有资产监督管理暂行条例》、国务院办公厅转发国资委《关于规范国有企业改制工作意见的通知》（国办发〔2003〕96号）等国家有关规范国有企业改制工作的规定执行。

第七条 军工企业改制实施目录管理。国防科工委负责组织制定、发布军工企业股份制改造分类指导目录，并根据发展需要进行动态调整。军工企业应按目录规定的类型进行改制。

第二章 改制类型

第八条 军工企业按照国有独资（或国有全资，以下同）、国有绝对控股、国有相对控股、国有参股（含国有股全部退出，以下同）等四种类型实施改制。

第九条 国有独资的军工企业，应改制为一个或一个以上国有企业出资的有限责任公司。鼓励两个及两个以上军工集团公司（或其他国有企业）对其共同持股。

第十条 国有绝对控股的军工企业，鼓励境内资本参与其改制，可以在境内资本市场融资。

第十一条 国有相对控股的军工企业，鼓励境内资本以及有条件的允许外资参与其改制，可以在境内资本市场融资，经批准可以到境外资本市场融资。

第十二条 国有参股的军工企业，鼓励采取多种形式、引入境内外资本参与其改制。

第十三条 军工企业中的通用设备设施、非主业资产等，剥离出来后允许进行多种形式的改制。

第十四条 鼓励军工企业之间或与其他企事业单位结合专业化重组进行改制。

对有利于提高自主创新能力，有利于促进军民结合、寓军于民，有利于小核心大协作、减少重复建设，有利于加快军民两用产业协调发展的重组改制，可以放宽改制类型的限制。

第三章 改制要求

第十五条 改制企业及其控股股东、实际控制人，应遵守国家有关国防科技工业行业管理的各项规定。

第十六条 未经批准，改制企业及其控股股东、实际控制人等，不得有下列行为：

（一）改变现有军品科研生产能力、结构和布局；

（二）改变企业国有独资、国有控股性质；

（三）处置涉及军品科研生产能力的关键军工设备设施。

第十七条 改制后承制军品的企业，应确保国家军品科研生产任务按规定的进度、质量和数量等要求顺利完成，确保军工设备设施安全、完整和有效。

第十八条 改制后承制军品的企业，应向发证机关重新申请武器装备科研生产许可证。

改制为境内非国有资本控股的，申请期限可以延长三个月。

第十九条 经国防科工委批准，国有控股的境内上市公司可以对国有控股的军工企业实施整体或部分收购、重组。

上市公司收购重组军工企业、军品业务及相关资产等事项，在召开董事会研究相关议题前，应获得国防科工委同意；在召开股东大会表决前，正式方案应获得国防科工委批准。

第二十条 禁止外资并购国有独资、国有绝对控股的军工企业；限制外资并购国有相对控股的军工企业；允许外资并购改制为国有参股的企业。

外资并购中央管理的军工企业前，被并购方应向国防科工委申报；外资并购地方军工企业前，被并购方应向地方国防科技工业管理机构申报，由其提出意见后报国防科工委审查。

第二十一条 军工企业改制应向职工公布企业改制方案和职工安置方案，职工安置方案应经职工代表大会或职工大会审议通过，切实维护企业职工的知情权、参与权、监督权和有关事项的决定权。

第二十二条 改制后承制军品的企业，应在公司章程中设定包含以下内容的特别条款：

（一）接受国家军品订货，并保证国家军品科研生产任务按规定的进度、质量和数量等要求顺利完成。

（二）决定涉及军品科研生产能力的关键军工设备设施权属变更或用途改变的事项，应经国防科工委批准后再履行相关法定程序。

（三）严格执行国家安全保密法律法规，建立保密工作制度、保密责任制度和军品信息披露审查制度，落实涉密股东、董事、监事、高级管理人员及中介机构的保密责任，接受有关安全保密部门的监督检查，确保国家秘密安全。

（四）修改或批准新的公司章程涉及有关特别条款时，应经审批机关同意后再履行相关法定程序。

第二十三条　承制军品的境内上市公司，除执行第二十二条规定外，还应在公司章程中设定包含以下内容的特别条款：

（一）控股股东发生变化前，应向国防科工委履行审批程序。

（二）董事长、总经理发生变动及选聘境外独立董事，应向国防科工委备案。

（三）如发生重大收购行为，收购方独立或与其他一致行动人合并持有上市公司 5%（含）以上股份时，收购方应向国防科工委申报。未予申报的，其超出 5% 以上的股份，在军品合同执行期内没有表决权。

第四章　安全保密

第二十四条　军工企业改制应严格遵守国家有关安全保密的法律法规，并接受国防科工委及地方国防科技工业管理机构安全保密部门的指导、监督和检查。军工集团公司（或其他国有及国有控股企业）负责所属军工企业改制及改制后安全保密工作的组织与管理。

第二十五条　改制后承制军品的企业，应根据保密需要明确安全保密工作机构和人员。

第二十六条　改制后承制军品的企业，应向发证机关提出国防武器装备科研生产保密资格单位证书的变更或重新取证申请。

改制为境内非国有资本控股的，有关变更、取证的申请期限可以延长三个月。

第二十七条　改制后承制军品的企业，应建立保密责任制度，涉密股东、董事、监事和高级管理人员在保密期限内必须签订保密协议并承担保密义务。

改制为国有独资、国有控股的，其控股股东或实际控制人在正式选聘董事、监事和高级管理人员前，应负责对拟任人选进行安全保密审查。

第二十八条　承制军品的军工企业改制，应按照国防科工委有关涉及军品业务中介机构的管理规定，选择符合规定条件的中介机构为其提供服务，签订保密协议并报国防科工委备案。

第二十九条　改制企业及其控股股东、实际控制人在境内外资本市场融资时，应按照国防科工委有关军品信息披露管理的规定执行。

其中承制军品的境内上市公司，应建立军品信息披露审查制度。披露信息中涉及军品秘密的，可持国防科工委安全保密部门出具的证明，向证券监督管理部门和证券交易所提出信息披露豁免申请。上市公司不得滥用信息披露豁免。

第五章 审批程序

第三十条 军工企业改制，申请人应向审批机关提供下列材料，并对其真实性、合法性负责：

（一）申请文件；

（二）军工企业改制方案（主要内容与格式要求见附件 1）；

（三）安全保密工作方案（主要内容与格式要求见附件 2）；

（四）军工国防资产保全措施；

（五）公司章程（或草案）；

（六）参与出资各方出具同意的意见及签订的有关协议；

（七）申请人与中介机构签订的有关协议；

（八）审批机关认为应提交的其他材料。

第三十一条 军工企业整体或部分改制上市，及以其他方式进入上市公司的，申请人还应编制军工企业上市框架方案（主要内容与格式要求见附件 3）。

第三十二条 审批机关应对申请材料进行审验。审验合格的，应按规定受理、审查和批准；审验不合格的，将申请材料退回申请人，并将需要补正的全部内容、要求等告知申请人。

审批机关应在 10 个工作日内作出是否受理的决定；受理后 30 个工作日内作出是否批准同意的决定。

第三十三条 中央管理的军工企业，改制为国有独资、国有控股的，由军工集团公司（或其他国有及国有控股企业）提出申请，报国防科工委审批；改制为国有参股的，由军工集团公司（或其他国有及国有控股企业）报国防科工委备案。

军贸公司改制或改变原有股本结构，应报国防科工委审批。

第三十四条 地方管理的军工企业改制，由其控股股东或实际控制人提出申请，由地方国防科技工业管理机构负责审批，报国防科工委备案。其中涉及重点保军企业的，应报国防科工委审批。

第三十五条 军工企业应当按照批准的方案实施改制。改制类型、参与改制单位、军工设备设施处置、职工安置方案等发生重大变更的，应重新报批。

第六章 监督管理

第三十六条 国防科工委负责对改制企业涉及军品的科研生产、能力结构、安全保密、质量管理、安全生产、财政资金使用等重大事项进行监督管理，并委托有关单位实施监管。

第三十七条 中央管理的军工企业改制为国有独资、国有控股的，其涉及军品的重大事项由控股股东、实际控制人实施监管。

地方管理的军工企业改制后以及中央管理的军工企业改制为国有参股的，其涉及军品的重大事项由地方国防科技工业管理机构实施监管。

第三十八条 改制企业的控股股东、实际控制人以及地方国防科技工业管理机构等监管单位，应建立和完善监管制度，及时、定期向国防科工委报告改制企业涉及军品重大事项等情况。

第三十九条 改制企业应建立内部重大事项报告制度，并按照监管单位的规定要求，及时、准确报告有关情况。

第四十条 在非常情况下，国家可依据《宪法》、《国防法》和国家有关法律法规，对武器装备科研生产、装备采购、战时动员以及承担武器装备科研生产改制企业等实行特别管制，确保武器装备科研生产任务的完成和国家安全。

第七章 相关责任

第四十一条 对军工企业改制违反本办法的行为，国防科工委将责令限期改正。

对逾期仍未改正的，将给予警告、通报批评、暂停实施改制；情节严重的，责令停止改制直至限期退回原建制。对负有直接责任的企业负责人和其他直接责任人员，由其控股股东、实际控制人（或上级主管单位）给予警告、罚款等处罚；违反法律法规的，移交司法机关处理。

第四十二条 隐瞒有关情况或者提供虚假材料骗取审批同意的，审批机关有权撤销审批同意的决定。造成严重后果的，依法追究相关单位和人员的责任。

第四十三条 审批机关工作人员应当依法、公正、及时地受理、审查、批准军工企业改制申请，保守国家秘密和企业商业秘密。违反规定办理的，审批机关应对直接责任人员给予行政处分。

第八章 附则

第四十四条 承担军品专用配套任务的单位改制、重组、上市涉及军工资产权属变更和处置等事项，参照本办法执行。

第四十五条 本办法自发布之日起施行。

附件：

1、军工企业改制方案主要内容与格式要求

2、安全保密工作方案主要内容与格式要求

3、军工企业上市框架方案主要内容与格式要求

中介机构参与军工企事业单位改制上市管理暂行规定

2007年11月15日

第一条 为规范中介机构参与军工企事业单位改制、上市，根据《国防科工委 发展改革委 国资委关于推进军工企业股份制改造的指导意见》，制定本规定。

第二条 本规定适用于为承制军品的军工企事业单位及其控股的境内上市公司在改制、上市等活动中，提供资产评估、审计、法律事务、证券发行保荐及常年中介服务的境内中介机构。

第三条 为承制军品的军工企事业单位及其控股的境内上市公司提供中介服务的境内中介机构（以下简称涉及军品业务中介机构），应严格遵守国家有关法律法规，并接受国防科工

委的指导、监督和检查。

第四条 国防科工委对涉及军品业务中介机构实施资格审查。申请资格审查的中介机构应符合以下条件：

（一）具有其行业主管部门审批认定的执业资格；其中涉及证券服务业务的，需具有证券监督管理部门批准的从业资格；

（二）无外资参股或外资背景；

（三）主要负责人及承办军品业务人员具有中华人民共和国国籍，并无其他国家或地区的永久或长期居留权；

（四）通过国防科工委组织的涉密资格审查；

（五）最近十二个月内未受到行业主管部门暂停部分或全部业务、停业整顿、吊销从（执）业资格证书等处罚。

第五条 涉及军品业务中介机构应当提出资格审查的申请，并向国防科工委报送包括以下内容的书面材料（一式两份）：

（一）申请书；

（二）主要负责人、主要出资人及实际控制人的基本情况（应注明是否有外资参股或外资背景）；

（三）章程、最近通过年审的法人营业执照复印件；

（四）行业主管部门颁发的中介机构及相关业务人员的从（执）业资格证书的复印件；

（五）最近二十四个月内获得表彰奖励及受到处罚的情况；

（六）通过涉密资格审查的文件；

（七）国防科工委要求提交的其他材料。

第六条 国防科工委收到申请材料后，应在5个工作日内作出是否受理的决定；在受理后20个工作日内，应作出是否同意的决定。

国防科工委应以适当形式公布涉及军品业务中介机构名单。

第七条 涉及军品业务中介机构如有第四条所规定条件发生变化的情形时，应及时向国防科工委报告，并自变化之日起20个工作日内重新申请资格审查。

第八条 涉及军品业务中介机构应按照保密工作要求，与委托单位签订保密协议，落实保密责任；对承办军品业务人员加强管理并与之签订保密协议；妥善管理各种涉密信息载体并登记造册。涉密人员保密协议、涉密信息载体登记表等应报委托单位备案。

第九条 涉及军品业务中介机构未经委托单位同意，不得以任何形式披露有关军品信息。

第十条 涉及军品业务中介机构在每年一季度末，应向国防科工委报送上年度涉及军品中介业务情况。在执行委托业务时，如发现委托单位存在明显违反国家有关军工企事业单位改制、上市规定的，应及时向国防科工委报告。

第十一条 中介机构有下列情形之一的，国防科工委不再将其列入涉及军品业务中介机构名单：

（一）提供虚假材料等通过资格审查的；

（二）通过资格审查后发生泄露军品秘密的；

（三）第四条所规定的条件发生变化且逾期未重新申请资格审查的。

第十二条 不再列入涉及军品业务中介机构名单的中介机构，不得签订新的涉及军品业务中介服务合同，并在十二个月后方能重新申请资格审查。

第十三条 承制军品的军工企事业单位及其控股的境内上市公司，应聘请涉及军品业务中介机构为其提供服务。违反本规定选择中介机构的，国防科工委将责令其限期改正。逾期仍未改正的，将依照《军工企业股份制改造实施暂行办法》等规定给予处罚。

第十四条 国防科工委工作人员应依法、公正、及时受理、审查涉及军品业务中介机构的申请，不得违规办理，不得指定中介机构。违规办理的，应对直接责任人员给予行政处分。

第十五条 为其他承制军品的企事业单位提供服务的中介机构参照本规定执行。

第十六条 本规定自发布之日起施行。

国防科工委关于加强国防科技资源共享的指导意见

（2008年2月3日以科工技〔2008〕165号文发布）

各省、自治区、直辖市国防科工委（办），各军工集团公司，委属各单位：

为认真贯彻党的十七大精神，走中国特色军民融合的发展之路，根据《国务院关于印发实施〈国家中长期科学和技术发展规划纲要(2006-2020年)〉的若干配套政策的通知》的要求，现就进一步加强国防科技资源共享工作提出以下意见：

一、国防科技资源是国防科技创新和发展的重要物质基础，加强国防科技资源共享，充分利用军民科技资源，对落实科学发展观，提高投资效率，增强自主创新能力，推动国防科技和国家科技持续发展，具有十分重要的意义。

二、本意见中的国防科技资源主要是指在信息、网络等技术支撑下，由国家研究实验基地、大型科学设施与仪器设备、科学数据与信息、标准计量与检测技术体系、科技成果等组成的资源。国防科技资源共享，是指在确保国家安全的前提下，上述资源在企事业单位之间、行业之间和军民之间等实现互通互用与有偿利用。

三、根据国家重大战略需求，充分发挥研究院所、委属高校、国防科技实验室和研究应用中心的作用。在基础研究、科技前沿探索、关键技术攻关、大型科学实验等方面加强交流与合作，建立相应的共享运行机制，提高研究起点，实现跨越发展。

四、重视大型科学设施与仪器设备对科技创新的基础性作用，各类风洞、水池、试验场、高端仪器设备等所在单位都应制定相应措施，加大开放力度，拓展使用范围，提高使用效率。

五、充分利用现代信息技术手段，发挥电子政务网、科技信息专网、国防数字图书馆等数字化科技平台的作用，促进科技信息与文献资源的共享；构建面向全行业的材料、工艺、元器件及环境与可靠性试验等共用数据库，推动共享进程。

六、积极采用先进适用的民用标准用于武器装备研制，建立国家标准、军用标准和行业标准协调互补的标准体系；完善计量基准体系，高端计量仪器向民用领域开放，提供服务；推进检测与校准类实验室的国内外互认和检测结果共享。

七、加强面向全国的、开放式的科技成果推广转化网络建设，集成并发布科技成果信息资源；发挥军工企业技术中心和研究应用中心的作用，制定重大共性技术推广计划，提高集成、配套能力和工程化技术服务水平，大力推进产学研结合，鼓励建设跨部门联合或区域化的产业化基地和科技园区，加速国防科技成果的推广和产业化。

八、进一步完善国防科技资源共享组织管理、知识产权管理等保障运行制度；

制定国防科技资源共享的保密、降密、解密管理办法和考核、评价办法；建立技术转移成果和科技资源共享信息制度。

九、加强对国防科技资源共享体系建设的投资导向，对共享程度较高的国防科技资源，在建设和运行维护方面予以优先支持；充分利用已有的社会各类科技资源，不再重复建设；鼓励企事业单位和社会各方加大投入，积极参与国防科技资源共享平台建设。

十、加强与国外知名大学、国家实验室、技术中心和著名企业等的交流与合作，建立联合实验室或技术中心；鼓励采用委托试验测试、设备租赁等多种形式，利用国外先进的科技资源，引进先进的管理制度及标准规范。

十一、鼓励科技中介服务机构开展国防科技资源共享的政策咨询、成果转化、推广应用和共享评价等服务，不断提高服务水平。

各部门、各单位要认真贯彻落实上述意见，组织协调本部门（单位）或本地区国防科技资源共享工作，结合自身实际，制定具体工作措施，切实把国防科技资源共享工作落到实处，形成军民互用、配置合理、运行高效的科技资源共享机制。

国防科技工业科研经费管理暂行办法（财防【2008】11号）

第一章 总则

第一条 为了规范和加强国防科技工业科研经费管理，保证科研任务完成，提高资金使用效益，根据国家有关规定，制定本办法。

第二条 本办法所称国防科技工业科研经费（以下简称科研经费），是指由国防科工委归口管理，并与国防科技工业研究开发活动直接相关的各种科研经费，包括中央财政拨款和项目研制单位配套自筹两部分。

第三条 本办法适用于科研经费及有关科研项目的管理。

第四条 科研经费实行预算、决算管理。

第五条 科研经费的管理和使用应当遵循以下原则：

（一）按级负责，分工管理。科研经费各责任主体，应当根据管理层次和任务分工的不同，有效行使管理职责，履行管理义务，确保各项科研任务取得实效。

（二）集中财力，突出重点。科研经费应当用于支持由国家确定，提升国防科技工业科技水平、促进自主创新、加快军民结合产业化发展等方面的技术研究开发与应用任务，避免分散使用。

（三）科学安排，合理配置。严格按照项目的目标和任务，科学合理编制预算，严格执行预算。

（四）项目核算，专款专用。科研经费纳入单位财务统一管理，按项目进行单独核算，确保专款专用，建立并实施经费管理和使用的追踪问效机制。

第六条 国防科技工业科研项目（以下简称科研项目）应按级次建立项目管理数据库。管理内容包括项目研究内容概要、项目承担单位、项目负责人和项目研究人员、研制周期、项目总投资及其资金来源、预算安排及其资金来源等情况。

项目库中的项目应当按照轻重缓急进行合理排序，并实行滚动管理。

第二章 管理职责分工

第七条 财政部负责科研经费管理的下列工作：

（一）审批、下达年度各项科研经费预算和项目支出预算，监督预算执行情况；

（二）拨付中央财政承担的项目科研经费；

（三）审批科研经费决算；

（四）检查、监督、指导科研经费的管理和使用；

（五）科研经费管理的其他工作。

第八条 国防科工委负责科研经费管理的下列工作：

（一）提出年度各项科研经费的安排意见；

（二）提出科研经费中中央财政拨款的建议；

（三）检查、监督科研经费的管理和使用情况；

（四）组织科研项目财务决算和审计；

（五）科研经费管理的其他工作。

第九条 归口管理科研项目的有关部门（单位），负责本部门（单位）科研经费管理的下列工作：

（一）编报和执行科研经费预算；

（二）督促所属单位科研项目配套自筹资金到位；

（三）检查、监督所属单位科研经费管理工作；

（四）编报科研项目决算，报告经费使用情况。

第十条 项目研制单位对本单位的科研经费管理，负责下列工作：

（一）编报和执行项目经费支出预算；

（二）确保配套自筹资金与中央财政拨款同比例到位；

（三）对实行总承包的科研项目，总承包单位与分承包单位和协作单位应当按照签订的合同管理和使用科研经费；

（四）严格核定科研项目成本开支范围，进行成本核算和成本控制；

（五）编报科研项目决算，报告经费使用情况。

第三章 科研项目经费的计价范围和标准

第十一条 科研项目经费构成包括项目成本、项目收益。

第十二条 本办法所称项目成本，是指按照国家有关规定为开展国防科技工业科研工作而发生的费用，包括设计费、专用费、材料费、外协费、燃料动力费、固定资产使用费、工资及劳务费、差旅费、会议费、事务费、专家咨询费、管理费、不可预见费。

第十三条 设计费是指在项目研究开发过程中因直接从事科研活动需要而发生的计算费、论证费、分析费等。

第十四条 专用费是指在项目研究开发过程中购买、自制或租赁专用仪器设备、专用工艺装备、样品样机、专用软件和采取零星技术措施等发生的费用。

购买、自制或租赁专用工艺装备发生的费用，是指为项目研制进行工艺组织而发生的费用。科研产品设计定型前的工艺装备费直接列入项目成本，科研产品试生产阶段的工艺装备费在项目成本和生产成本中各负担 50%。

采取零星技术措施发生的费用，是指为完成研制任务必须对现有设施条件进行零星技术改造或零星土建而发生的单项价值在 10 万元以下的费用。

第十五条 材料费是指在项目研究开发过程中必须消耗的各种原材料、辅助材料、外购成品、元器件和其他低值易耗品的采购、运输、装卸、整理、筛选等费用，以及专用新材料和专用电子元器件的研制、试验费。

第十六条 外协费是指在项目研究开发过程中由于研制单位自身的技术、工艺和设备等条件的限制，必须支付给项目以外单位的检测、加工、设计、试验费用。

第十七条 燃料动力费是指在项目研究开发过程中直接消耗的水、电、气、燃料等费用。

第十八条 固定资产使用费是指在项目研究开发过程中直接使用固定资产而发生的费用。

科研事业单位的固定资产使用费，按照项目使用的科研设备仪器原值的 5% 和厂房建筑物原值的 2% 之和计算，并按照项目所占的全年工时比例进行分摊。

企业和自收自支事业单位的固定资产使用费，按照《企业财务通则》（财政部令第 41 号）和《企业会计准则》中有关固定资产折旧费的规定计提。

第十九条 工资及劳务费是指项目承担单位从项目经费中支付的工资性支出，包括项目参与人员的工资、奖金、津贴、补贴和职工福利费等工资性费用，以及支付给项目参与成员中没有工资性收入的相关人员（如在校研究生）和临时聘用人员等的劳务费用。

没有事业费拨款的科研单位根据直接从事该项目研制的“人员工作量（人年）”和“年人均计划工资费标准”计列工资费和劳务费。

有事业费拨款的科研事业单位，可以对没有工资性收入的参与人员、临时聘用人员，按人数和相关标准计列劳务费，但不得列支工资费。

工资费和劳务费均按参与项目研究的人员数量、工作量和实际工资水平确定。

第二十条 差旅费是指在项目研究开发过程中需要开展科学实验（试验）、科学考察、业务调研、学术交流等而发生的国内外差旅费。差旅费的开支按照国家有关规定执行。

第二十一条 会议费是指在项目研究开发过程中为组织开展学术研讨、咨询、评审以及项目协调等活动而发生的会议费用。

第二十二条 事务费是指在项目研究开发过程中需要支付的出版费、资料购置费、计量费、标准费、文献检索费、专业通信费、专利申请费、取证申请费和其他知识产权事务费。

第二十三条 专家咨询费是指在项目研究开发过程中支付给临时聘请的咨询专家的费用。专家咨询费不得支付给参与本项目及与项目管理相关的工作人员。

以会议形式组织的咨询，国内专家咨询费的开支一般按高级专业技术职称人员（500 ~ 800 元）/ 人天、其他专业技术人员（300 ~ 500 元）/ 人天的标准执行。会期超过两天的，第三天及以后的咨询费标准按高级专业技术职称人员（300 ~ 400 元）/ 人天、其他专业技术人员（200 ~ 300 元）/ 人天执行。国外专家咨询费根据国际惯例和我国实际情况，按高级专业技术职称人员（800 ~ 1200 美元）/ 人天、其他专业技术人员（200 ~ 800 美元）/ 人天的标准执行。会期超过两天的，第三天及以后的咨询费标准按高级专业技术职称人员（400 ~ 800 美元）/ 人天、其他专业技术人员（200 ~ 400 美元）/ 人天执行。

以通讯形式组织的咨询，国内专家咨询费的开支一般按高级专业技术职称人员（60 ~ 100 元）/ 人次、其他专业技术人员（40 ~ 80 元）/ 人次的标准执行。国外专家咨询费根据国际惯例和我国实际情况，按高级专业技术职称人员（100 ~ 300 美元）/ 人次、其他专业技术人员（50 ~ 100 美元）/ 人次执行。

第二十四条 管理费是指科研项目应分摊的研制单位的管理费用，包括日常水、电、气、暖消耗费、科研及办公用房建筑物修缮费、专用设备仪器维修费、科技培训费、保险费、审计费、业务招待费等。

管理费按不超过项目成本总额的 8% 计列，并实行总额控制，由项目承担单位掌握和使用。

归口管理科研项目的有关部门（单位）不得从科研项目经费中计提管理费。

第二十五条 不可预见费是指对技术复杂、研制周期长、难度大的科研项目，在核定经费时针对项目研究开发过程中可能出现的不可预见因素而预先考虑的预备费用。

不可预见费根据科研项目的大小、研制周期的长短和技术难易程度等具体情况确定适当比例，一般不超过本办法第十三条至第二十四条规定费用之和的5%。

第二十六条 项目收益是指从项目经费中扣除有关成本费用后的余额，按除不可预见费以外的项目成本总和扣除外购成品附件费、样品样机费、专用设备仪器费后的5%计列。

对研制周期两年以上的项目，按年度进行项目经费考核。通过考核的项目，可预提不超过该年度项目经费总额3%的项目收益；未通过考核的项目，不得预提项目收益。项目完成且经财务验收后，按规定统一结算项目总收益。

第二十七条 重大科研项目，经财政部和国防科工委商定后，可计列系统协调费。

第二十八条 下列费用不得在科研项目经费中列支：

(一)应在基本建设资金、其他专项资金(含拨款)中开支的费用，以及基本建设或专项贷款利息；

(二)按规定应在自有资金中开支的各项费用；

(三)各种赔偿费、违约金、滞纳金和罚款等；

(四)研制单位在生产经营过程中发生的费用，对外投资以及在规定比例以外增提的固定资产使用费；

(五)未经财政部、国防科工委批准的其他费用。

第四章 预算和拨款

第二十九条 科研经费实行预算管理制度。归口管理科研项目的有关部门(单位)按照科研经费性质和科研经费管理渠道编报科研经费年度预算。

第三十条 科研项目预算编制包括项目研制时间、承担单位、总经费预算及其资金来源、年度预算安排及其资金来源。

项目建议书、项目实施方案或项目资金申请报告经批复后，方可列编年度预算。

项目建议书、项目实施方案或项目资金申请报告的批复，按照国防科工委有关科研项目管理的规定办理。

第三十一条 科研项目年度经费预算按照下列程序编制：

(一)项目研制单位根据批复的项目建议书、项目实施方案或项目资金申请报告编制年度项目经费支出建议，上报归口管理科研项目的有关部门(单位)。

(二)归口管理科研项目的有关部门(单位)汇总后，按部门预算规定时间向财政部提出下一年度的经费预算建议(“一上”)，并抄送国防科工委。

(三)国防科工委审查和综合平衡后，按财政部预算规定时间向财政部提出下一年各项科研经费预算安排意见。财政部综合平衡后向国防科工委下达下一年度各项科研经费预算控制指标。

（四）国防科工委在年度科研经费预算控制指标内，根据项目进展情况或合同执行情况，提出分研制单位、分项目经费安排意见送财政部。

（五）财政部审核后向各归口管理科研项目的有关部门（单位）下达分研制单位、分项目经费预算控制指标（“一下”）。各归口管理科研项目的有关部门（单位）据此编制本部门（单位）预算报财政部审批（“二上”），并抄送国防科工委。

（六）财政部在全国人大批准中央预算（草案）后30日内，将部门预算批复归口管理科研项目的有关部门（单位）（“二下”）。

（七）归口管理科研项目的有关部门（单位）自财政部批复年度项目预算后15日内，将项目预算批复到研制单位。

第三十二条 实行招标投标管理的科研项目，其经费预算的确定按国家招投标的有关规定执行。

第三十三条 归口管理科研项目的有关部门（单位）和项目研制单位应当严格按照下达的项目经费预算和年度投资计划执行，原则上不得调整。确有必要调整时，按预算管理的有关规定执行。

第三十四条 科研项目的经费来源中，由中央财政安排的资金，按照国库集中支付管理的有关规定执行。经费使用中涉及依法应当实施政府采购的，按照国家政府采购的有关规定执行。

第五章 决算

第三十五条 科研经费实行决算报告制度。科研经费决算分为年度决算和项目决算。

第三十六条 科研经费的年度决算按财政部部门决算管理的有关规定执行。归口管理科研项目的有关部门（单位）上报年度部门决算时，投入超过5000万元的科研项目，应说明科研经费的使用、结余等情况。

第三十七条 财政部对归口管理科研项目的有关部门（单位）上报的年度决算进行审核，并在全国人大常委会正式批准中央决算后20日内，将部门决算批复有关部门（单位）。

归口管理科研项目的有关部门（单位）应当自财政部批复本部门年度决算之日起15日内向所属单位批复年度决算。

第三十八条 科研项目完成后，项目研制单位应当及时编制项目决算，报告研制计划和项目经费预算执行情况。

项目决算管理的有关办法另行制定。

第六章 监督检查

第三十九条 财政部、国防科工委组织专家或委托中介机构对科研经费的使用和管理进行定期或不定期评估或检查。评估或检查结果将作为调整项目预算安排的重要依据。

第四十条 归口管理科研项目的有关部门（单位）应当严格执行国家有关财经法律制度，严禁任何形式的截留、挪用、抵拨和收受回扣。同时加强对所属项目研制单位的监管，督促项目研制单位合理合规使用科研经费。

第四十一条 项目研制单位应当严格按照本办法的规定，制定内部管理办法，建立健全内部控制制度，加强对科研经费的使用管理。

第四十二条 对使用科研经费形成的固定资产和知识产权等无形资产的管理，按照国家有关规定执行。

第四十三条 科研项目完成后，国防科工委或其委托的有关部门应当依据军工科研事业财务制度，对项目进行财务审计和验收，并做出财务审计报告。财务审计报告是项目验收的重要依据。

第四十四条 有下列行为之一的，不得通过项目验收：

(一) 编报虚假预算，骗取国家财政资金的；

(二) 未对科研经费进行单独核算的；

(三) 截留、挤占、挪用科研经费的；

(四) 违反规定转拨、转移科研经费的；

(五) 提供虚假财务会计资料的；

(六) 未按规定执行和调整预算的；

(七) 虚假承诺、自筹经费不到位的；

(八) 其他违反国家财经纪律的行为。

第四十五条 项目通过验收后，项目研制单位应当在一个月内及时办理财务结算手续。项目结余经费的处置按国家有关规定执行。

第四十六条 科研项目应当按照国家有关规定建立绩效评价制度。

第四十七条 科研项目应当建立承诺机制和信用管理机制。项目研制单位法定代表人、项目负责人在编报项目经费预算时应当共同签署承诺书，保证所提供信息的真实性，并对信息虚假导致的后果承担责任。国防科工委应当对项目承担单位、项目负责人、中介机构等在科研经费管理方面的诚信度进行评价和记录。

第四十八条 违反本办法规定管理和使用科研经费，不及时编报科研经费决算，不按规定进行会计核算的，除依照《财政违法行为处罚处分条例》(国务院令第 427 号) 的规定追究有关单位和人员的责任以外，视情况予以停拨经费，情节严重的可以终止项目。

科研项目申请单位或个人在项目申请过程中有弄虚作假行为的，除依照《财政违法行为处罚处分条例》(国务院令第 427 号) 的规定追究责任以外，暂停审批其科研项目申请，责令改正；情节较重或者拒不改正的，不得批准其项目申请。

第七章 附则

第四十九条 本办法所称归口管理科研项目的有关部门 (单位)，包括教育部、信息产业部、中国科学院、中国工程物理研究院、各省 (自治区、直辖市) 国防科工委 (办)、有关中央管理企业。项目研制单位是指承担研制任务的中央和地方科研及试验单位、研究院 (所)、大专院校、企业等。

第五十条 通过补助、贴息方式支持的科研项目的财政资金支出管理办法另行制定。

第五十一条 本办法由财政部、国防科工委负责解释。

第五十二条 本办法自印发之日起施行。

关于加强竞争性装备采购工作的意见

（2009年总装备部发布）

为贯彻落实胡主席、中央军委关于深化装备采购制度改革的重要指示，积极适应社会主义市场经济和装备发展要求，加快建立完善以竞争为核心的竞争、评价、监督、激励机制（以下称“四个机制”），不断提高装备质量和采购效益，促进装备建设又好又快发展，现就加强竞争性装备采购工作提出以下意见。

一、充分认识推行竞争性装备采购的重要意义

竞争性装备采购是军队装备部门以提高装备质量和采购效益为根本目的，通过采用竞争方式有效获取军事装备科研、购置和维修保障等产品与服务的政府采购行为。

近年来，全军各级装备部门认真贯彻落实《装备采购条例》和相关配套法规，积极探索和实践竞争性装备采购，装备质量和采购效益明显提高。实践证明，推行竞争性装备采购是提高装备质量和采购效益的重要途径，是激发自主创新能力、提升国防科技工业整体实力的重要手段，是深化装备采购制度改革、建立完善“四个机制”的重要突破口，是装备建设贯彻落实科学发展观的重要举措。由于受多种因素制约，当前我军保障竞争性装备采购的组织体系、工作制度、运行机制和相关配套政策措施尚不健全完善，分类、分层次、分阶段竞争尚未全面展开，竞争性装备采购规模、范围和效益仍十分有限，与装备发展要求还不相适应。随着社会主义市场经济体制的不断完善和国防科技工业改革的不断深入，军品市场呈现出新的生机与活力，既为装备建设快速发展提供了重要机遇，也为全面推进竞争性装备采购创造了良好条件。必须紧紧抓住改革和发展的有利时机，积极适应新形势和新要求，锐意改革，勇于创新，大力推进竞争性装备采购，努力实现装备建设又好又快发展。

……

三、竞争形式和总体要求

各级装备主管部门要在装备全系统全寿命管理的各个环节，根据装备类型和竞争条件，灵活采取分类、分层次、分阶段竞争和一体化竞争等竞争形式，积极推进竞争性装备采购。

（一）分类竞争

要根据装备自身特点和竞争条件，合理选择充分竞争和有限竞争两种模式，实行分类竞争。

总装备部根据全军装备建设规划计划安排，统一制订装备竞争性采购目录。凡纳入目录的装备及其配套产品，必须实施充分竞争或有限竞争。对不直接涉及国家安全和军队机密、

投资较小、技术通用性较强、有较多合格承研承制承修单位的装备采购项目，应采取公开招标或询价等方式实行充分竞争。对直接涉及国家安全和军队机密、投资较大、技术专用性较强、仅有少数合格承研承制承修单位、且影响国防科技工业核心能力建设的装备采购项目，应采取邀请招标、竞争性谈判、评审确认等方式实行有限竞争。其中，对单一采购来源项目，应对其分系统及配套产品开展竞争。

（二）分层次竞争

要在装备的总体设计、总装总成、分系统和配套产品（含元器件、原材料等）等各个不同层次，广泛开展分层次竞争。

对实行总承包的装备采购项目，军队装备主管部门应督导总承包单位和总体设计单位细化分解总体方案，确定分系统、配套产品的竞争项目和竞争方式。对实行主承包的装备采购项目，军队装备主管部门应会同主承包单位细化分解总体方案，确定下一层次竞争项目和竞争方式。装备的关键分系统和特殊配套产品，由军队主管装备部门会同主承包单位组织实施竞争性采购。

（三）分阶段竞争

要在装备科研、购置和维修保障等各个阶段积极引入竞争，并针对各阶段的不同特点采取合理有效的竞争方式，努力构建各阶段相互衔接、整体协调的竞争机制。

装备预先研究和型号研制阶段应积极采用竞争方式择优确定承研承制单位。对具备竞争条件的关键技术攻关项目、背景项目、演示验证项目和型号研制项目，尽可能保持两个或两个以上承研承制单位。其中，经费投入较大、技术相对复杂的大型装备研制项目，应在总体方案论证阶段开展方案竞争。经费投入不大、技术风险较小、预测采购数量较大的装备研制项目，可在方案论证和工程研制阶段开展样机竞争。军队装备主管部门应将竞争方案和承研承制单位预选方案作为型号研制项目论证的重要内容，一并纳入项目立项及研制总要求综合论证报告审批程序，并组织或督导实施竞争。

各级装备主管部门要在年度装备采购计划拟制工作中，加大采购方式审查力度，逐项核定具体采购方式。凡具备条件的项目，均应采用竞争性采购方式。其中，科研阶段已经形成竞争态势的项目，必须按已确定的竞争方式、竞争范围实施采购。限制单一来源采购方式，对拟采用单一来源采购方式的项目，要对可否开展竞争（包括配套层次竞争）和价格审核情况进行说明。要按照年度装备采购计划确定的竞争性采购方式，逐项制订竞争实施方案，并严格按程序组织实施竞争。逐步扩大同类型装备集中采购范围和规模，并采取有效措施杜绝任何规避集中采购的行为，确保规模采购效益。对引进装备，应充分利用国际军品市场条件开展选型和价格竞争。对军选民用装备和产品，应实行一定范围的公开招标。

要根据平时和战时装备维修保障特点，广泛吸引军内外具备装备修理资质的企业参与装备维修保障阶段竞争，逐步构建军民一体化装备维修保障体系。对列装数量大、配备范围广的装备，应尽量保持两个或两个以上承修单位，开展竞争性修理。装备维修器材和保障设备，应当根据装备购置阶段的采购方式和有关要求，积极开展竞争性采购。对采购数量或金额较大的维修器材和保障设备，应在总装备部统一指导下，由总部分管有关装备的部门、各军兵种装备部和军区装备部组织实施集中采购。

（四）一体化竞争

一体化竞争采购是深化竞争性装备采购的发展方向。对装备技术状态和采购数量明确、规划计划和经费落实、具备竞争条件的装备采购项目，应按照全系统全寿命管理要求和整体采购效益最优的原则，尽量采用科研、购置与维修保障相结合的一体化竞争采购形式。要根据具体条件，灵活采取预先研究与型号研制一体化，型号研制与购置一体化，购置与维修一体化，科研、购置、维修一体化等多种竞争形式。要认真总结一体化竞争采购试点经验，积极探索特点规律，研究制订管理办法，逐步建立完善一体化竞争采购工作机制及项目管理制度。

四、制度建设和配套措施

加强竞争性装备采购工作，必须大力培育竞争主体，营造竞争环境，构建竞争格局，建立健全以竞争为核心的“四个机制”和整体协调、相互配套的法规制度及政策措施。

（一）建立装备市场准入制度

要进一步完善装备承研承制承修单位资格审查制度。按照装备及分系统、配套产品类型和保密等级，科学确定承研承制承修资格审查内容和准入标准，加快开展包括民营企业在内的多种所有制企业的资格审查工作，重点加强二级以下配套企业的资格审查，完善装备承研承制承修单位名录，不断充实合格竞争主体。建立装备采购信息发布制度，建立装备采购信息发布平台，根据承研承制承修单位的专业领域和涉密等级，定期、定向发布装备采购信息及相关政策法规、标准规范和参与竞争的申办程序等。要打破封闭建设的格局，把符合条件的民口科研院所和民营企业纳入装备采购市场，为有效推行竞争性装备采购、增强国防科技工业活力提供制度保障。

（二）建立竞争风险防范和效益评估制度

科学确定竞争性装备采购项目管理的关键决策点，加大对装备的技术、质量、进度、成本和全系统全寿命周期效费比的综合分析力度，将风险评估与效益评估情况作为实施竞争和项目管理决策的重要依据，实现装备需求与国防科技水平和经费保障能力之间的合理平衡。加强评价理论、技术、方法、标准研究和手段建设，建立装备采购评价机构，规范评价管理办法，建立独立客观、公正科学的评价机制和权力约束制度，避免评价失实和决策失误。正确评判竞争行为，有效控制竞争风险，防止强行垄断、恶意串通，防止虚假竞争、恶性竞争，防止采供勾结、设局谋利。

（三）建立质疑、投诉、仲裁和监督检查制度

建立装备采购质疑、投诉处理与仲裁制度，明确职责，界定受理范围和条件，规范受理程序，维护公平竞争，保护竞争者合法权益。同时，建立完善监督检查制度，发挥行政、审

计、纪检和社会监督作用，对竞争性装备采购工作实施全程监督，对重要环节进行严格把关，确保竞争性装备采购工作的健康发展。制订装备采购违纪问题处理办法，建立惩防腐败机制，依法查处违规违纪行为。

（四）建立竞争激励和保护制度

建立装备承研承制承修单位履约信誉等级评定制度，通过公开的信誉等级评定，将评定结果作为选择承研承制承修单位的基本依据。在注重使用行政、法律等手段的同时，强化运用经济手段，对信誉度高、履行合同好的单位，在政策上给予倾斜。对信誉不好的单位，取消其承研承制承修资格。适当采取经济补偿或政策优惠等措施，鼓励和扶持竞争失利单位继续参与后续竞争，积极维持竞争格局。协调和配合国家有关部门，逐步调整改革军品投资、税收、定价等政策，努力创造公平竞争的政策环境。完善知识产权管理制度，制订装备知识产权创造、运用、保护和管理的政策措施，建立装备承研承制承修单位与军队装备部门之间畅通的装备知识产权信息交流和法律服务渠道，有效激发技术创新和加快成果转化、应用的积极性。研究建立对推行竞争性采购做出贡献的单位和个人的奖励措施。

（五）加强组织体系和人才队伍建设

建立相对独立的专业化装备采购执行机构，为有效实施竞争性装备采购提供组织保障。充分发挥军事代表机构在装备承研承制承修单位资质信誉评定、装备质量管理、采购成本审核等方面的职能作用，为竞争性装备采购提供有力支撑。加快培养招标投标、合同管理、知识产权管理、审计监督、价格鉴证、法律服务和电子商务等装备采购专业人才，为推进竞争性装备采购工作提供有力的人才保障和智力支持。

国家高技术研究发展计划(863计划)管理办法（国科发计[2011]363号）

第一章 总 则

第一条 为贯彻落实《国家中长期科学和技术发展规划纲要（2006—2020 年）》（以下简称《纲要》），保证国家高技术研究发展计划（以下简称 863 计划）的顺利实施，实现科学、规范、高效和公正的管理，根据《国家科技计划管理暂行规定》和《国家科技计划项目管理暂行办法》等的要求，制定本办法。

第二条 863 计划是解决事关国家长远发展和国家安全的战略性、前沿性和前瞻性高技术问题，发展具有自主知识产权的高技术，统筹高技术的集成和应用，引领未来新兴产业发展的计划，主要支持《纲要》提出的前沿技术和部分重点领域中的重大任务。

第三条 863 计划按照研究开发任务的性质，选择若干高技术领域作为发展重点，领域内设置专题和项目，采取分类管理的方式。专题以前沿技术研究为导向，以提高原始性创新能力和获取自主知识产权为目标；项目以国家战略需求为导向，以提高集成创新能力和形成战略产品原型或技术系统为目标。

第四条 科技部、总装备部会同财政部制定计划管理办法，科技部牵头负责，并会同总装备部组织实施。计划分年度落实各领域的战略目标、任务和经费。863 计划的管理原则为：

（一）明确目标，突出重点。863 计划面向国家重大战略需求，鼓励自主创新，力争重点突破。

（二）明确权责，规范管理。863 计划实行政府决策与专家评审相结合的立项制度，建立健全评审专家遴选制度、问责制度、回避制度、信用制度和公告制度，保证项目立项的科学、公正与公平。

（三）统筹协调，联合推进。863 计划的实施充分发挥部门、行业、地方、企业和各方面专家的作用，并统筹项目、人才和基地建设。

（四）定期评估，注重绩效。863 计划定期对领域、专题和项目的执行情况与绩效进行第三方独立评估，并将评估结果作为研究内容和经费调整的重要依据。

第五条 863 计划经费由中央财政专项拨款支持。加强对经费使用的监督检查，计划经费独立核算、专款专用。

第二章 管理机构及职能

第六条 科技部和总装备部是 863 计划的组织实施部门。主要职责是：

（一）制订计划发展战略、目标和战略任务；

（二）确定技术领域及领域内任务设置；

（三）组建 863 计划专家委员会和领域专家组；

（四）建立备选项目库，审定项目立项建议，批复立项；

（五）编制年度计划及年度预算；

（六）督促、检查计划的实施，协调并处理项目执行中的重大问题。

第七条 组织实施部门设立 863 计划联合办公室（以下简称“联办”）。联办的主要职责是：

（一）提出重大事项决策建议；

（二）编制年度计划；

（三）协调计划进度；

（四）组织对计划执行的评估工作；

（五）组织协调跨领域活动；

（六）综合管理计划专家库和基地。

联办设常设办事机构负责处理日常工作。

第八条 各领域设立领域办公室（以下简称“领域办”），负责本领域的组织实施和监督。领域办设在组织实施部门。民口各领域办吸纳国务院主要相关部门参加。领域办的主要职责是：

（一）研究提出本领域的战略目标和发展重点；

（二）研究提出本领域专题设置和项目立项建议；

（三）编制本领域年度计划；

（四）审核项目和专题课题申请指南（标书）；

（五）批准专题课题立项，审核项目课题立项建议；

（六）提出重大项目主要承担单位、总体专家组人员组成建议，组织对重大项目实施方案的论证；

（七）组织对项目、专题的评估和验收；

（八）签订或委托签订课题任务合同书。

第九条 863 计划设立计划专家委员会，对计划的战略决策和实施进行咨询与监督。计划专家委员会成员由组织实施部门聘任，实行任期制，每届任期三年，最多担任两届。计划专家委员会主要职责是：

（一）对计划发展战略和计划目标、战略任务和部署等重大事项的决策提供咨询意见和建议；

（二）对计划的实施进行监督。

第十条 各领域设立领域专家组，为本领域的战略决策和组织实施提供咨询与技术指导。领域专家组由部门和地方推荐，组织实施部门选聘，计划专家委员会成员不参加领域专家组。领域专家组实行任期制，每届任期三年，最多担任三届。领域专家组的主要职责是：

（一）组织本领域技术发展战略与预测研究，对领域的目标和任务提供决策咨询；

（二）参与编制项目和专题课题申请指南（标书）；

（三）审议专题课题和项目立项建议；

（四）参与项目实施方案的论证；

（五）参与对项目（课题）执行情况的检查、评估和验收工作；

（六）承担领域重要技术发展问题的咨询工作。

第十一条 863 计划设立专家库。专家库中的专家参与 863 计划的实施，发挥同行评议的作用。专家库中的专家通过国务院有关部门和地方推荐，由组织实施部门核准后统一入库。专家库中的专家根据需要可参加以下工作：

（一）课题的评议和评审工作；

（二）项目（课题）执行情况的检查、评估和验收工作；

（三）对计划管理提出意见和建议。

第十二条 组织实施部门所属的相关中心（以下简称“相关中心”）接受组织实施部门的委托，在领域办的指导下，承担 863 计划的过程管理和基础性工作，主要包括：

（一）承担专题课题申请指南的组织编制工作；

（二）承担专题和项目课题申请书的受理和形式审查工作；

（三）承担专题课题评议、评审的组织工作，提出立项建议；

（四）承担项目课题评审或评标的组织工作，提出立项建议；

（五）承担课题任务合同书的审核工作；

（六）承担课题检查和验收的组织工作；

（七）承担项目和专题的信息与文档的管理工作，每年向领域办报告专题和项目的执行情况；

（八）承担领域专家组的支撑和服务工作。

第三章 专题管理

第十三条 各领域下设若干专题，专题以前沿技术的研究开发为主。领域办组织研究提出本领域专题设置、专题目标和主要任务等建议，经联办组织综合审议后，报组织实施部门批准。

第十四条 专题下设课题，课题原则上不设子课题。课题通过公开、公平的竞争机制确定，主要程序如下：

（一）公开发布课题申请指南；

（二）同行专家通讯评议；

（三）同行专家会议评审；

（四）领域办批准。

第十五条 根据领域年度计划和专题战略目标，相关中心每年组织领域专家组成员和同行专家研究编制课题申请指南，由领域办审核发布。

第十六条 相关中心从计划专家库中随机抽取同行专家对课题申请进行通讯评议或会议评审。

第十七条 相关中心根据评议评审结果提出课题立项建议，领域专家组对立项建议进行审议，领域办批准。

第十八条 为了鼓励创新，各领域可安排适当比例的非共识课题。对于在评议过程中出现的非共识课题，由领域专家组成员署名推荐，直接列入课题立项建议，报领域办批准。

第十九条 课题责任人填报课题任务合同书，相关中心负责审核，领域办与课题责任人签订课题任务合同书。

第二十条 课题立项结果向社会公布。对未被批准的课题申请，由相关中心向课题申请者做出书面通知。

第二十一条 相关中心组织领域专家组成员和专家库中的专家，对课题进行检查，并根据检查情况提出课题调整建议，经领域专家组审议后，报领域办批准。

第二十二条 相关中心组织领域专家组成员和专家库中的专家，对课题进行验收，验收结果分为通过验收、不通过验收和结题三种。

课题形成的国家秘密技术，按照《科学技术保密规定》进行管理。

第二十三条 由于不可抗拒的客观原因，需要终止或调整的课题，由课题责任人向相关中心提出书面申请，经领域专家组审核后，报领域办批准。

第二十四条 领域办委托专业评估机构，对专题实施情况进行独立评估，并根据评估结果提出专题调整建议，经联办会签后，报组织实施部门批准。

专题任务结束后，领域办组织对专题进行总结，并进行绩效考评。

第四章 项目管理

第二十五条 863计划各领域的项目包括重大项目和重点项目两类。重大项目以形成原型样机或重大技术系统为目标，重点项目以突破核心技术、开发单项战略产品原型或解决中试中的重要工艺问题为目标。项目一般下设课题，课题由法人单位承担。

第二十六条 根据部门、地方提出的重大科技需求，结合本领域技术发展趋势，以及专题课题成果，领域办组织研究提出项目立项建议。立项建议主要包括：项目的目标和具体指标要求、主要研究内容、技术路线等。重大项目应同时提出主要承担单位建议。

第二十七条 重大项目立项建议由联办组织进行综合审议，由组织实施部门批准；重点项目立项建议经联办会签报组织实施部门批准。

第二十八条 重大项目的任务落实：

（一）项目主要课题承担单位推荐总体专家组人选，经领域办审核后，报组织实施部门批准。总体专家组负责提出项目实施方案建议、项目的总体集成和技术协调，参加项目课题的验收。

（二）总体专家组根据批准的重大项目立项建议，研究提出重大项目实施方案建议。实施方案应包括具体目标、任务分解、进度计划及课题承担单位选择方式建议等内容。

（三）领域办组织领域专家组成员、专家库中的专家和相关产业界专家对重大项目实施方案进行论证，通过论证的实施方案报组织实施部门批复。

（四）项目课题通过招标或择优委托的方式确定承担单位，由总体专家组负责编制课题指南或标书，由领域办审核后发布。

（五）相关中心组织课题承担单位的招标或择优评审，提出课题承担单位建议，在征求总体专家组意见后报领域办审核，由组织实施部门批准。

第二十九条 重点项目的任务落实：

（一）领域办组织领域专家组成员和专家库中的专家编制重点项目指南或标书，经组织实施部门批准后，由领域办发布。

（二）相关中心组织重点项目的评审或评标，提出课题承担单位和项目牵头单位建议。

（三）领域办组织领域专家组对课题承担单位和项目牵头单位建议进行咨询审议，审核后报组织实施部门批复。

第三十条 领域办与课题承担单位签订课题任务合同书，保密课题应同时签订保密协定，按照保密规定进行管理；非保密课题的立项结果向社会公开。

第三十一条 相关中心组织专家库中的专家对项目课题的实施进行检查，提出课题调整建议，经领域办审核后，报组织实施部门批准。

第三十二条 由于不可抗拒的客观原因需要调整或终止的课题，由课题承担单位向相关中心提出书面申请，经领域办审核后，报组织实施部门批准。

第三十三条 对与部门、行业及地方关联度大、示范性强的项目，可以委托有关部门或地方政府作为项目主持单位，负责项目的组织实施。领域办根据项目特点，提出项目主持单位建议，报组织实施部门批准。项目主持单位是项目的责任主体。

（一）项目主持单位组织提出项目实施方案，经领域办组织论证后，报组织实施部门批复。

（二）项目主持单位通过招标或择优委托的方式，确定课题承担单位。

（三）项目主持单位与课题承担单位签订课题任务合同书，报领域办备案。

（四）项目主持单位落实项目约定支付的匹配经费和其它配套条件，协调并处理项目执行过程中的有关事项。

（五）项目主持单位负责督促、检查课题的执行情况，并向领域办提交项目年度执行和进展情况报告。

（六）项目主持单位根据课题执行情况对课题进行调整，报领域办备案。

（七）项目主持单位组织课题验收，并负责准备项目验收相关材料和向领域办提出项目验收申请。

第三十四条 领域办委托专业评估机构对项目执行情况进行中期评估，委托专业监理机构对工程性项目进行全程监理。根据评估结论和监理意见，领域办提出项目调整建议，经联办会签后，报组织实施部门批准。

第三十五条 课题由相关中心或项目主持单位组织验收；项目由领域办组织验收，并进行绩效考评。项目形成的国家秘密技术，按照《科学技术保密规定》进行管理。

第五章 基地管理

第三十六条 863计划统筹考虑项目、人才和基地建设，在通过项目（课题）对创新人才和团队持续支持的同时，形成一批具有国际水平的863计划研究开发基地。863计划研究开发基地是承担863计划研发任务中取得突出成绩、拥有优秀创新团队和较强研发实力的单位。

第三十七条 在计划实施过程中，通过项目（课题）对863计划研究开发基地优先和持续支持，凝聚和培养一批高水平的研究开发人才队伍，形成开放、流动、竞争、协作的机制，实现研究开发资源的有效配置和共享，为我国高技术持续发展奠定良好基础。

第三十八条 联办负责组织基地的认定工作。在领域办推荐或国务院有关部门（地方）组织申报的基础上，联办组织专家评审，提出基地的认定建议，报组织实施部门批准。

第三十九条 基地实行期限制，进行动态管理。联办组织对基地的评估和考核工作。组织实施部门根据评估和考核结果，对基地进行动态调整。联办负责基地的综合管理和协调，并委托部门或地方对基地进行具体管理。

第六章 知识产权和资产管理

第四十条 863 计划管理机构、课题依托单位和课题承担单位要加强知识产权管理，严格执行科技部《关于加强国家科技计划知识产权管理工作的规定》（国科发政字 [2003] 94 号）。863 计划课题形成的知识产权，其归属、使用和管理按照《关于国家科研计划项目研究成果知识产权管理的若干规定》（国办发 [2002]30 号）执行。

第四十一条 建立规范、健全的项目科学数据和科技报告档案。项目（课题）承担单位应按照科技部有关科学数据共享和科技计划项目信息管理的规定和要求，按时上报项目（课题）有关科研资料和数据。

863 计划项目（课题）实施形成的研究成果，包括论文、专著、专利、软件、数据库等，均应标注“863 计划资助”。

第四十二条 课题研究过程中形成的无形资产，由课题依托单位负责管理和使用。课题研究成果转化及无形资产使用产生的经济效益按《中华人民共和国促进科技成果转化法》和国家有关规定执行。

第四十三条 用 863 计划经费购置或试制的固定资产属于国有资产，资产的管理按照国家有关规定执行。

第七章 评估与监督

第四十四条 组织实施部门委托专业评估机构，定期对 863 计划领域、专题和项目的执行情况与绩效进行第三方独立评估。评估结果作为对领域、专题和项目的研究内容和经费进行调整以及改进和完善计划管理的重要依据。

第四十五条 在项目（课题）立项、检查、验收等环节中，对涉及到组织管理者、专家自身及单位利益的事项，实行回避制度。

第四十六条 863 计划实行信用管理制度，科学记录、管理和使用信用信息。

（一）对项目（课题）申请者在申报过程中的信用状况进行客观记录；

（二）对课题负责人、课题依托单位、课题承担单位、项目责任主体在项目（课题）执行和验收过程中信用状况进行客观记录；

（三）对专家参与项目（课题）评议、评审、评估、检查和验收等过程中的信用状况进行客观记录。

第四十七条 组织实施部门对在 863 计划研究开发和管理工作中做出突出成绩的人员或单位，给予表彰。

第四十八条 对于在申请、评议、评审、评估、检查、执行和验收过程中发现的弄虚作假、徇私舞弊行为，以及违规操作或因主观原因未能完成合同规定的任务并造成重大损失者，863 计划实行责任追究制度。情节较轻的，公开通报直接责任者，终止相关项目（课题）合同，清理账目与资产；情节较重的，在一定时期内，取消直接责任者承担 863 计划任务的资格；构成违纪的，建议相关管理部门对直接责任者给予行政（纪律）处分。

第八章 附 则

第四十九条 863 计划专项经费管理办法另行制定。

第五十条 本办法自发布之日起施行。《国家高技术研究发展计划（863 计划）管理办法》（国科发计字 [2001]632 号）同时废止。

第五十一条 组织实施部门依照本办法制定相应的实施细则。

国防科工局总装备部关于鼓励和引导民间资本进入国防科技工业领域的实施意见

科工计(2012)733号

各有关单位：

为贯彻落实《国务院关于鼓励和引导民间投资健康发展的若干意见 (国发 (2010)13 号) 精神，鼓励和引导民间资本进入国防科技工业领域，结合国防科技工业实际，制定以下实施意见：

一、鼓励和引导民间资本进入国防科技工业的原则和领域

(一) 要按照走中国特色军民融合式发展路子的要求，进一步扩大民间资本进入国防科技工业的领域和范围，完善鼓励和引导的政策措施，促进武器装备和国防科技工业发展。坚持积极鼓励、正确引导、同等对待、确保安全的原则，吸引和鼓励民间资本进入国防科技工业领域，在许可进入、任务竞争、税收优惠等方面对民间投资主体与国有军工企业实行同等待遇，加强安全保密和监督管理，确保国家秘密安全。

(二) 民间资本进入国防科技工业的领域包括：武器装备科研生产、国防科技工业投资建设、军工企业改组改制、军民两用技术开发。

二、允许民营企业按有关规定参与承担武器装备科研生产任务

(三) 大力推行竞争性装备采购，吸纳符合条件的民营企业承担武器装备科研生产任务。科学设置装备市场准入条件，加快武器装备科研生产许可目录修订工作，优化许可管理范围并向社会发布。加强武器装备科研生产许可制度、装备承制单位资格审查制度和武器装备科研生产单位保密资格审查认证制度协调衔接，建立相互协调的审查认证管理机制，缩短审查认证周期。

(四) 民营企业可以通过与军工单位合作承担武器装备科研生产任务，也可以独立承担武器装备科研生产任务。对不直接涉及国家安全和军队机密、投资较小、通用性强、有较多合格承制单位的装备采购项目或配套任务，采用公开招标等方式鼓励民营企业参与竞争。

三、鼓励民间资本进入国防科技工业投资建设领域

(五) 鼓励民间资本依据《国防科技工业社会投资领域指导目录 (放开类)》，进入国防科技工业相关领域的投资建设。凡是符合该目录要求的，均不限制民间资本投资比例。

（六）民间资本参与国防科技工业投资建设的渠道和方式按照《国防科技工业社会投资项目核准和备案管理暂行办法》执行，其中对于完全由民间资本投资的放开类项目，实行备案制，项目单位需上报备案申请表。对于既有政府投资、也有民间投资的放开类项目，按照《国防科技工业固定资产投资管理暂行规定》执行。

四、引导和支持民间资本有序参与军工企业的改组改制

（七）允许民间资本按照国防科工委发展改革委国资委《关于推进军工企业股份制改造的指导意见》，参与军工企业股份制改造。

（八）军工企业改组改制引入民间资本的，要按照国资产委《关于国有企业改制重组中积极引入民间投资的指导意见》执行。其中，涉及武器装备及其科研生产能力的，要征求国防科工局、总装备部的意见。

五、鼓励民间资本参与军民两用技术开发

（九）鼓励民间资本参与开发军民两用技术和产品，参与政府组织的军工技术转民、军民两用技术开发项目。

（十）对于政府组织的军工技术转民和军民两用技术开发科研项目，向国防科工局提出申请。其中涉及国防知识产权归属事项的，项目申请单位需事前征得国防科工局、总装备部国防知识产权管理部门同意。具体程序按相关办法执行。

六、加强对民间投资的服务、指导和规范管理

（十一）建立和完善军民结合公共服务平台，拓宽军民间信息交流渠道。建立武器装备采购信息发布制度，根据民营企业承担科研生产任务的专业领域和涉密等级，定期、定向发布装备采购信息及相关政策法规、标准规范和参与竞争的申办程序等。

（十二）民营企业参与武器装备科研生产任务的，应按照《武器装备科研生产许可实施办法》和《中国人民解放军装备承制单位资格审查管理规定》，申请取得武器装备科研生产许可和装备承制单位资格。

（十三）进入国防科技工业领域的民营企业，应强化保密意识，建立健全保密制度，落实保密责任。其中，申请承担涉密武器装备科研生产任务的民营企业，应按照《武器装备科研生产单位保密资格审查认证管理办法》，取得相应保密资格。

（十四）承担武器装备科研生产任务的民营企业，应自觉接受政府和军队有关部门的监督检查，确保完成武器装备科研生产和建设任务。违反管理规定的，按照有关法律法规追究责任。对于贡献突出的民营企业，按照同等对待的原则，进行表彰和奖励。

（十五）本意见鼓励进入相关领域的民间资本，仅限于境内资本，不包括外商投资和港澳台投资。

第三部分 党和国家领导人应时应势为军民融合发展进一步指明了方向

党和国家领导人一直高度重视国家的军民融合式发展，特别是新一届中央领导人对军民融合保持高度关注，积极推进军民融合发展战略。2014 年，党和国家领导人多次在相关会议中应时应势提出军民融合发展新要求，针对军民融合开展专题调研工作等，为军民融合发展进一步指明了方向。

（一）2014年 1月 24日

军民迎新春茶话中张高丽强调，新的一年，双拥工作要有新气象，军民融合要有新收获。要坚持用中国特色社会主义伟大旗帜凝聚军民的意志、智慧和力量，筑牢军政军民团结奋进的共同思想基础；深入贯彻落实军民融合深度发展的新要求，推动经济建设与国防建设相互促进、协调发展；着力解决广大军民最关心最直接最现实的利益问题，切实让改革发展成果更多更好地惠及部队官兵和广大优抚安置对象；广泛开展以创建双拥模范城（县）为龙头的群众性双拥活动，为促进经济社会持续健康发展、加快推进国防和军队现代化作出新的更大贡献。

（二）2014年 3月 5日

国务院总理李克强在十二届全国人大二次会议上作《政府工作报告》时说，新的一年，要紧紧围绕党在新形势下的强军目标，全面加强军队革命化现代化正规化建设，不断提高军队信息化条件下威慑和实战能力。要统筹推进各方向各领域军事斗争准备，加强和改进思想政治建设，加快全面建设现代后勤步伐，加强国防科研和高新技术武器装备发展。狠抓依法治军、从严治军。深化国防和军队改革，加强军事战略指导，完善现代军事力量体系。加强国防动员和后备力量建设，强化日常战备和边防海防空防管控。推动军民融合深度发展。加快建设现代化武装警察力量。坚决完成抢险救灾、反恐维稳、维和护航和处置突发事件等任务，积极参加和支援国家经济建设。各级政府要一如既往关心支持国防和军队建设，密切鱼水情谊，使军政军民团结坚如磐石。

（三）2014年3月11日

中共中央总书记、国家主席、中央军委主席习近平出席十二届全国人大二次会议解放军代表团全体会议，并围绕实现强军目标发表了重要讲话。习近平强调，实现强军目标，必须同心协力做好军民融合深度发展这篇大文章，既要发挥国家主导作用，又要发挥市场的作用，努力形成全要素、多领域、高效益的军民融合深度发展格局。军队要遵循国防经济规律和信息化条件下战斗力建设规律，自觉将国防和军队建设融入经济社会发展体系。地方要注重在经济建设中贯彻国防需求，自觉把经济布局调整同国防布局完善有机结合起来。要深入做好新形势下双拥工作，加强国防教育，健全国防动员体制机制。各级党委和政府要支持军队建设和改革，配合军队完成多样化军事任务，为实现强军目标提供有力保障。

（四）2014年7月2日

中共中央政治局委员、国务院副总理马凯在河南、湖北调研时强调，要坚决贯彻落实党的十八大和十八届三中全会精神，坚持战略导向和问题导向，充分发挥国家主导和市场机制两大作用，服务国防军队建设和经济社会发展两大需求，抓住民参军、军转民两大关键，依靠深化改革和科技创新两大动力，完善政策法规制度，改进加强行业管理，以更大力度推动军民融合深度发展。

（五）2014年12月3日至4日

中共中央总书记、国家主席、中央军委主席习近平在全军装备工作会议上发表重要讲话强调，要贯彻总体国家安全观，牢牢把握党在新形势下的强军目标，坚持信息主导、体系建设，坚持自主创新、持续发展，坚持统筹兼顾、突出重点，加快构建适应履行使命要求的装备体系，为实现强军梦提供强大物质技术支撑。

习近平在讲话中充分肯定了我军装备事业发展取得的历史性成就。他指出，武器装备是军队现代化的重要标志，是国家安全和民族复兴的重要支撑。建设一支掌握先进装备的人民军队，是我们党孜孜以求的目标。在战争制胜问题上，人是决定因素。同时也要看到，随着军事技术不断发展，装备因素的重要性在上升，人的因素、装备因素结合得越来越紧密，人与装备已经高度一体化，重视装备因素也就是重视人的因素。

习近平强调，必须把装备建设放在国际战略格局和国家安全形势深刻变化的大背景下来认识和筹划，放在实现“两个一百年”奋斗目标、实现中华民族伟大复兴中国梦的历史进程中来认识和筹划，放在国防和军队现代化建设优先发展的战略位置来抓。当前和今后一个时期是我军装备建设的战略机遇期，也是实现跨越式发展的关键时期。一定要增强使命意识，抓住机遇，鼓足干劲，把装备建设搞得更好一些、更快一些。

习近平指出，面对新形势新任务，装备建设战略指导必须应时而变、顺势而为。要坚持作战需求的根本牵引，建立健全具有我军特色的作战需求生成机制，增强装备发展的科学性、针对性、前瞻性。要坚持体系建设思想，统筹各军兵种装备发展，统筹各类装备发展，加强标准化、系列化、通用化建设，不断完善和优化装备体系结构，在填补体系空白、补齐短板弱项上下工夫，以网络信息体系为抓手，推动我军信息化建设实现跨越式发展。要坚持创新驱动发展，紧跟世界军事革命特别是军事科技发展方向，超前规划布局，加速发展步伐。要坚持质量至上，把质量问题摆在关系官兵生命、关系战争胜负的高度来认识，贯彻质量就是生命、质量就是胜算的理念，建立质量责任终身追究制度，着力构建先进实用的试验鉴定体系，确保装备实战适用性。要坚持实战化运用，各级指挥员要带头学装、知装、用装，教育引导官兵大胆操作和使用装备，真正让装备活起来、动起来，在体系运用中检验性能、发掘潜能，推动新装备成建制成体系形成作战能力和保障能力。要坚持军民融合深度发展，结合深化改革，加快建立推动军民融合发展的统一领导、军地协调、需求对接、资源共享机制，扎实推动国防科技和装备领域军民融合深度发展。要坚持人才队伍建设优先，放开视野选人才、不拘一格用人才，把国防科技和装备领域打造成国家创新人才的高地、人才成长兴业的沃土，形成各类人才创造活力竞相迸发的生动局面。

习近平对当前装备战线需要重点关注并抓好的工作提出要求，强调要搞好装备建设顶层设计，切实把规划计划制订好，努力形成科学完备的发展规划体系。要稳妥推进装备领域改革，坚定深化改革的决心和信心，通过调整改革加强集中统一领导，着力激发创新活力，大力提高建设发展效益。要持续抓好作风建设，树立持续整改、长期整改的思想，坚持问题导向，强化源头治理，做到既去病灶、又去病根，让新风正气充盈起来。要加强思想政治建设，教育引导广大官兵坚定理想信念，加强党性修养，提高能力素质，强化责任担当，谱写我军武器装备发展新篇章。习近平指出，要坚持军民融合深度发展，结合深化改革，加快建立推动军民融合发展的统一领导、军地协调、需求对接、资源共享机制，扎实推动国防科技和装备领域军民融合深度发展。

（六）2014年12月14日

中共中央总书记、国家主席、中央军委主席习近平到南京军区机关视察时强调，要把维护军政军民团结抓得更加扎实有效。要适应新形势新任务的要求，不断巩固和加强军政军民团结，努力形成军爱民、民拥军的生动局面。要发挥自身优势，积极支持地方经济社会建设和生态文明建设，为全面建成小康社会贡献力量。要统筹经济建设和国防建设，推进基础建设和重要领域军民深度融合，构建具有时代特色、符合战区特点的军民融合新格局。

第四部分 国家部委及军队各大单位负责人创造性推动军民融合战略的实施落地

在中央的高度重视下，国家部门及军队各大单位负责人积极组织开展军民融合工作，多次强调军民融合战略地位，创造性推动军民融合战略的实施落地。

（一）2014年5月27日

总装备部、工业和信息化部、国防科工局、全国工商联联合主办的首届民营企业高科技成果展览暨军民融合高层论坛在京举行。中央军委委员、总装备部部长张又侠和工业和信息化部副部长、国防科工局局长许达哲参观展览，出席高层论坛并讲话。

张又侠在讲话中指出，党的十八届三中全会关于全面深化改革的历史决定和习近平总书记关于军民融合一系列重要思想，将军民融合作为“落一子而全盘活”的重大举措，对于在新的历史起点上实现国防科技和武器装备大发展，具有重要的指导意义。军民融合符合国防科技和武器装备发展建设规律，要在国家层面进行统筹，既毫不动摇地坚持军工企业的主体地位，又毫不动摇地引导优势民营企业进入军品科研生产和维修领域，最大限度地发挥各方优势，提高建设效益。张又侠强调，必须坚持把制度建设放在突出位置，着力构建法规制度体系，调整完善市场准入制度，建立规范信息发布制度，不断完善竞争采购机制，扎实推进装备采购制度改革，大力强化监督管理机制，不断健全相关配套制度，努力为实现军民融合深度发展创造有利条件。

许达哲在讲话中指出，推动军民融合深度发展，必须把国防科技工业寓于国家工业体系之中，把国防科技工业发展寓于国民经济发展之中。工业和信息化部、国防科工局把军民融合作为推动国防科技工业可持续发展的主要渠道，推动出台一系列意见措施，着力营造良好的军民融合发展环境，不断拓展军民信息交流渠道，努力写好军民融合这篇大文章。许达哲强调，国防科技工业系统必须承担起富国强军的使命，充分利用军工技术优势和能力，推动国家科技进步和服务经济社会发展。一是健全国防科技工业体系，以军品科研生产能力结构调整为抓手，面向全社会所有从事武器装备科研生产的单位，健全完善能力体系，充分立足国民经济发展，破解军工封闭难题；二是大力推动军民相互转化和资源共享，促进军转民技术开发应用和军民技术双向转移，积极发展军民融合产业和战略性新兴产业，推动军工科研机构、基础设施等资源向社会开放，实现技术、产品和能力的深度融合；三是营造公平竞争的发展环境，建立健全竞争、评价、监督、激励机制和军民融合服务体系，出台鼓励民营企业加入军工科研生产领域的政策，加快推进军工企业股份制改造，以资本融合带动军民融合深度发展。

（二）2014年6月27日

军民结合、寓军于民武器装备科研生产体系建设部际协调小组第三次会议在京召开。会议审议通过《国务院中央军委关于建立和完善军民结合寓军于民武器装备科研生产体系的若干意见》，贯彻落实工作进展情况报告和协调小组2014年工作要点。协调小组组长、工业和信息化部部长苗圩出席会议并讲话，协调小组副组长、工业和信息化部副部长兼国防科工局局长许达哲主持会议。副总参谋长王冠中、国资委副主任张喜武、国防科工局党组成员张炜、国家标准委副主任方向等领导出席会议。苗圩指出，通过协调小组各成员单位几年来的共同努力，军民结合、寓军于民武器装备科研生产体系建设取得了很大进展，军工开放的政策制度不断完善，民企参与武器装备科研生产的比重逐步加大，军民结合产业快速发展，军民信息资源共享水平不断提高，为后续工作奠定了坚实基础。苗圩强调，习总书记关于军民融合深度发展的重要论述，是我们党对新时期国防建设和国家经济建设客观规律的深刻认识和准确把握，为在新的历史起点上推进兴国强军的伟大实践指明了方向。当前协调小组最重要的工作，就是深入学习贯彻习总书记军民融合深度发展重要论述精神，转变思想观念，强化使命担当，以更大的决心和勇气努力破解军民融合深度发展的重点和难点问题。一是要深化军工企业和科研院所改革，增强国防科技工业发展的活力动力；二是要加大“民参军”工作力度，壮大国防科技工业发展的基础；三是要加快“军转民”步伐，提升国防科技工业服务国民经济建设的质量和水平。苗圩强调，军民融合、寓军于民的武器装备科研生产体系建设，是一项长期复杂艰巨的任务，一定要放在中央全面深化改革的大背景下来谋划推动，一定要站在军民融合深度发展的全局中来认识把握。要进一步加强协调小组自身建设，把涉及顶层的事情谋划好，把跨部门、跨领域的事项协调好，统筹各方力量，狠抓任务落实，切实形成推进工作的强大合力，为实现富国强军的“中国梦”贡献力量。王冠中在讲话中分析了当前面临的复杂安全形势，要求武器装备科研生产体系建设要服从服务于军事斗争准备的需要，要加强与国防和军队改革研究论证工作的协调，做好军事领域战略规划与国家重大发展规划之间的衔接统一，推动武器装备建设领域军民融合深入发展。许达哲在总结会议时强调，推进军民融合深度发展，是党中央、国务院、中央军委作出的重大战略决策，是中央交给我们的光荣任务。要正视责任，敢于担当，积极有为，在坚定不移地贯彻、持之以恒地落实上下工夫；要扎实做好本部门、本领域的工作，结合各自的职责和分工，将推进体系建设与深化改革结合起来，在抓改革、促成效上下工夫；要充分发挥好协调小组在协调多部门、多领域重大事项方面的作用，加强体系建设的顶层统筹，在政策的联动性、协同性上下工夫。协调小组办公室主任、工业和信息化部军民结合推进司司长尹卫军汇报了贯彻落实工作进展情况和协调小组 2014 年工作要点。协调小组办公室成员、联络员，以及工业和信息化部有关司局负责同志 90 余人参加会议。

（三）2014年 9月 1–5日

军队系统政协委员在鄂考察军民融合创新发展。以全国政协副主席、致公党中央主席、科技部部长万钢为团长的军队系统全国政协委员考察团，9 月 1 日至 5 日就湖北省“军民融合式科技创新发展”进行专题考察。考察团在鄂期间对华中科技大学、武汉高德红外股份有限公司、中国船舶重工集团公司 701 研究所、717 研究所、武船集团公司、东方电气（武汉）核设备有限公司、海军工程大学、孝感军民结合产业园、湖北华中光电科技有限公司等单位进行了实地考察。在鄂期间，考察团还组织召开了湖北省部分军工企事业单位、民口配套单位参加的科技创新与军民融合发展座谈会，听取了湖北省政府关于国防科技工业科技创新与军民融合发展工作情况，以及如何打破壁垒、畅通渠道等方面的汇报。湖北省政府表示，要进一步破除军工经济与民用经济相互分离的产业，破除不利于民营高技术企业参与军工研制生产的体制障碍，破除供需信息不畅通、不对称等问题。考察团认为，湖北省委、省政府和有关部门坚决贯彻落实中央精神，扎实推进军民融合式发展，积极为国民经济发展和国防建设提供支持，取得明显成效。考察团强调，推进军民融合式科技创新发展，需要进一步解放思想、抓住重点、突出特色。军民融合式科技创新发展，要发挥相关科研院所优势专业的辐射带动作用，以及高等院校的多学科平台作用；要做好与企业的结合，抓住企业这个着力点，把科技创新成果转化为技术先进、可靠好用安全的产品；要抓住人才这个关键，充分理解年轻人才的报国之心，充分认识人才对产业发展的拉动作用，让人才在实践中成长。

第五部分 相关部门积极主动推进军民融合的实施工作

针对军民融合发展，相关部门积极落实党中央的战略指导，推进军民融合的实施工作。围绕军民融合深度发展这篇大文章，相关部门主动作为，积极开展各类活动。

（一）工业和信息化部

1. 2013年 11月 4日

为进一步加强船舶行业管理，化解产能过剩矛盾，加快结构调整，提升技术水平，促进转型升级，引导船舶工业持续健康发展，制定了《船舶行业规范条件》。

2. 2014年 1月 2日

为推进军民融合发展，进一步完善政府公共服务手段，有效畅通军民间信息交流渠道，工业和信息化部、财政部组织开展了国家军民结合公共服务平台建设工作。该平台已建设完成，从 2013 年 12 月 31 日起正式开通试运行。国家军民结合公共服务平台由军民用技术产品信息服务、军民结合产业发展引导、军民结合运行监测等 3 个子平台和 1 个公共服务门户网站构成。

3. 2014年 2月 27日

国防科技工业民口军品配套工作会在京召开，会议总结了 2013 年民口军品配套工作，传达了 2014 年国防科技工业工作会议精神，部署了 2014 年工作，提出了 2014 年民口军品配套科研及固定资产投资管理重点工作及要求，明确了下一步的工作目标。教育部、中国科学院、各省、自治区、直辖市国防科技工业管理部门、各军工集团公司、中国工程物理研究院、有关民口中央企业、工业和信息化部所属高校以及部分重点民口配套单位的代表参加了此次会议。

4. 2014年 3月 21日

国防科工局与地方政府共建高校联席会，2013 年年会在河北燕山大学召开。会议传达了

2014 国防科技工作会议精神，并对地方共建高校如何发挥专业优势，服务地方经济发展提出了建议，阐述了国防科工局就进一步支持地方共建高校的设想。各共建高校代表分别作了发言，就一年来学校在学科建设、人才培养、师资队伍以及办学特色等方面的情况进行了简要介绍，并就国防特色学科建设、科学研究等工作进行了深入研讨。与会人员一致认为，共建以来，在国防科工局和地方政府的支持下，各校在国防特色实验室、国防科技人才队伍建设等方面取得了显著成绩。共建不仅为各高校教学、科研发展提供了有力支撑，同时也为我国国防军工事业的发展提供了有力保障。

5. 2014年 4月 10日

由重庆市人民政府、科学技术部、工业和信息化部、中国科学院、中国工程院、中国发明协会共同主办的第十一届中国重庆高新技术交易会暨第七届中国国际军民两用技术博览会在重庆南坪国际会展中心开幕。展会以“军民融合 创新发展”为主题，展会内容包括展览展示、对接交易、高峰论坛三个部分。国防科工局局长许达哲、直属机关党委书记吴志坚出席展会相关活动。展会上，11 大军工集团再次集体参展，其展区面积达到 2952 平方米，参展项目涉及核工业应用、航天航空、船舶工业等 616 项军工技术，以及通信电子、计算机信息系统安全产品等 203 项民用技术。各军工集团公司将借展会为契机，在相关领域推进与重庆市的深度合作。北京航空航天大学、北京理工大学等 7 所军工院校也参加了此次高交会。

6. 2014年 4月 10日

根据党的十八大和十八届二中、三中全会关于推进军民融合式发展的战略部署，为进一步贯彻落实《国务院中央军委关于建立和完善军民结合寓军于民武器装备科研生产体系的若干意见》有关要求，推进工业和信息化领域军民融合深度发展，工业和信息化部组织制定并印发了《促进军民融合式发展的指导意见》。

《促进军民融合式发展的指导意见》努力贯彻三中全会关于深化改革、进一步简政放权、发挥市场在资源配置中的决定性作用等新思路和新要求，提出到 2020 年，形成较为健全的军民融合机制和政策法规体系，军工与民口资源的互动共享基本实现，先进军用技术在民用领域的转化和应用比例大幅提高，社会资本进入军工领域取得新进展，军民结合高技术产业规模不断提升。同时，针对当前存在的融合机制不尽完善、融合方式不够丰富、融合范围尚需拓展等亟待解决的问题，《促进军民融合式发展的指导意见》突出了建立军工和民用一体化国家工业基础这一重要抓手，提出了进一步推动军工开放式发展这一工作重点，强调了军民资源共享、有机互动、有效转化这一迫切需要，明确了大力发展军民结合产业这一有效支撑。

7. 2014年 9月 25日

国防科工局信息中心主办的 2014 年智慧军工发展研讨会在京召开。会议以“建设自主可控的智慧军工”为主题，探讨了智慧军工建设对自主可控技术的要求，交流了大数据、地理信息、信息安全、基础软硬件、应用软件等方面自主可控技术在军工领域的应用经验和发展前景。

8. 2014年 10月 10日

国防科工局对口支援吉水县的首个工业项目——中电新材料科技项目奠基开工。中电新材料科技项目是吉水县军民结合电子信息产业园落户的首个大型工业项目。该项目占地50亩，总投资3亿元。主要生产航空航天线缆所需的高温镀银导线产品，并逐步升级到研发生产航空航天及高端电子设备用特种线缆产品。

9. 2014年 10月 22日

由山东省国防科工办和中国国防科技工业企业管理协会共同主办山东省与十一大军工集团军民融合深度发展恳谈会在北京召开。国防科工局总工程师周武胜应邀出席并致辞。周武胜指出，国防科工局正编制军民融合发展“十三五”规划，研究制定军民融合推进政策，从规划和政策两方面做好顶层设计，指导军民融合发展。会上，各军工集团介绍了各自的发展规划及合作意向，山东省青岛、淄博、烟台、威海4市的与会代表分别介绍了各市军民融合发展情况及招商政策，山东省70余家军民结合型企事业单位推介了各自的优势技术产品项目。会议围绕推进军民融合深度发展问题，组织了各军工集团与山东省企业进行项目洽谈对接，青岛市古镇口军民融合示范园区等5家山东企业分别与中核建设集团等5家军工集团所属单位签订了合作协议。会议还设置了展示区，山东超越数控、烟台艾睿等20余家单位的优势技术产品项目亮相，项目涉及新材料、机械、化工等多个领域。

10. 2014年 12月 2日

2014年12月2日，由工业和信息化部军民结合推进司、江苏省国防科技工业办公室主办，工业和信息化部软件与集成电路促进中心（CSIP）、国防科技工业科技成果推广研究中心及江苏省丹阳市人民政府承办的“2014军民融合技术成果转化展示交流会”在江苏省丹阳市召开。会议发布了2014年度《军用技术转民用推广目录》和《高新技术与产品推荐目录》，重点介绍国家军民结合公共服务平台建设和试运行情况，特邀军队和军工领域专家介绍相关技术需求，交流军民用技术成果转化典型案例和中介服务机构服务模式，针对地方产业特色推介优秀技术项目，参观了丹阳市军民结合产业示范基地中的典型企业。其中《军用技术转民用推广目录》共涉及电子信息（含北斗卫星民用产业化专题）、新材料、先进制造（含动力与传动专题）、新能源、节能环保等领域150项“军转民”技术成果。《高新技术与产品推荐目录》涵盖雷达、通信、微特电机、无人机、机器人和遥感数据处理等6个领域100个技术项目。

11. 2014年 12月 30日

军民结合公共服务体系建设项目（即国家军民结合公共服务平台）通过项目竣工验收，正式上线投入运行。国家军民结合公共服务平台是2012年工业和信息化部、财政部联合批复的建设项目，是贯彻落实《国务院中央军委关于建立和完善军民结合寓军于民武器装备科研生产体系建设的若干意见》的具体举措。

平台的建成并投入运行，将进一步促进军民结合信息交流共享和军民用技术高效转移，有效提高军民用资源利用水平和公共管理效率，为政府机关决策提供必要依据。平台包括军民用技术产品信息服务、军民结合产业发展引导、军民结合运行监测 3 个子平台和公共服务门户网站（门户网站 http://jmjh.miit.gov.cn），共涉及 6 个专业数据库和 18 个专业数据模块，可为军工单位、军队、民口企业、高等院校和政府部门等各类用户提供信息发布与查询、信息分析与处理、信息定向推送和网络互动等功能服务。截至 2014 年底，国家军民结合公共服务平台已上载 16 万余条信息。其中“军转民”数据信息 2 万条，产品数据信息 5 万条，企业信息 2 万条；“民参军”技术与产品数据信息 1.28 万条，企业信息 2 万条；国家军民结合产业示范基地数据信息 1 万条，项目数据信息 3 万条；并有 700 余位专家信息和军民结合相关的政策法规信息入库。

工业和信息化部将会同国务院有关部门、地方政府、军队有关单位和军工集团公司等方面，加强平台信息的采集、处理、分析、共享，不断完善国家军民结合公共服务平台功能，为用户提供更好的服务。

（二）发展与改革委员会

1. 2014年 9月 2日

由国家航天局系统工程司、国家发展和改革委员会高技术产业司、中国卫星导航定位应用管理中心、国家测绘地理信息局国土测绘司等部门共同主办的中国北斗应用峰会在新疆乌鲁木齐举行。峰会以“服务世界的北斗”为主题。会上，国家有关部委、地方政府，以及国内外院士专家做了专题报告，全面阐述了北斗应用的法规政策、发展规划、思路对策。峰会还举办了“北斗应用发展”、“北斗走向国际”、“北斗走进新疆”三个专题研讨会，来自国内外卫星导航领域的近百名专家，针对北斗应用规模化、产业化、国际化等问题进行了交流研讨，提出了相关意见建议。北斗系统应用成果展共设置系统建设历程、国家安全、资源环保、应急救援、大众服务、核心行业和走进新疆七大板块，全面展示了北斗导航系统从建设到应用的成果积累和技术优势，吸引了大众的广泛关注。作为峰会的重要成果之一，峰会主办单位联合向全社会发布《共同推动北斗应用发展的倡议》，提出要加快完善北斗应用服务体系，大力推动重点行业和区域北斗规模化应用，全面促进北斗大众应用，有序推进国际化应用。

（三）总装备部

1. 2014年 5月 27日

由总装备部、工业和信息化部、国防科工局和全国工商联共同主办的首届民营企业高科技成果展览暨军民融合高层论坛在北京举行。展览旨在深入贯彻落实习近平主席关于军民融合深度发展重要指示精神，展示民营企业先进科技成果，搭建交流平台，在武器装备建设领域推动军民融合深度发展。这也是国内首次由军方牵头、组织民营企业参与部队装备建设、交流的一次盛会。展览共遴选100多家优秀民企参展，覆盖网络与通信、制导与控制等十几个专业领域。以“引导民企参军、服务装备建设、推进军民融合”为主题，为军民信息交流和供需对接搭建平台，是推动军工开放的一次尝试和突破。

2. 2015年1月4日

全军武器装备采购信息网（www.weain.mil.cn）正式上线运行。全军武器装备采购信息网是全军武器装备采购需求信息的权威发布平台，是军工企事业单位、优势民营企业产品和技术信息的重要汇集渠道。网站开设有装备采购需求、政策法规、民参军指导、采购公告、集中采购、企业名录、产品技术、装备知识、服务指南等栏目，面向社会公众、民营企业、军队装备采购部门、军工集团等用户全面开放，可实现军队装备采购需求信息发布、企业产品和技术信息推送、军地需求对接、信息动态检测等功能。

全军武器装备采购信息网开通上线，为推动军民融合深度发展构建了全新的信息平台，对于加快推进装备采购体制机制改革、破除装备采购信息壁垒、大力推行竞争性采购、不断提高装备采购质量效益具有重要意义。

（四）总参谋部

1. 2014年12月6日

总参谋部军务部、总政治部干部部、总后勤部财务部、总装备部综合计划部、工业和信息化部办公厅、国防科工局综合司联合颁发《中国人民解放军装备技术保障人才培训基地管理办法》，大力推进军民融合基地化培养部队装备技术保障人才工作。

《中国人民解放军装备技术保障人才培训基地管理办法》明确，培训基地的建立必须以军队需求为牵引，坚持合理布局、突出重点、军地协作、注重实效的原则，在具备一定教学条件和培训经验的装备承制单位设立。培训基地每年增设一次，按照单位申报、专家评审、呈报审批的程序实施。总参谋部、总政治部、总后勤部、总装备部、工信部、国防科工局审批认定、联合公布并颁发“中国人民解放军装备技术保障人才培训基地”匾牌。

《中国人民解放军装备技术保障人才培训基地管理办法》规定，军地联合建立三级管理机构：由军队四总部、工信部、国防科工局有关部门共同成立军队培训基地管理办公室；军队四总部分管有关装备的部门和军兵种成立相应办公室；装备承制单位成立培训基地管理机构。三级管理机构分别按照职责分工负责培训基地建设和管理。

《中国人民解放军装备技术保障人才培训基地管理办法》要求，军地各级各部门要紧紧围绕实现强军目标，着眼于提高部队战斗力，加强统筹协调，注重科学管理，大力推动培训基地建设，为促进大批能够担当强军重任的装备技术保障人才快速成长发挥积极作用。

《中国人民解放军装备技术保障人才培训基地管理办法》指出，依托装备承制单位建立军队装备技术保障人才培训基地，是军民融合培养人才、提高军队装备技术保障能力的创新举措。

近年来，我军武器装备建设实现了跨越式发展，大量高新武器装备列装部队，装备技术含量越来越高，武器系统越来越复杂，提高驾驭新装备能力，实现信息化条件下人与武器的最佳结合，急需培养大批能操作、会使用、懂维修的装备技术保障人才。装备承制单位承担武器装备的研制生产任务，具有充足的人才和技术资源优势，依托装备承制单位建立培训基地，能够有效集约优势资源、提高培训质量、深化军民融合，对加强装备技术保障人才建设、提升军队战斗力必将

产生积极的推动作用。

（五）总后勤部

1. 2014年 4月 5日

由中国国防科技工业企业管理协会、中国航天系统科学与工程研究院、国家安全战略与国防经济研究专业委员会、中国技术交易所有限公司与《军民两用技术与产品》全国理事会联合主办的“2014 中国军民两用技术应用推进大会”在北京举行。大会以“促军转民引民入军”为主题，旨在探索实现军民两用技术成果推广转化的高效机制与策略，并为有关部门制定“十三五”军民融合发展政策和规划等提供决策参考。大会分为 2013 年“军民两用技术十大创新事件”发布、2013“十大军民两用技术创新企业”评选、军民融合信息发布与专题报告、军工与民企高端对话、企业家联谊交流、军地对接活动、军民融合市场专题研讨等部分。本次大会发布了《2013 军民两用技术年度发展报告》。《报告》有 40 余万字，涵盖军民融合政策、战略部署发展概览、技术与产品发展动态、热点技术发展动向分析、技术转移与中介服务概况、军民两用技术相关领域专家观点等内容；介绍了 2013 年以来世界范围内，特别是我国军民两用技术与产品的发展情况；首次设计了用以衡量军民两用技术年度进展情况的量化评价指标，并针对每个技术领域设计了动向、影响与启示分析。

第六部分 各省、自治区、直辖市及计划单列市军民融合工作

2014 年，地方政府坚决贯彻军民融合深度发展战略要求，在国家有关部委、军队各部门的大力支持下，全面落实国家相关政策，坚定不移走军民融合式发展路子，军民融合工作稳步推进。为贯彻实施军民深度融合频出新思路。地方政府积极响应国家战略纷纷出台贯彻实施军民深度融合的新举措。

（一）北京市

1. 总体情况

北京市制定下发了《关于加快推进军民结合产业发展的指导意见》，充分发挥军工资源丰富、发展军民结合产业基础雄厚潜力巨大的优势，积极适应国防科技工业体制机制改革要求，大力发展军民结合产业，有效促进了军工经济和区域经济的融合。

2012 年，工业和信息化部授予北京大兴区“国家新型工业化产业示范基地（军民结合）”，2014 年，基地位于北京经济技术开发区的 4 平方公里建成区已有中国航空科技工业股份有限公司、航天长征火箭技术有限公司、中兵光电科技股份有限公司以及北京嘉捷恒新能源技术有限责任公司等 98 家军民结合企业入驻，初步奠定了以航空航天、电子信息、新能源等为特点的产业发展基础；16 平方公里规划区产业发展用地的土地变性工作已完成，正在进行招商引资和开发，后续将按照“十通一平”的标准进行基础设施建设。

2. 主要工作及成效

（1）广泛开展军地合作，工作协调机制初步建立

在驻京军事大单位和北京市领导的高度重视和支持下，北京市先后与解放军总参谋部、总后勤部、总装备部和海军、二炮签署了军民融合创新发展战略合作框架协议，军地双方以中关村国家自主创新示范区为载体，围绕项目研发、科研攻关、军事采购、成果转化、人才

培养等方面开展全方位合作；与中核工业、航天科技、中国兵器、中船重工、电子科技等九大军工集团公司签署了战略合作框架协议，在促进军民两用技术双向转化、推动军民融合产业发展、科技产业园区建设等方面开展了广泛深入地合作。

7月，北京市有关部门与总装知识产权局签订了《军民融合国防知识产权转化应用试点工作备忘录》，在中关村开展国防知识产权转化试点。以“基金+孵化器+国防知识产权”的运营模式，探索以国防知识产权项目孵化为核心的军民技术协同创新工作，促进国防知识产权双向转化应用。

9月，北京市邀请9个军事单位参加，召开了“军民融合战略合作框架协议落实情况沟通会暨推进科技领域军民融合深度发展研讨会”，围绕首都推进科技领域军民融合深度发展进行了交流，研讨了在完善体制机制、互通需求信息、开展竞争采购、促进人才培养、深化拥军共建等方面存在的问题和措施建议，进一步融洽了军地关系。与空军、军事科学院正在协商协议签署工作，军民融合工作协调机制已初步建立。

（2）注重抓好工作规划和理论研究，工作指导性明显增强

2014年，北京市有关部门重点开展了“推动建设全国军民融合深度发展综合改革试点体制机制研究”、“中关村军民融合科技创新资源调研和整合利用机制研究”、“中关村发展建设中军民融合科技创新作用研究”等课题的研究工作，启动了北京市国防科技工业“十三五”规划和民口配套“十三五”规划的编制工作。此外，海淀区发布了《推动科技产业军民融合发展三年行动计划（2014–2016年）》，丰台区制定了《丰台科技园军民融合产业发展规划》，大兴区贯彻落实优化三次产业结构，工业发展要突出高端化、服务化、集聚化、融合化、低碳化的要求，对《军民结合产业基地发展规划》进行了修订，为今后有序推进工作、优化发展环境奠定了基础。

（3）积极推进军民融合创新基地建设，集聚效应逐步显现

按照北京城市总体规划和中关村国家自主创新示范区空间布局，优化存量、集聚增量，突出发展优势，大力推进大兴军民结合产业基地、中关村科学城军民融合创新基地、丰台军民融合创新基地三个集聚区和海淀、昌平等各具特色的军民结合产业园区建设，初步形成“三区支撑，多园发展”的格局。

海淀区于2014年6月与二炮装备研究院签署了合作协议，9月与国防大学签署合作交流协议，建设军民融合共育新型军事人才教育基地；9月，成立了由电子科技、航天科技、航天科工、兵器工业、中船重工等集团公司有关研究院所、民营企业共140个单位参加的军民融合产业联盟，旨在有效整合中关村核心区军民融合科技创新资源，加快军地科技资源共享与成果转化，引导民口高新技术企业参与国防建设；12月，清华紫荆创新研究院和无锡物联网产业研究院联合成立了紫荆感知物联网研究院，针对军队指挥信息化建设需求，开展军用定向技术研究和产品研发，参与国军标制定和国防人才培养。丰台区积极贯彻落实国家京津冀协同发展战略部署，2014年4月完成了凌云公司向河北邯郸的外迁，发挥军工资源集聚的优势，将腾退出的数百亩工业用地，用于生态型应急救援产业示范园区建设。大兴区以军民结合产业基地建设发展为重点，着力打造集高端研发和总部经济为一体的综合性高科技园区。

（4）广泛开展高精尖领域合作，促进军民结合产业稳步发展

为有效解决军民融合工作中“信息交流不畅”的难题，北京市采取多种方式，深入挖掘各方资源，打造信息共享的“直通车”和“高速路”。2014年1月，开展了军民融合项目储备库建设工作，目前已有北京、天津、河北、福建等省市的40余家企事业单位共170余个项目完成入库工作，涵盖信息技术、新材料、储能、磁传动、高端装备、后勤保障等多个领域，为后续针对性地组织项目推介和开展供需双向对接创造了条件。

按照工信部、国防科工局要求，开展了军转民、民参军高新技术目录信息采集工作。4月，组织召开了新材料领域军民融合项目专家评审会，对来自全国各地的13家企业、22个军民融合项目进行了评审，初步筛选出15个新材料领域的项目向国防科工局推荐。4月，北京市、中航工业、北京航空航天大学联合组建了北京航空发动机研究院，开展应用基础、共性技术和核心关键技术研究，在军民融合深度发展方面进行有益尝试和积极探索。5月和11月，组织北京市部分高新技术企业参加了首届军民融合高层论坛暨民营企业高科技成果展览、首届军事训练器材与先进技术展览。9月，北京市有关部门会同中航工业等单位，组织中关村20余家企业参加了第五届中国无人机大会，积极为企业搭建展示平台。12月，召开了北京遥感应用推进工作座谈会，依托北京市经济和信息化委正式成立了北京市高分数据管理办公室，依托北京市信息资源管理中心、北京二十一世纪空间技术股份有限公司分别组建了北京市高分数据应用中心、技术服务中心，为推进卫星遥感技术转化与应用，促进卫星遥感规模化和产业化发展创造条件。

经过多方共同努力，军民融合工作取得了一些新成果。“民参军”方面，北京海兰信数据科技股份有限公司的小目标探测雷达、海上滑翔器项目已完成测试，后续将在部队开展试用；中国久远高新技术装备公司在短时间内完成了“低空卫士”激光拦截系统的研发和测试，受到了军方的高度赞誉和专家的一致好评。“军转民”方面，依托总参某部在信息安全、密码技术等方面的优势技术，创新合作模式，明确项目需求，充分发挥市场化作用，推动计算机病毒防治技术国家工程实验室、大数据服务、信息安全保障和信息产品安全检测等项目转化。

（5）积极推进蓝鲸军民融合创新园建设，一期工程如期完成

蓝鲸园是北京市与海军践行军民融合式发展战略的标志性工程，具有军地供需信息对接、高新技术创新、科技成果转化、高端人才引育和综合保障服务等五大功能。一期工程于2013年5月开工，目前已初步具备入驻条件。2014年4月29日，举办了主题为“军民融合发展路、

富国强军创新园”的“海军与北京市军民融合深度发展实践探索成果展”，北京市领导和海军首长出席了活动。年底前，还将邀请30家民营企业参加，举办信息化领域高新技术展示对接活动。

3. 2015年工作要点

2015年，北京市将以国家出台一系列军民融合相关政策为契机，以综合改革试点为突破，充分发挥军民融合的服务、支撑作用，紧紧围绕构建“高精尖”经济结构这一中心工作，聚焦军队、军工集团、地方企业，完善军民融合体制机制，搭建军民资源共享和双向转化平台，促进“高精尖”产业结构调整，为国防和军队现代化建设提供服务保障。重点工作如下：

一是搭建军民融合项目储备及产业化平台。整合多方资源，对上对接国家机关、军队总部、军工集团等单位，对下对接地方高新技术企业，具备信息共享、需求对接、服务等功能。以平台建设明确工作方向和推进手段，促进“高精尖”项目集聚发展。

二是加强与军队总部、军工集团沟通协调，充分发挥中关村创新平台军民融合工作组的作用，进一步优化完善工作机制和渠道。

三是继续开展军民融合项目征集，补充完善储备库。与国家军民结合公共服务平台、总装武器装备需求信息发布平台进行对接，实现信息共享。推进蓝鲸园项目入驻。

四是推动设立军民融合发展基金，尝试建立咨询服务工作机制，探索“业务指导＋资质认定＋协调保障”的工作模式。

（二）天津市

2014年，在市委市政府的正确领导下，天津市积极推进军民结合、寓军于民体制机制建设，军民结合产业得到快速发展，贯彻落实工作取得显著成效。主要情况如下：

1. 军民结合产业和军工优势产业规模进一步扩大

2014年天津军民结合产业规模和军工优势产业规模进一步扩大。其中，航空航天快速发展，规模突破260亿元。空客A320飞机累计实现总装下线100架。船舶工业稳步增长，实现交船60万吨，产业规模达到近70亿元；军工电子创新发展，产业规模接近100亿元；核电特种装备为代表的装备业产销规模达到100亿元以上。

2. 军民结合产业加速聚集

航天科技有10余家企业落户天津，在火箭、卫星、空间站、无人机、卫星应用、软件、军民结合等领域正在形成较为完整的产业链；航天科工重组了全国4家航空航天高端紧固件企业，在天津建立集研发、制造、营销为一体的航天标准件总部；中船重工300万吨造修船基地投产，707所综合导航即将竣工；中电科实施了18所搬迁改造，化学物理电源优势进一步巩固；53所整合全国多家光电资源，开展统筹规划建设；中核工业核理化院的铀浓缩技术研发基地已经启动，将进一步提升北京在同位素分离技术领域抢占国际制高点的实力；兵器工业 70 所大马力柴油发动机项目整合全国发动机制造资源，组建通用动力集团，使天津市成为国内重要的车船动力研发产业化基地。

3. 一批军民结合项目相继实施

全市工业累计实施了9批180项重大项目，总投资7323亿元，其中军民结合产业项目32项，总投资 751 亿元，占 10.3%。这批项目普遍具有核心技术，对发展战略性新兴产业支撑作用强。新一代运载火箭及后继项目综合技术指标达到国际主流运载火箭先进水平，满足我国未来载人登月、深空探测等航天工程的需要。超大型航天器项目已正式落户北京市，将使我国成为继美国、俄罗斯之后第三个能够掌握长期留空、月球探测、空间试验技术的国家。旋风离心机形成批量万台生产能力。

2014 年 3 月 31 日，举行天津市滨海新区军民融合创新研究院揭牌仪式和国产微处理器项目合作框架协议签约仪式。天津滨海新区军民融合创新研究院以建设国家级军民融合科技创新示范区为目标，以加快培育发展战略性新兴产业为方向，发挥各方优势，创新体制机制，联合优势企业，借鉴现代企业管理制度和经验，努力形成一流的高端技术研发和产业集聚区。国产微处理器项目是研究院首批启动建设的项目之一，致力于国产微处理器研发和产业化，为超级计算、服务器和桌面终端市场提供技术先进、安全可靠的产品和解决方案，推动我国集成电路和网络安全产业发展。

4. 军转民产业化效果显现

一批军工核心技术的研发、转化、产业化，有力地带动了民品的规模发展。电子 18 所的新能源电池及电池材料经过多年孵化、转化，打造了力神电池、巴莫科技等一批成长型科技企业，成为全国锂离子电池行业的龙头，产业规模达到近 30 亿元；核理化院的离心机项目经过中核机械的产业化，三年时间销售收入达到 20 亿元，利税过亿元；火箭研究院的冷拔管将军工技术转化为民用，仅用一年时间产值达到 3 亿元。还有一批项目处在亿元级规模，46 所的蓝宝石晶片和砷化镓材料、621 所的绿色涂料、707 所的涂装和焊接机器人、航天 11 院的烟气脱硫、核理化院的单氟磷酸等，这些项目发展的空间大、后劲强，将是军民融合发展的生力军。

5. 民参军积极性日益增强

目前北京市军民结合型企业已达到 150 多家，越来越多的民口企业参与到军工配套各个领域。涉及到冶金、纺织、电子、机械、化工、有色、软件、船舶、装备制造等产业，以及检验、计量、测试、咨询、招标、租赁、审计、监理等中介咨询服务等行业。其中取得武器装备许可证的民口配套企业 30 多家，还有一大批民口单位已取得保密资质或保密备案。

6. 军民结合产业发展环境进一步优化

2014 年完成滨海新区（航天）、市级军民结合示范基地确认工作，发挥先进的示范作用。全年争取各类财政资金约 4000 万元，在技术改造、军转民产业化、信息化建设、创新平台建设等多方面有力支持了军民结合产业发展。

（三）河北省

2014 年，在省委省政府的正确领导下，河北省国防科工局积极推进军民结合、寓军于民体制机制建设，军民结合产业得到快速发展，贯彻落实工作取得显著成效。主要情况如下：

1. 抓政策支持，营造军民融合发展环境

2014 年，河北省委省政府高度军民融合发展战略，研究出台了多项政策，在军民结合产业发展目标、发展重点、主要任务和保障措施等方面做了明确规定，提出了“统筹规划、高端引领、聚集发展、重点带动”的总体发展思路，同时积极开展各种有利于军民结合产业发展的宣传活动，并就税收、节能减排、科技创新等方面的问题多次组织专家进行解读。

2014 年 5 月 13 日河北省实施《河北省军民融合型企业（单位）认定管理暂行办法》，首批认定河北立中有色金属集团有限公司等 345 家企业（单位）为省军民融合型企业（单位），并纳入河北省国防动员体系。该办法为全国首创，旨在鼓励地方企业参与武器装备科研生产，壮大军民融合发展市场主体，推动军民融合产业快速发展，为全省经济建设做出积极贡献。

2014 年 9 月 30 日河北省政府办公厅印发了《关于鼓励民口单位和民间资本进入国防科技工业领域的通知》。通知要求省政府有关部门、各设区市政府和省直管县（市）政府分工负责落实相关扶持政策，引导鼓励我省更多民口单位和民间资本进入国防科技工业领域，不断壮大参与军工科研生产的民口配套队伍。该文件的出台，对进一步增强我省国防科技工业的实力和水平，对进一步加快河北省工业转型升级和战略性新兴产业的发展，将起到有力的促进作用。

2014 年 12 月 11 日《河北省军民融合产业发展纲要（2014—2020）》正式发布。河北省将大力培育和发展军民融合产业，形成五大军民融合产业发展区，争取到 2020 年军民融合产业总收入突破 5000 亿元，占全省工业主营业务收入 5% 以上。

2014 年 12 月 22 日河北省国防科工局出台《关于加强军民融合科技合作推动军民融合产业发展的指导意见》。

2. 抓规划引导，力促科学发展

以科学发展观为指导，按照“以军为本，民品做强，保障到位，协调发展”的思路，紧紧围绕“调结构、转方式”这一主线，研究制定了《河北省军民结合产业“十二五”发展规划》，确定了“8821”的奋斗目标、发展重点和保证措施，即重点发展 8 大板块军民两用产品；大力发展 8 个军民结合产业园区；着力培育 2 个军民结合产业基地（含曹妃甸军民结合产业基地）；在“十二五”末实现军民结合产业产值 1200 亿元。

3. 抓产业园区，推进产业聚集发展

以邯郸经开区、唐山曹妃甸（渤海新区）、沧州渤海新区为重点，积极组织各类民用企业与军工集团企事业单位开展技术项目洽谈和对接活动，积极推进新能源、电子信息、汽车制造、民用航空、民用航天和高端装备制造产业的聚集快速发展。2014 年，河北省国防科工局与邯郸市政府共同组织召开了邯郸地区中船重工军民结合项目对接活动，实现推介项目 100 余项。

4. 抓项目建设，扩大产业规模

按照省政府关于"谋划一批，建设一批，储备一批"的要求，着力推进军民结合产业项目建设，与省财政厅联合下发了《河北省省级军民结合产业发展专项资金管理办法》，建立了军民结合项目库、专家库和项目管理系统。2014 年 4 月 28 日，河北省举行军民融合型企业暨军工技术项目推介会。会上发布了 67 项军工技术和产品，探路军用技术转民用市场化，向社会资本推广放开。2014 年，利用军民结合产业发展专项资金支持项目多项，带动社会各类资金投入军民结合产业数亿元，积极带动了新增销售收入、新增税收、新增利润的涨幅。

5. 抓项目对接，促进军民技术成果转化

一是借助百家央企和百家院所进河北的有利时机，积极协调有关军工集团组织符合国家产业政策的军民结合项目到曹妃甸新区（渤海新区）实施，以此推进和支持曹妃甸新区的建设。二是切实落实《关于与工业和信息化部商谈重大事项》的会议精神。积极与军工集团、科研院所开展合作，加快军民两用技术成果转化。三是积极协调落实河北省政府与中国航天科技集团公司战略合作框架协议。依托航天科技集团所属五院，在沧州市建设太阳能光热产业基地项目。四是抓住国家工信部与河北省对接时机，积极调研省内军工经济可对接项目，完成工信部布置的"民参军目录"评价调查工作。2014 年 9 月 19 日河北省与中核集团携手促进京津冀协同发展。河北省委书记周本顺与中国核工业集团公司总经理钱智民就共同促进京津冀协同发展问题进行了会谈。2014 年 12 月 5 日以"融合、创新、发展"为主题的中国河北军民融合暨国防工业协同创新成果展洽会在廊坊举行，会上共达成合作意向 726 项，签署合作协议 146 项，签约项目总投资额 680 亿元，涉及电子信息、高端装备制造、航空航天、新能源等多个领域。

（四）山西省

促进山西省国防科技工业发展壮大，山西省主要做了以下工作：

1. 结合山西省实际，针对性地开展了山西省军工单位和民口单位的调查摸底工作。同时，对周边省份的贯彻实施情况及相关配套措施进行了调研了解。在此基础上，结合山西省经济转型跨越发展战略要求，2014 年 12 月山西省国防科工办印发《山西省军民融合产业发展专项规划（2015 – 2017 年）》。为了进一步推进工作落实，12 月 26 日山西省国防科工办印发《山西国防科技工业智能制造装备创新发展实施意见》。

2. 积极开展军地合作，创建军民结合产业园。2014 年 12 月山西省国防科工办印发《军民结合产业基地创建实施办法（试行）》，推动山西省军民融合深度发展，加快军民结合产业集聚化、规模化发展，规范军民结合产业基地的创建工作。2010 年以来，先后与中船重工、中国兵器、中航工业、航天科技和中国电科等五家军工集团建立了战略合作伙伴关系，为加快推进山西省军民结合产业发展搭建了一个非常好的平台。同时，把建设中航太远科技、中航晋中新能源特种装备及车辆科技、长治康庄航天工业、太原光伏及电子信息等 4 个军民结合产业园区（基地）作为《若干意见》的重要抓手。目前，战略合作协议项目和军民结合产业园区建设正在健康有序地推进和落实。

3. 因地制宜，合理分工。按照国发〔2011〕422 号文件的精神，结合山西实际，起草了《山西省贯彻落实 < 国务院、中央军委关于建立和完善军民结合 寓军于民武器装备科研生产体系的若干意见 > 重点工作分工》。2014 年 10 月省国防科工办牵头组织成立山西省空间信息技术产业联盟，并成功召开成立大会暨联盟第一届理事会，会议通过了《山西省空间信息技术产业联盟章程》、《山西省空间信息技术产业联盟公约》。技术产业联盟的成立有利于聚合山西省内外相关优势资源，构建以需求为导向，以企业为主体，大学和研究机构为技术支撑的“用、产、学、研、管”相结合的技术与产业创新体系，推进空间信息技术产业发展，助力我省转型发展。

（五）内蒙古自治区

内蒙古自治区坚持以科学发展观为指导，紧紧把握国家振兴装备制造业和自治区振兴非煤产业这一重大历史机遇，按照军民结合、寓军于民的方针和自治区经济发展战略，依托驻区中央直属军工单位科研设备和人才优势资源，充分发挥内蒙古资源、政策优势，大力推进新能源、高端装备制造和新材料等军民结合产业的发展，着力培育军民融合园区建设，自治区国防科技工业基本实现了由单一军品生产向军民结合复合发展的战略性转变，民口单位参与武器装备科研生产的深度和广度不断增加。主要体现在如下几个方面：

1. 军工经济发展的支撑力度明显增强

自治区国防科技工业得到快速、持续、稳定、健康发展，军工经济规模与效益跨上新台阶。经济规模显著提高。自治区国防科技工业总产值达 303 亿元，利润总额 4.02 亿元，年均增长 13.2%。社会效益逐步显现。2012 年自治区万元工业增加值综合能耗下降 40%，工业增加值达到 56.3 亿元，人均职工收入达到 5.8 万元，高于自治区平均水平；同时完善了困难职工帮扶救助机制并实行了取暖费暗补变明补和住房公积金制度，很好地履行了军工企业的社会责任。

2. 军民融合式发展取得新进展

自治区军民结合装备制造业规模和效益得到了快速发展，军转民产品销售收入不断增加；

民口单位参与国防科技工业建设的深度和广度不断拓展，军品配套总产出不断提高。军民两用关键技术取得了重大突破。北方重工集团公司自主研发的世界最大的360MN黑色金属垂直挤压机关键技术，打破了国外对大口径厚壁无缝钢管制造技术的垄断，使我国第一次进入世界耐高温高压厚壁成型材料的“极端制造”领域，实现了高端装备制造的突破。依托一机集团、北方重工等驻区单位，形成重型汽车、特种车辆、矿用采掘运送、铁路车辆、工程机械、特种刚等八大民品系列1500多个品种的科研生产能力。

3. 服务保障工作成果显现

自治区国防科工办在自治区党委、政府和经信委的正确领导下，在各有关部门和各盟市经信委大力支持下，紧紧围绕重大工程和重点任务，以高度的政治责任感和使命感，不断加大监督、检查、协调、服务力度，坚持依法行政原则，建章立制，规范履行职责，有力保证了军工科研生产任务的完成，确保了绿色通道畅通，特别在建立实施绿色通道的基础上，进一步简化程度，按照“特事特办，急事急办”的原则，协调自治区有关部门解决了一些长期影响军工企业科研生产中的能源供应、交通运输、基本建设等问题，帮助企业解除了后顾之忧。军民结合、寓军于民武器装备科研生产得到新发展，有力促进了军工经济和地方经济的融合发展。

（六）辽宁省

辽宁省经济和信息化委员会按照国家和省委省政府的统一部署，以科学发展观为引领，全面贯彻落实军民融合深度发展，在推进军民结合型国家新型工业化示范基地发展，搭建军民结合平台建设和实现军民结合产业向更高层次迈进方面取得了新的进展。

1. 深入调查研究，研究构建支持军民结合产业发展的政策支撑体系

辽宁省经信委多次到省内军工单位和军民结合产业园区（基地）开展深入调查工作，全面了解军工行业运行及产业园区建设情况，重点摸清了在当前经济形势下，军民结合产业发展过程中存在的突出问题和主要矛盾；组织有关部门研究制定了辽宁省《关于推动军民结合产业发展的指导意见》；同时组织编制了辽宁省《通用航空产业发展规划》、《海洋工程装备业发展规划》、《游艇产业发展规划》等专项规划，有力地推进了军民结合产业发展政策体系的构建和完善。

2. 积极引导“军转民、民参军”，促进辽宁工业军民融合式发展

一是依托辽宁省在装备制造业的基础优势，以军工认证为抓手，通过开展保密资格审查和武器装备科研生产许可工作，积极鼓励和引导有实力的地方企业加入到军工配套领域。二是围绕军民结合，为企业、科研院所、高校之间搭建合作与交流平台，加快推进军民两用技术双向转移和双向利用；三是加强与总装备部驻地方军事代表机构的沟通和协调，共同引导地方“参军”企业参与军工科研生产任务。

3. 突出重点，大力推进辽宁省以航空和船舶为代表的军民结合产业发展

以骨干企业为龙头，以重点项目为抓手，大力推进辽宁省航空和船舶产业的军民深度融合发展。一是做强军工主业。在当前的经济形势下，辽宁省航空和船舶产业发展势头不减，军品科研生产成果显著；二是做大民用产业。依托骨干军工企业的专业和技术优势，辽宁省民用航空与船舶产业规模不断壮大，产业结构进一步优化，对“保持增长”起到了巨大的带动作用。辽宁省船舶产业实现产值 1080 亿元，造船完工量 1100 万载重吨，高技术、高附加值的船舶与海洋工程装备的技术水平和建造能力不断提升，为新时期国家实施海洋战略提供了有力的技术支撑和装备保障。2014 年 8 月，辽宁省副省长谭作钧与中核集团总经理钱智民通过座谈再度商议深化合作方向，共推产业发展。

4. 推进军民结合产业集群式发展，促进军工经济与区域经济协调发展

在地方政府相关政策和资金的支持下，沈阳地区航空产业“一基地三园区”建设稳步推进，基础设备不断完善，各项目进展顺利，集群效应逐渐显现。大连通用航空产业园项目正式开工建设，大连、葫芦岛、盘锦三个船舶及海洋工程产业集聚区的 5 大造船基地和 10 个专业化配套产业园区建设成效显著，铁岭市专业用车基地已具规模，市场前景广阔。辽宁省船舶、航空、特种化工、电子、新材料等军民结合型产业集群（基地）规模不断壮大，带动了上下游产业发展，促进了区域经济增长。

（七）吉林省

吉林省坚持“调整结构、科学发展，突出优势、重点发展，军民互动、融合发展，军地融合、持续发展”的原则，着力推进军民结合、寓军于民的武器装备科研生产体系建设，军民结合产业保持稳步健康发展的态势。

1. 搭建以“三园一企”为代表的军民结合产业发展框架

中航工业长春航空科技产业园分为航空产业配套区，新材料、轨道客车产业区，新能源、电动客车产业区，汽车零部件产业区和综合配套区。

吉林省光电子产业园在光显示器件及相关整机产品等方面，已聚集长春奥普光电技术股份有限公司等 11 家创新能力强的企业；在光电子领域，已聚集“国家光学机械产品质量监督检测中心”等技术机构，成为吉林国光电子研制生产的重要基地。

长春应化所先进材料产业园分为南北两区，总投资约 16 亿。北区主要进驻军民结合项目，已入园项目有高分子复合材料、稀土镁合金材料、能源材料等。南区主要是应化所与企业合作，共同推动产研结合快速发展。

东北工业集团有限公司通过战略重组，资源优势更加突出、发展潜能显著增强、军民结合更加紧密、军地融合更加深入。

2. 与军工集团加强合作，推动重大军民结合项目实施

辽宁省与各军工集团公司密切合作，全力推进军地合作，一批重大军地合作项目顺利启动，正在抓紧实施。

天威（长春）新能源项目规划主要包括年产 90 万千瓦 2.5MW、3MW 风力发电机组项目，年产 90 万千瓦整机配套叶片项目，年产 1000 台风电专用箱式变电站项目和年产 100MW 光伏太阳能组件项目。

中航工业长春航空科技产业园的长春航空液压控制公司整体搬迁项目、碳纤维复合材料项目、预浸料项目等正在实施；吉林中航航空发动机公司搬迁项目正在等待中航工业集团批准。

吉林与兵器工业集团合作实施吉林东光集团汽车零部件研发中心项目，支持建设国际先进水平的汽车零部件研发中心。

3. 民口单位踊跃参与国防建设

吉林省积极鼓励、引导、支持民口单位参与国防科技工业建设，为"民参军"单位提供政策指导，协助争取任务，做好合同审核、鉴章、免税等工作，在科研生产许可和保密认证等方面，争取优势资源给予全力支持。主动为民口单位提供服务，如组织专家为多户企业进行了军工保密资格认证辅导。

4. 促进军民两用技术双向转移

吉林省激光通信技术、特种材料等国内技术领先优势逐步转化成产业优势，军民两用技术成为促进国防建设和地方经济建设良性互动的重要支撑。通过吉林省工信厅网站转发了《军用技术转民用推广目录》，组织省内工信部门和相关企事业单位查询利用，促进军工技术向民用领域转移；组织申报了适用产品和技术 30 项，列入工信部《军民两用技术和产品共享目录（民用新材料领域）》7 项。

（八）黑龙江省

在省委、省政府的正确领导下，在黑龙江省全系统广大干部职工的共同努力下，黑龙江省贯彻落实军民融合发展工作取得较好的成效，主要体现在以下几个方面：

1. 制定《黑龙江省军民结合产业十二五发展规划》

按照黑龙江省委、省政府对发展军民结合产业提出的"加快发展与军品结构相似、技术相同、工艺相近、设备设施通用的军民结合高新技术产业"的要求，制定出台了《黑龙江省军民结合产业十二五发展规划》，进一步明确了黑龙江省国防科技工业军民结合产业发展的方向，提出了加快发展黑龙江省军民结合产业具体的要求。"十二五"期间，黑龙江省以军民结合产业示范基地建设为载体，重点发展航空、汽车、压力容器、铝合金材料和现代物流服务等产业，到 2015 年力争军民结合产业和船舶工业销售收入增长 1 倍，达到 520 亿元；工业增加值的增长速度力争达到 20%，使国防科技工业成为黑龙江省工业振兴的支柱产业。

**2. 制定印发《关于军民结合产业示范基地建设方案》和签署《建设哈南工业新城军民结

合产业基地合作框架协议》

黑龙江省制定印发了《关于军民结合产业示范基地建设方案》，明确了示范基地建设的指导思想、总体目标、产业项目、建设方式和时间步骤等内容，为产业基地建设指明了方向。目前，产业示范基地总规划面积为30.82平方公里，其中已建成面积为7.59平方公里，正在建设面积为9.93平方公里，新规划面积为13.3平方公里。

为进一步推动产业示范基地建设，黑龙江省工业和信息化委员会与哈尔滨经济技术开发区签署了《建设哈南工业新城军民结合产业基地合作框架协议》，共同成立产业基地建设领导小组，具体负责指导产业基地规划建设、政策资金扶持决策、重大项目引进等工作。

3. 大力推进军工科技成果转化

为了推进《军用技术转民用推广目录》在黑龙江省的宣传和应用，黑龙江省采取多项措施，加大《目录》的宣传推广力度。一是多渠道宣传推广《军用技术转民用推广目录》。将《目录》刻成光盘，下发省内所有企业；同时将《目录》挂到省工信委门户网站，方便企业上网查询；通过文件、会议等形式宣传推广《目录》。二是召开军工科技成果转化座谈会。组织召开了由各地市工业和信息化主管部门和部分企业参加的军工科技成果转化座谈会，交流学习经验，总结军工科技成果转化工作进展情况和《目录》的对接情况。三是构建军工科研成果转化服务平台。初步确立了以黑龙江省国防技术研究院为依托，构建军民两用技术成果转化平台，负责军民两用技术成果转化及产业孵化，实现军民两用技术成果信息资源的积累、开放和共享，加快军民两用科技成果转化。

4. 积极谋划军民结合产业项目入驻园区

黑龙江省加强与航空航天等军工集团合作，引进一大批高技术产业进入基地。年初，黑龙江省与中国航天三院签署了合作框架协议。根据协议，航天三院一期将开工8个项目，其中军品项目3个，民品项目5个。同时，加强与航天五院沟通交流，争取航天五院卫星通讯等项目落户园区。

（九）上海市

为实现国防科技与民用科技、国防工业与民用工业互通、互动、互补的融合式发展，在上海市委、市政府的支持下，2014年上海市主要做了以下工作：

1. 创新驱动转型发展，军民结合产业融入区域经济的工作思路得到肯定

以上海市政府名义颁发了《关于加快推进军民结合产业体系建设的实施意见》，提出了促进上海军民结合产业发展的新思路，建设产业、技术、配套、体制、保障、人才六个支撑军民结合、寓军于民武器装备科研生产体系的分体系，并提出进一步的分解目标和实施途径。一年来，围绕突破军民结合产业的发展瓶颈，基地建设等问题，展开了新一轮调研，进一步理清军、民两方的工业基础和能力，为下一步推进工作打下了基础。

2. 组织机构得到落实

成立上海军民结合、寓军于民武器装备科研生产体系建设领导小组及其办公室，艾宝俊副市长担任领导小组组长，办公室设在市经信委。领导小组由相关成员单位组成，包括上海市发改委、国资委、科委、财政局、人力资源社会保障局、教委、建设交通委、金融办、保密局等部门。

3. 军民结合产业促进工作和服务工作取得进展

市经信委出台了市级新型工业化产业示范基地的管理办法，加强了下一步基地创建和培育工作的指导；区县工作机制已建立，相关工作已启动，政府公共信息服务平台建设已入年度工作计划。11 月由国家科技部、工信部、解放军总装备部和上海市人民政府、上海市国防动员委员会共同主办了“2014 第三届上海军民两用技术促进大会暨项目对接会”，会议期间签署了 10 项战略合作协议。上海市临港地区开发建设管理委员会与上海科学技术开发交流中心签署了战略合作框架协议，促进军民融合科技创新项目在基地的落户，会上已有 5 家企业签约入驻临港。同时，一批具有市场前景的民技军用、军转民用的创新产品和技术集中展示。

4. 军民结合产业化推动工作顺利展开

在市政府的支持下，对重点领域、重点行业军民结合产业化项目实施了首轮预征集，并作为 2015 年度支持项目；此外，市政府为军民结合产业体系建设工作落实了专项资金，启动和动员工作正在展开。

（十）江苏省

为促进江苏省国防科技工业发展壮大，江苏省主要做了以下工作：

1. 注重调研，掌握情况

一是认真做好军民结合产业发展情况统计汇总工作。首先，认真做好军民结合产业发展情况统计汇总工作; 其次,完成了十大军工集团驻苏军工企事业单位基本情况统计汇总工作（每年更新）；另外，还完成了取得保密资质的军工（民口）企事业单位基本情况统计汇总工作（每年更新）。通过整理以上三个调研数据，形成了三大数据资料库，为全面掌握全省军民结合产业发展情况提供了支撑作用。二是在充分调研的基础上，完成了《加快军民融合产业发展，促进江苏工业经济转型升级》的调研报告。三是去企业实地调研，了解企业“民参军”存在的困难和需要政府部门帮扶的措施，完成相关调研报告，报有关领导，协调解决有关问题。

2. 搭建平台，促进转化

积极谋划搭建军民两用技术双向转移的平台，推进军民两用技术的转移，促进军工经济与地方经济的融合。一是省政府力推据与军工企业的深层次合作，8 月江苏省省长李学勇与中国航天科工集团公司总经理曹建国一行在南京就发挥各自优势，推进转型升级及战略层面合作举行了座谈，共同进一步深化战略层面的合作，共同加强产业基地和研发机构建设，加强科技成果转化，加强人才交流合作，提升高新科技园区能力，共同促进军民融合发展。二是完成了筹备“军民两用技术展示洽谈会”的请示报告，力争在得到江苏省经信委内资金的支持下，在推进军民两用技术转移和项目合作上有所突破。三是召开了全省军民结合洽谈会。来自总装、海装、空装军代表局、全省多家军工企事业单位、民口配套企业和涉军高校280多名代表参加了洽谈会，会议对促进江苏省军民结合、军工技术转民用、充分发挥江苏省民用技术和资源优势为国防建设服务，增进军工企事业单位和民口单位之间的交流合作起到积极的推动作用。

3. 建设基地，促进集聚

以“产业集聚、企业集群”作为推进军民融合的重要途径，加速推进军民结合产业基地建设，推动军民融合产业集群化发展。起草完成了《江苏省军民结合产业基地认定办法（试行）》（征求意见稿）；召开了江苏省军民结合产业基地建设工作会议，传达了国家推进新型工业化产业示范基地（军民结合）建设的相关政策，介绍了江苏省推进军民结合产业基地的工作思路，交流了各市军民结合基地建设的情况和发展构想，并布置了江苏省军民结合产业基地上报工作。

4. 积极协调，促进发展

一是促进民口企业参与军品配套，积极帮助民口企业通过“保密资格认证”门槛，既严格标准，又精心辅导，为有志于国防工业建设的民口企业“参军”创造必要条件；二是进一步抓好军品合同日常管理工作，做好军品合同的统计汇总上报等工作，积极配合国防科工局落实好军品税收政策，提高“民参军”的积极性。

（十一）浙江省

浙江省领导非常重视军民融合深度发展战略，要求浙江省经信委以企业为主体，抓典型、抓突破、抓示范，联合相关部门建立工作机制，形成工作合力，集中政策资源支持军民结合产业发展。根据省领导批示精神和经信委总体工作部署，主要做了以下工作：

1. 着力推进航天科技集团有关项目合作引进工作

为推动航天科技在杭州未来科技城落户，浙江省经信委数次赴未来科技城调研了解园区总体布局、产业定位、公建配套、开发进展、扶持政策等情况，并指导杭州未来科技城加强与航天科技的合作对接工作；三次赴京分别与航天科技业务部门及集团公司领导交流，汇报合作领域、方式、项目和工作进展安排；三次陪同航天科技下属某研究院赴杭州未来科技城考察调研园区开发建设情况，商讨具体合作项目，探讨省企合作内容和方式；同时，积极推动联络协调舟山市加强与航天科技在智慧海洋建设方面的合作对接。

2. 积极组织与有关军工央企、院所务实合作活动

为贯彻落实国务院国资委与浙江省人民政府战略合作备忘录签署仪式暨浙江与中央企业

合作洽谈会上的有关精神，浙江省经信委积极主动加强与军工央企的信息交流，努力为军工央企与地方政府、开发区及企业的战略合作和项目洽谈做好联络协调工作；组织地市和企业代表走访对接了多家军工集团或其所属院所、企业，了解其民品发展重点、布局和投资方向，为军地企建立长效合作机制搭建平台。目前，浙江省2家行业龙头企业、一些专业化企业以及湖州德清临杭工业区、杭州大江东产业集聚区临江工业园区、嘉兴秀洲工业区等工业园区与几家军工集团院所的技术引进和资本合作项目正在积极推进之中，有些已落地实施。同时，2014年为进一步了解承担军品任务的民营企业基本信息和军品配套科研生产情况，做好军品配套运行管理工作并向国防科工局推荐重点关注的民营企业，浙江省国防科技工业办公室关于组织武器装备科研生产许可持证民营企业填报基本信息。

3. 组织举办浙江省航天军民两用技术成果合作对接大会

在与国内七大军工高校开展对接交流合作的基础上，浙江省2014年重点加强了与航天科技、航天科工集团公司和清华大学的对接交流，收集汇总了多项航天军民两用科技成果，通过浙江省经信委门户网站发布等方式向全省各市县和广大企业推介，并及时了解地方和企业的技术需求，做好牵线联络工作。如，2014年9月24日由浙江省经济和信息化委员会、浙江省科学技术厅、中国航天科工飞航技术研究院联合主办的航天军民融合技术对接交流会在杭州举办，对接会以“融合·创新·共赢”为主题，共同探讨航天军民两用技术成果转移应用及产业化发展。

（十二）安徽省

为促进安徽省国防科技工业发展壮大，安徽省主要做了以下工作：

1. 正式印发安徽省人民政府《关于加快推进军民结合产业发展的意见》（皖政［2012］31号）并贯彻落实

结合安徽省国防科技工业的现状和全省经济发展的实际，安徽省人民政府正式印发《关于加快推进军民结合产业发展的意见》（皖政〔2012〕31号，简称皖政31号文件）并在全省实施。皖政31号文件涵盖了安徽省贯彻落实军民融合发展的指导思想、总体目标、重点工作，并提出了做好贯彻落实工作的保障措施。按照皖政31号文件重点工作分工，安徽省国防科工办根据全行业军民结合的实际情况，明确了要具体落实的重点工作，并积极做好贯彻落实。

2. 召开首届军民结合发展论坛

安徽省军民结合发展研究院召开了军民结合发展论坛。论坛的召开促进了省内相关科技与产业资源整合，形成安徽省推进军民融合式科技与产业发展的有效对策与途径，实现军工与民用科技的优势互补、有效融合。

3. 积极推进军民结合产学研建设

积极探索技术创新模式，全力推进军工产学研项目对接转化，组织在皖高校、军工科研单位与企业之间开展项目合作，组建安徽省军民结合产业技术创新战略联盟，为企业自主创新发展提供有力支撑。

4. 建立军民结合公共服务信息网

利用安徽省军民两用技术转化公共信息服务平台，宣传国家军民融合方针路线、发布相关政策的基础上，提供军民技术成果转化需求信息、军民两用技术成果转化和产业化应用信息，引导社会力量广泛开展军民两用技术研制、开发和产业化应用。同时依托安徽省科技路路通平台新增建设3–5家创新服务站，进一步加强公共服务平台辐射作用。

5. 开展新型工业化军民结合产业示范基地建设工作

积极落实安徽省经信委和工办联合出台的《创建新型工业化军民结合产业示范基地实施细则》，进一步规范和指导省级军民结合产业示范基地的申报工作。同时，加强合肥高新区、芜湖高新区两家国家级示范基地的公共服务能力建设，发挥特色优势，带动全省军民结合产业基地发展。

6. 支持军民融合产业化项目建设

利用安徽作为国家技术创新工程试点省和“合芜蚌自主创新综合试验区”的优势，中国电子科技集团公司第八研究所“光纤型煤矿安全生产与故障预警系统产能建设项目”等一批军民融合产业项目进入国家或省专项资金支持范围。

此外，安徽省在强化专家队伍建设、省属军工企业上市和科技金融合作等方面也有了新进展。

（十三）福建省

福建省领导非常重视军民融合深度发展战略，要求省经信委以企业为主体，抓典型、抓突破、抓示范，联合相关部门建立工作机制，形成工作合力，集中政策资源支持军民结合产业发展。根据省领导批示精神和经信委总体工作部署，主要做了以下工作：

1. 加强战略指导，做好军民融合各项工作部署

2014年4月福建省国防科工办日前召开军民融合产业发展座谈会，回顾总结了2011年以来的军民融合产业发展工作情况，全面分析了当前军民融合工作所面临形势，明确了今后一个时期福建省军民融合产业发展的主要任务和2014年重点工作。

2. 征集具有潜在军用价值的优势产品及高新技术，建立优势民企（民品）参军项目库

为促进省军民融合产业发展，省国防科工办日前面向全省民用企业、科研机构和高校，征集具有潜在军用价值的优势产品及高新技术，重点集中在公务船和军船维修维护改装、北斗导航应用、雷达、通信、微特电机、无人机、机器人、遥感数据处理和军事训练等方面，以及现实急需的激光光电技术、信息技术、新能源技术、卫星应用技术、精密制造技术等专业。省国防科工办将梳理并向全军装备主管部门、国防科工系统推荐一批具有自主知识产权或核心技术能力的优势民企进入军品科研生产和维修领域，优先推荐具有自主知识产权或先进技术能力的优势民企（优势民品），且产品生产或技术持有单位具备持续稳定的生产或研发能力。要求推荐材料不得涉及国家秘密，有外资背景的单位所持有的技术或产品，不列入本次推荐范围。截至 8 月 8 日，共征集汇总全省申报单位 64 家，技术 / 产品 165 项。经初步审核，已向工信部、国防科工局推荐 45 家单位的 88 项技术 / 产品进入 2014 年度《高新技术与产品推荐目录》；向工信部、国防科工局、总参谋部推荐 28 家单位的 70 项技术 / 产品，参加 2014 年度军事训练器材与先进技术展览。

在此基础上，省国防科工办将建立我省优势民企（民品）参军项目库，通过动态管理方式持续遴选和推荐我省优势民企（民品）进入武器装备科研生产和维修领域。

3. 根据军队需求建立军事后勤保障优势技术（产品）动态项目库

为进一步贯彻落实国家和我省关于促进军民融合产业深度发展的要求，省国防科工办、省国动委经动办向全省择优遴选一批适应军队后勤保障装备需求，通用程度高的优势民企技术（产品），推荐进入军队物资供应商库的后勤装备及相关产品企业名录。经遴选，我省共有 95 家单位的 188 项（技术）产品，向总后勤部物资采购局、华东物资采购局、南京军区联勤部推荐。

省国防科工办将在此基础上建立军事后勤保障优势技术（产品）动态项目库，引导推荐福建省优势民企承担全军后勤保障装备物资的研究、生产和保障任务，进一步扩大民参军规模，加快民参军步伐，逐步形成福建特色军民融合产业发展模式。

（十四）江西省

为贯彻落实军民融合深度发展战略思想，促进江西省国防科技工业发展壮大，江西省主要做了以下工作：

1. 加强组织领导，成立了江西省军民结合、寓军于民武器装备科研生产体系建设协调领导小组

为加强部门沟通，共同推进江西省军民结合、寓军于民武器装备科研生产体系建设，江西省政府成立了以分管领导洪礼和副省长为组长，省发改委、省财政厅、省国土资源厅等 21 个单位为成员的江西省军民结合、寓军于民武器装备科研生产体系建设协调小组，领导小组办公室设在省国防科工办。

2. 倾力打造景德镇直升机军民结合产业基地

军民结合两用直升机产业作为江西省战略性新兴产业的重大工程，得到了省委、省政府的高度重视和超常规支持。江西省成立了以省委常委、常务副省长凌成兴为组长的景德镇直升机研发生产基地建设工作推进小组。一是进一步完善了航空产业规划。聘请中国航空规划建设发展有限公司编制完成了景德镇航空科技城发展规划，按照“一城三区”进行建设（“一城”

即航空科技城，“三区”即研发创新区、装配制造区、通航产业区），总体规划面积18余平方公里。研发创新区主要着力打造国际国内知名的直升机研发中心。装配制造区，主要建设为直升机重要的配套产业基地。通航产业区，主要打造中国通航业务的重点区域。二是成立了江西直升机产业投资管理有限公司。为服务于直升机产业基地建设，建立和完善有效的投融资体系，促进国内外优质创业资本、高新技术项目、优秀技术人才向景德镇军民结合产业基地聚集，由省政府牵头投资组建了江西直升机投资管理有限公司。三是不断建设国家新型工业化示范基地（军民结合 景德镇）。

3. 专题调研，学习兄弟省份的先进经验

为进一步推进江西省军民结合产业发展，省领导赴四川省国防科工办进行专题调研，学习兄弟省市推进军民融合式发展的好经验、好办法，进一步理清了江西省军民融合发展的思路，形成了调研报告。

4. 加强与军工企业的交流合作

江西省政府与中国航空工业集团公司在北京签署深化战略合作协议，双方将在“互惠互利、项目支持、共同发展”的原则下，共同在江西打造功能齐全、特色鲜明的航空及相关产业集群，为建设航空工业强国、繁荣江西地方经济做出更大贡献。

（十五）山东省

为促进山东省国防科技工业发展壮大，山东省主要做了以下工作：

1. 编制出台军民结合产业发展意见

认真学习领会党中央各项文件，结合山东省实际，在深入调研的基础上，起草了《山东省关于促进军民结合产业加快发展的指导意见》。按照《意见》指出，紧紧围绕国家重大国防科技工程实施和山东半岛蓝色经济区、黄河三角洲高效生态经济区建设，实施军民互动、创新驱动、区域带动战略，大力发展航空、航天、核电设备、船舶等军民结合产业，为建设先进国防科技工业贡献力量。重点围绕“十区、二十园、十品”开展工作，即规划建设10个军民结合产业聚集区、建设20个军民结合产品研发制造产业园、加快发展10大类军民结合型产品；全省航空航天在建项目43个，规划总投资337亿元，已完成投资71亿元；核电装备在建项目19个，规划总投资79亿元，已完成投资31亿元。

2. 积极引导民口配套企业参与军品科研生产

山东省认真履行国家国防科工局赋予职责，加强军工固定资产投资监管，确保国家投资项目顺利完成，一批重点军工企业固定资产投资项目通过验收。根据国家国防科工局《2014年度军品配套科研项目指南》，山东省组织20余家单位申报军工配套科研项目；根据国家国防科工局《关于梳理民口军品配套单位关键配套产品科研生产条件瓶颈问题的通知》的要求，组织省内有关地方企业对其关键军工配套产品瓶颈问题进行了梳理，为下一步能力提升打下基础。

3. 积极支持地方企业与中央企业实施兼并重组与技术合作

山东省国防工办多次与航天科工集团等央企沟通联系，积极促成山东省与各大军工集团及所属企业开展产业合作和项目对接。编印了《山东省拟于军工集团合作有关单位情况简介》，筛选33家单位与11大军工集团进行了对接。目前，全省地方企业与中央军工集团合作成立企业12家，在建项目16个，总投资30.66亿元。

2014年10月由山东省国防科工办和中国国防科技工业企业管理协会共同主办山东省与十一大军工集团军民融合深度发展恳谈会在北京召开。各军工集团介绍了各自的发展规划及合作意向，山东省青岛、淄博、烟台、威海4市的与会代表分别介绍了各市军民融合发展情况及招商政策，山东省70余家军民结合型企事业单位推介了各自的优势技术产品项目。会议围绕推进军民融合深度发展问题，组织了各军工集团与山东省企业进行项目洽谈对接，青岛市古镇口军民融合示范园区等5家山东企业分别与中核建设集团等5家军工集团所属单位签订了合作协议。会议还设置了展示区，山东超越数控、烟台艾睿等20余家单位的优势技术产品项目亮相，项目涉及新材料、机械、化工等多个领域。

4. 加强重点项目的跟踪管理

设立了军民结合产业发展专项资金，制定出台了《山东省军民结合产业发展专项资金使用暂行管理办法》。邀请业内专家，对全省报送的57个项目进行了评审。确定了对山东通裕集团等单位的11个军民结合产业化科技创新项目专项资金支持。开展了在建项目书面调研和现场考察，初步建立起航天、核电装备在建项目库，并实施动态管理。

（十六）河南省

促进河南省国防科技工业发展壮大，河南省主要做了以下工作：

1. 加强军民融合的战略指导工作

河南省出台了《关于加快军民结合产业发展的意见》，郑州、南阳、新乡等部分省辖市政府贯彻落实，出台了加快军民结合产业发展的意见，明确了本地区军民结合产业发展的指导思想、发展目标和发展重点，并根据各地实际，制定了扶持政策和保障措施。河南省还设立了专项资金，用于支持军民结合产业发展。2014年7月河南省国防科工局召开了机关干部扩大会议，局长袁其法、副局长闫恒、纪委书记王喜云、副巡视员胡龙廷出席，直属单位领导班子成员及机关全体同志参加。袁其法局长作重要讲话，闫恒副局长主持。袁其法局长在讲话中着重讲了上半年的重点工作推进情况，省国防科工局新“三定方案”以及对《关于进一步理清工作思路，全面履行工作职责的意见》的意义和认识。

2. 加大武器装备科研生产监督服务力度

河南省国防科工局进一步加大对武器装备科研生产单位的监督检查和协调服务工作力度，

并及时解决军工及民口配套单位在科研生产过程中遇到的地方条件性保障问题。河南省军工和民口配套单位参与国家重大专项和承担的重点型号科研生产任务均按时间、按节点、保质量、保安全顺利完成。

3. 建立中央军工集团战略合作落实推进机制

在推动中央军工集团与河南省战略合作项目落实上建立了三个层次的推动机制：一是推动省政府与中央军工集团建立战略合作协议的落实推进机制，与各军工集团分别成立了合作协议落实工作领导小组和分层级的协调机构，双方确定责任人负责具体推动工作，并以项目为单位建立了推动计划及相应的督查、评价、考核制度。二是项目实施地的各有关省辖市建立了推进机制，由省国防科工局和相关省辖市分管工业的市领导牵头，各省辖市的分管秘书长、发改委、工信局和省国防科工局相关处室的负责人组成落实推进小组，建立项目推进例会及项目进度月报制。三是在河南省国防科工局机关采取局领导分片包干、处室全员参与的推进机制，明确责任，全力推动。

4. 进一步完善军民结合工作平台建设

筹建军民两用科技成果发布交流平台，为军工企业及民用单位的沟通交流搭建平台，通过完善军民结合项目的论证筛选、成果转换及利用等机制，全面激发军工单位的潜力，提高民口单位参与军工的积极性和主动性，实现军工企业和民口企业的资源共享和优势互补。2014 年 9 月河南省国防科技工业军品行业协会年会在郑州召开。河南省国防科工局副局长李钢代表河南省国防科工局到会并作重要指示，来自省内国防科技工业战线的 100 多家企事业单位代表参加会议。会议向会员单位通报了协会一年来的工作情况，就贯彻省国防科工局军民融合有关指示精神做了部署，介绍了“军民融合信息平台”建设的有关情况和下一步的工作要求，讲解了“河南军民融合网”的版块结构和服务内容，传达解读了《财政部国家税务总局关于军品增值税政策的通知》，培训了许可管理从业人员。

5. 全力打造军民结合产业基地

以建立军民结合产业基地为载体，以落实河南省政府与中央军工集团签署的战略合作协议为契机，围绕汽车及零部件、电子信息、高端装备制造、新能源、新材料、光电及民爆器材等重点产业，打造军民结合产业基地。与中国人民解放军卫生监测中心签订战略合作协议，筹建环境与食品安全高新技术产业基地，组建国家环境风险控制工程技术中心等，计划投资 15 亿元；促成郑州市政府与中航工业机电系统有限公司签订战略合作协议，计划投资 20 亿元，建设中航工业郑州金阳电气装备研发制造基地；促成兵器装备集团公司与河南省投资集团有限公司签约，对郑州拓洋公司进行战略重组，发展生物发酵制约产业，预计投资 30 亿元；促成兵器装备集团与济源市签约，发展重型装备关重件制造技术改造项目，计划投资 10 亿元。

6. 保持并扩大军民结合产业技术改造专项资金规模

在每年 500 万资金规模的基础上，积极与省政府及有关部门协调，争取进一步扩大资金规模。

7. 促使了军民结合重点项目的尽快落地

河南省政府与中央军工集团确定的40多个项目中，已注入资金280多亿元，建成项目5个，在建项目22个，其他项目正在前期筹备阶段。进展较快的项目有：中国电波科技城项目、中国兵器中原特钢专用设备及大型特殊钢生产基地项目、中船725所新材料基地建设项目、中国兵器南阳工业园项目等。2014年8月国家国防科工局批复同意河南省设立高分辨率对地观测系统河南数据与应用中心，由省国防科工局牵头负责建设管理、组织协调和业务指导，由电子科技集团二十七所和二十二所、中船重工集团七一三所及中国人民解放军信息工程大学作为技术支撑，建立高分辨率对地观测系统河南数据与应用中心的组织体系。

8. 努力协调省政府配套措施尽快出台

尽快出台相应的政策法规和实施细则，促进国防科技工业与民口工业的互动互补，建立武器装备科研生产各类企事业单位的公平竞争机制，促使军民资源开放共享，从政策扶持、资金支持、人才保障、能源供应等方面推动军民结合产业快速发展。

（十七）湖北省

湖北省委、省政府高度重视军工行业发展，省委、省政府主要领导多次强调，湖北是军工大省，军工任务繁重，地位十分重要，在推进湖北科学发展、跨越式发展的过程中，要充分利用好湖北的军工资源优势，坚持走军民融合式发展道路，做好军民结合的文章，大力支持国防科技工业在湖北的发展。为促进湖北国防科技工业发展壮大，湖北省主要做了以下工作：

1. 积极营造军民结合产业发展政策环境

湖北省率先设立了省军民结合产业发展领导小组，由省政府分管领导担任组长，各有关部门和部分市政府领导担任成员，办公室设在省国防科工办。同年，省人民政府发布了《关于支持军民结合产业发展的通知》，设立了军民结合产业发展专项资金，专项用于支持军民结合产业的发展。同时，省政府规定，军民结合产业化建设项目，比照某工程建设项目享受各项优惠政策。这些政策措施的出台，大力促进了湖北省军民结合产业的发展。2014年3月湖北省国防科工办发布《湖北省民营企业参与军品科研生产政策与信息汇编》。《汇编》的主要内容包括：民营企业参与军品科研生产（以下简称民参军）所需资质的申请指南；在鄂部分重点军工企事业单位的武器装备科研生产配套需求信息和军队装备部门的军事采购需求信息；从事军品科研生产的有关优惠政策等。

2. 加快推进军民结合产业基地建设

为集聚发展军民结合产业，湖北省开展军民结合产业基地创建工作，基地包含武汉长城创新科技园、武汉船舶配套工业园、孝感军民结合产业园、襄阳航空航天工业园四个园区。同时，湖北国防科工办积极指导四个园区开展国家新型工业化示范基地的创建和申报工作。

为加快创建省级军民结合产业示范基地，带动和推进军民结合产业又好又快发展，促进军民融合式发展，根据工业和信息化部《关于开展创建"国家新型工业产业示范基地"工作的通知》有关精神，湖北省国防科工办制定了《湖北省军民结合产业示范基地创建管理办法（试行）》。2014 年 9 月以全国政协副主席、致公党中央主席、科技部部长万钢为团长、徐一天和王胜洪为副团长的军队全国政协委员视察团一行，在湖北就"军民融合式科技创新发展"进行专题视察。省领导李鸿忠、王国生、杨松、甘荣坤、范兴元，省军区领导张践、冯晓林、刘共希等会见视察团一行或参加有关情况汇报会、陪同视察。

3. 积极推动湘鄂赣三省区域性发展战略合作

在湖北工办的积极倡导下，湘鄂赣三省国防科工办在武汉签署"中三角"国防科技工业发展战略合作框架协议。湘鄂赣三省国防科技工业战略合作，是落实"中三角"战略合作精神的重要举措，也是三省贯彻军民融合深度发展战略的重要举措。该协议内容包括建立联席会议制度，每年定期召开一次省际联席会议；三省国防科技工业主管部门明确一个处室作为推进合作的具体承办部门。推动军工开放，引导社会资源进入武器装备科研生产领域；开展军民结合产业和军工优势产业合作；推动国防科技工业与民用工业基础融合发展；搭建信息共享服务平台。

4. 全力提升加快国防科技工业发展服务能力

湖北工办主要领导带队深入武汉、襄阳、宜昌、孝感 4 个片区分别召开了军工单位调研暨现场办公会，协调解决军工单位在经营发展过程中遇到的困难和问题，督促加快"双过半"任务完成，加快推进湖北省国防科技工业科学发展、跨越式发展。2014 年 4 月湖北省在武汉举行了军民融合发展体制机制创新专项领导小组第一次会议，省军民融合专项领导小组组长、省委常委、省军区政委陈大民出席会议并讲话，要求切实把军民融合式发展这一战略思想融入到工作实践中，不断提升服务和保障国防建设的能力和水平，不断拓宽和延伸军民融合式发展的路子，推进军民融合式发展再上新台阶，推进军地双方共同发展、共同进步。5 月湖北省国防科工办联合湖北省经信委在武汉举办了民参军政策法规培训，此举旨在更大范围、更广领域，深入引导民营企业参与国防科技工业建设。在培训班上，湖北省国防科工办就军民融合宏观政策及推进举措、武器装备科研生产单位保密资格审查认证管理办法、武器装备科研生产许可实施办法和非国有企业申报军工固定资产投资项目的有关规定进行了讲解。9 月湖北省科技厅召开军民融合科技创新示范基地建设座谈会，研究推进东湖军民融合科技创新示范基地建设的总体方案和重点举措。

（十八）湖南省

在湖南省委、省政府的正确领导下，在工信部、国家国防科工局、总装备部的具体指导下，湖南省国防科技工业局深入贯彻落实科学发展观，围绕全省国防科技工业发展总体目标，引领全省国防科技工业系统全面推进军民结合、寓军于民体系建设，各项工作取得明显进展。

概括地讲，体现在以下几个方面：一是军民结合产业保持稳步增长。近年来，湖南军工快速发展，整体实力大幅提高，总产值、工业增加值、主营业务收入、利润等主要经济指标保持高速增长，年均增速分别为24.7%、27.1%、27.5%和32.3%。2014年，在国内外经济形势复杂，宏观下行的情况下，湖南省军工仍保持稳步增长，军民结合产业主营业务成为湖南省九个千亿产业之一，增速20%以上。二是平台建设取得新进展。通过战略合作、资产整合，湖南省产业发展平台、投融资平台和成果孵化平台初见雏形。湖南省国防科技工业局与省科技厅、国防科大共同组建成立了省属正厅级事业单位“高技术产业协调创新研究院”。三是结构调整取得新成果。各类军工企业深化体制机制改革，深化进行股份制改造，新增上市企业4家，引进合资合作企业18家。引进大飞机起飞着陆系统、江南麓谷研发中心、中航湖南通用发动机等一批军民结合重点项目落户基地，装备制造业和航空产业主导作用突出，新能源产业和新材料产业主导地位凸显。

1. 加强保障协调，营造军民融合产业发展良好环境

湖南省国防科工局通过大力加强政策宣贯、资金支持、协调服务工作，积极协调解决企业生产经营过程中所遇到的困难和问题，为军工和军民融合产业营造良好的发展环境，保障全省军工科研生产、重点建设项目顺利进行。通过开展机关服务基层、支部共建等活动，为企业解决发展难题，抓项目、促发展、惠民生。4月湖南省人民政府办公厅印发了《关于加快推进军民融合产业发展的若干政策措施》（湘政办发〔2014〕27号）的通知。《政策措施》，从产业发展、技术创新、资金、人才等方面对全省军民融合产业发展提供强有力的支持，特别是明确将军民融合产业重点项目比照高新工程项目，享受高新工程绿色通道等相关优惠政策。

2. 加强统筹规划、着力推进军民融合产业园区建设

切实抓好项目申报工作。2014年向工信部申报了产业基地公共服务能力提升工程建设项目，向国家国防科工局、省发改委、省经信委申报了多个项目。湖南省国防科工局牵头编制湖南省通用航空产业发展规划，现已完成行政决策听证。制订发布了湖南省民爆、船舶“十三五”发展规划，充分发挥了规划对产业发展的导向作用。

3. 推进科技创新，提升军民融合产业发展核心能力

目前，湖南国防科技工业拥有各类国家级创新平台15个，省级创新平台33个，博士后科研工作站8个，国防科技创新团队5个。初步形成覆盖计算机、信息与控制、材料、化学、机电产品等领域，学科布局合理、专业结构齐全的军民融合创新体系。出台了《全省国防科技工业中长期人才发展规划》，人才队伍建设力度不断加大，全行业拥有工程院院士2名，国家级突出贡献中青年专家30名，享受政府特殊津贴专家274名。同时四十八所、天雁公司、南岭民爆等企业引进海外高层次人才，航天7801所补贴50万元引进博士和硕士50名，人才队伍整体素质和行业研发实力得到新的提升。

4. 强化战略合作，推进军民融合产业转型升级

围绕重点产业、重点园区、重点领域，积极推进战略合作，促进产业结构优化升级。一是着力引进战略投资者。充分发挥军工系统人才密集、技术实力雄厚的优势，广泛开展战略合作。省政府与中核集团签订战略合作协议；湖南华湘公司分别与中核集团、兵装集团签订协议，完成相关企业的资产划转工作，逐步夯实产业发展基础；湖南新天地投资控股集团与中铁物资集团签定战略合作协议，合力打造覆盖民用爆炸物品供应、炸药现场混装、工程爆破服务等的全产业链，实现优势互补，共赢发展。二是积极开展军民融合银企对接活动。充分利用军民融合产业专项资金的引导作用，支持一批重大军民融合项目，引导更多的社会资本向军民融合产业聚集；强化银企合作，助推湖南军民融合纵深发展。

（十九）广东省

为促进广东国防科技工业发展壮大，广东省主要做了以下工作：

1. 抓贯彻落实，加强政策指引

紧紧抓住广东省制定鼓励和引导民间投资健康发展有关政策的机遇，提出“鼓励和引导民间资本投资建设国防科技工业。对进入国防科技工业的民营企业从现有的财政补助资金中予以扶持，并按照国家税收政策规定享受有关税收优惠政策”，还提出“对取得《武器装备科研生产许可证》的民口配套单位，在科研、生产、销售军工产品免征增值税”和“对进入国防科技工业的民口配套单位从现有财政补助资金予以扶持”的意见。11 月广东省湛江市举办军民融合深度发展战略规划启动会，会议通过军民融合战略规划研究，重点依托奋勇高新区申报创建国家级军民结合产业基地，力争把湛江发展成为全国军民融合深度发展示范区，加快提升湛江军民融合产业发展，服务国家战略。

2. 组织开展《广东省国防科技工业军民融合优势单位推荐目录（2014年度）》编撰工作

本次编撰工作历时半年，范围主要围绕高端电子信息、光机电和新材料三大行业领域，经过材料收集、筛选、编印三个阶段，全省共有 70 多个军工和民口优势单位收录进目录。通过这一方式为广东省军工和民口优势单位搭建军民信息交流宣传推介的平台，以进一步推动广东省军民产业融合式发展。

3. 积极探索推动广东省军民结合产业示范基地建设

根据工业和信息化部的有关文件精神以及广东省船舶行业军民结合特色突出、规模优势较强的特点，广东省国防工办主动与中船广州公司交流，研究探索争取建立广东省首个国家级军民结合产业示范基地的有效途径。

4. 成功举办广东省国防动员委员会会议

广东省国防动员委员会举行第十四次全体（扩大）会议。省长、省国动委主任朱小丹在广州主会场出席会议并讲话。朱小丹讲话中肯定了近年来广东省国防动员工作所取得的成绩，并强调，做好当前和今后一个时期广东省的国防动员工作，要深入贯彻落实党的十八大、十八届三中全会和习近平总书记视察广东重要讲话精神，突出工作重点，注重改革创新，强化质量效益，狠抓工作落实，在深度推动军民融合中全面提高国防动员建设科学化水平，更好地发挥平时服务、急时应急、战时应战的重要作用。特别要强化基础设施配套，积极发展军民两用技术，切实加强人才培养，加快完善物资储备保障体系，大力提高信息化建设水平，整体提升后备力量遂行任务能力。

5. 加强军工系统安全生产标准化建设

2014 年 8 月广东省国防科工办组织专家组对深圳振华富电子有限公司、广州广船国际股份有限公司、中船黄埔文冲船舶有限公司和中国电子科技集团公司第七研究所等 4 家军工企事业单位的安全生产标准化评审报告进行审查并提出整改要求。10 月 9 日聘请专家对上述 4 家单位提交的整改报告进行复审，专家组一致认为上述 4 家单位达到了军工系统安全生产标准化二级标准。

（二十）广西壮族自治区

1. 加强与军方的交流，促进军民融合项目合作

广西壮族自治区测绘地理信息局与中国人民解放军某部就军地测绘成果共建共享相关事宜进行座谈，积极促进项目合作。

2. 成功举办广东省国防动员委员会会议

广西梧州市召开国防动员委员会会议，军地领导同堂学习党的十八届三中全会精神，研究解决推动军民融合深度发展过程中遇到的矛盾问题，完善相应的制度机制，并就制约国防动员建设发展的 9 个问题制订了解决方案。

3. 为军民融合发展提供政策法律保障

广西省十二届全国人大常委会第九次会议表决通过了关于修改军事设施保护法的决定。

（二十一）海南省

为促进海南国防科技工业发展壮大，海南省主要做了以下工作：

1. 推动《工业和信息化部海南省人民政府共同推进海南省工业和信息化发展战略合作框架协议》实施，促进海南军民结合产业发展

国家工信部与海南省政府在海口签订了《工业和信息化部海南省人民政府共同推进海南省工业和信息化发展战略合作框架协议》，有效促进了海南军民结合特色产业的发展，具有深远的意义。

5 月作为军事计量军民融合试点领域，南海舰队装备部某仓库与工信部电子五所按照积极探索、主动融合、培养人才、提高效率的思路，通过签订军地框架协议，并以此促进广州战区军事计量军民融合。

8月为深入推进军民融合式发展，促进垦区经济社会发展和预备役部队建设，海南省农垦总局和海南预备役步兵师在海口联合召开军民融合式发展暨兴垦强军座谈会。会上宣读了《深化兴垦强军活动实施意见》。对连队考核、奖惩办法、国防教育等进行了具体明确。特别是在经费筹措上，在以往连队训练、建设经费由编兵农场保障的基础上，省农垦总局每年拨付专项财政资金，用于加强预备役部队建设、培训、购买防暴、抢险救灾等战备装备，并对经费审批、使用、核销进行了具体规定。

2. 多措并举加快军民结合产业发展

一是抓好重点项目的跟踪工作。多个项目已完成投资建设。二是加大招商力度。近年来，海南省采用“请进来、走出去”的办法，与中航工业、大唐电信、中船工业、中国兵装、中国普天等20多家企业进行座谈、磋商，达成省政府与中航工业签订战略合作协议、浙江康迪集团在万宁投资10亿元建年产10万辆电动汽车生产项目等成果，另外还有多家企业正在做项目投资的深度考察和论证。三是加强行业管理工作。请中国国际工程咨询公司编制了全省军民结合产业发展规划；开展了全行业的统计数字的报送工作；对5家申请军工保密资质企业进行辅导，有2家企业获得资质；组织企业申报国家国防科技基础研究项目，加强对企业计量检测工作的协调和指导。

（二十二）重庆市

重庆市经济和信息化委员会围绕稳中求进的总基调，切实推进军民结合寓军于民武器装备科研生产体系建设，军民结合产业成果丰硕，对保持全市工业经济稳定增长发挥了极其重要的作用。

1. 抓运行、稳增长，军民结合产业成为经济增长的稳定器

重庆国防科技工业产值占全市规模以上工业产值比重近两成。在全国经济下行压力较大的背景下，重庆国防科技工业进一步加大企业研发投入、调整产品结构、抢抓市场订单，经济运行在经历年初较大下降后逐步企稳，全年实现正增长。

2. 抓意识、统思想，军民结合寓军于民的思想深入军民科研生产领域

统一思想认识是推进军民结合、寓军于民武器装备科研生产体系建设的关键。只有思想统一了，步调才会一致，才能形成合力推进工作。2014年8月重庆市委书记孙政才主持召开市委常委会议军会议，听取全市去年以来双拥工作及有关部署要求落实情况汇报，研究支持驻渝部队建设、提高军民融合深度发展水平等工作。

3. 抓基地、促发展，璧山工业园区被工信部批准为新型工业化军民融合示范基地

重庆璧山工业园区被工业和信息化部批准认定为第四批国家新型工业化产业示范基地（军民结合）。10年来通过实施工业强县战略，璧山工业园区经济总量不断壮大，经济结构进一步优化，实现建成区面积5平方公里，基本形成了以军民结合（汽摩零部件）为主体的产业集群。

4. 搭平台、促融合，第十一届重庆高交会暨第七届国际军博会亮点纷呈

在工信部的大力支持下，重庆市成功举办了第十一届重庆高交会暨第七届国际军博会。工信部总经济师周子学、中国兵器工业集团董事长尹家绪等嘉宾就如何大力发展国防科技工业，推进“民技军用”和“军技民用”阐述了各自的观点。在高交会上共有6个重大项目现场举行签约仪式，涉及纳米技术、环保、机器人等高精尖产业，金额达55.1亿元。

（二十三）四川省

为贯彻落实军民融合发展，工作进展情况如下：

1. 推动军民结合产业发展规划实施

为推动规划实施，促进规划目标的实现，四川省国防科技工业办公室按照规划确立的发展方向和思路，在对重点产业、重大项目进行梳理，对重点任务进行细化分工的基础上，研究制定了四川省军民结合产业2014年度计划，制定了7大着力推进的主要任务，下达了40个重大项目的年度实施计划，并从政策引导、资金支持、组织保障、协调服务等方面提出了推进措施，有力推动了四川省军民结合产业发展和规划顺利实施。

2. 支持军民结合重点项目建设

在省政府大力支持下，省财政设立了省级军民结合产业发展专项资金，专门对军民结合产业发展进行支持；同时，四川省还加强战略性新兴产业、科技成果转化专项资金对军民结合产业发展的统筹支持。通过财政专项资金对军民结合产业尤其是重点项目建设的支持，在四川省军工系统引起强烈反响，激发了军工技术、资源向民用转化的热情，有效调动了全行业发展军民结合产业的积极性，吸引和引导了以核电核材料基地、民用航空电子系统产业基地、航空发动机新基地、军民两用核动力基地、航天产业园、物联网高端制造产业园等为代表的一大批高技术产业项目，取得了良好的效果。

3. 推进军民结合产业基地建设

为促进军民结合产业集聚式发展，四川省国防科技工业办公室着力推动军民结合产业基地建设，及时了解和收集项目进展情况，切实为项目建设和基地发展积极服务。一是推动绵阳科技城建立了院（军）地协调机制和交流沟通机制，定期举办绵阳科技城科技成果交易暨军转民高技术交易会，加速推动院企合作和成果转化；二是支持绵阳科技城新型工业化（军民结合）示范基地建设，10月第二届中国科技城国际科技博览会在国家科技城四川绵阳开幕，本届科博会以“创新驱动、军民融合、开放合作”为主题，将携手各界共同探索创新驱动发展的途径，加快军民融合科技成果的转移转化，为经济持续增长注入新的动力，抢占未来发展制高点；三是促进广元新型工业化（军民结合）示范基地电子装备整机、电子组件、电子元器件与电子原材料三大产业初具规模，逐步形成了以高新技术为主导的军民融合特色示范基地和“两化”互动发展示范区；四是推动航空发动机新基地、空气动力新基地、756 厂新产业园、081 工业园、塔山湾军民结合产业园等重大项目建设，为军民结合产业基地发展提供有力支撑。

4. 规划建设天府新区军民融合基地

按照省委、省政府规划建设天府新区的总体工作部署，四川省国防科技工业办公室办创新工作思路、加强统筹谋划，通过掌握天府新区建设情况和有关政策，编制天府新区建设资料汇编，召开建设天府新区军民结合产业新基地座谈会等工作，积极推动在天府新区建设军民融合创新发展基地。基地将重点发展核能与核技术应用、航空与航空技术应用、航天与航天技术应用、高端装备制造、军工电子信息等军民结合高技术产业，通过引导一批国家级的重点项目，聚集一批具有一流水平的研发机构，培育一批典型的创新型企业，将天府新区军民融合创新发展示范基地建设成为国内军民结合产业发展的投资高地、政策洼地、高端项目聚集地，并形成对广元、泸州、宜宾等军民结合产业集聚区发展的示范和带动效应。

5. 推动对外交流合作

为推动四川省国防科技工业开放式发展，四川省国防科技工业办公室加强与央属军工集团公司的对接，争取承接军民结合重大项目布局，大力吸引外来投资。同时，积极组织军工企事业单位参展，在西部博览会上，四川省国防科技工业办公室办组织了多种板块参展，展示多种实物或模型，向省内外、国内外广泛推介四川省军民结合产业的合作项目，扩大了四川省军工对外开放与交流合作的影响力。9 月信息安全与军民融合软件产业发展研讨会在绵阳市召开。腾讯科技、金山软件、神舟软件等国内信息安全和军民融合软件领域知名企业，以及通信运营商、科研院所、高校的专家学者齐聚绵阳建言献策，共谋发展。与会代表建议，通过整合行业资源，加强政产学研交流合作，助推软件产业实现高端突围。

6. 加大军民融合产业资金支持

为充分发挥省级军民结合产业发展专项资金引导作用，加快推进四川军民结合产业发展，2014 年四川省国防科工办遵循“竞争立项、择优扶持、统筹兼顾、注重绩效”的原则，精心组织项目申报和评审工作，对投资规模大、技术含量高、产业带动强、市场前景好的项目给予重点支持，67 个项目通过最终审核，共计获得 8000 万元专项资金支持。

7. 加强管理部门的保障和服务作用

为贯彻落实军民融合改革部署、积极推进“民参军”工作，更好地发挥行业管理部门的保障和服务作用，四川省国防科工办联合自贡市政府、空军驻重庆地区军代室，就自贡中天胜新材料科技有限公司聚酰亚胺材料及制品进入军品市场等有关问题举行现场办公会议。

10 月四川省国防科工办在成都组织召开了军工计量新技术规范宣贯会，议介绍了四川省国防计量管理工作的基本情况、四川省国防科技工业改革创新和产业发展的总体情况，宣贯了国防科工局新颁布的《国防军工计量标准器具考核规范》、《国防军工计量标准器具技术报告编写要求》和《国防军工计量器具等级图编写要求》，明确了新的军工计量监督检查要求。

（二十四）贵州省

为促进云南国防科技工业发展壮大，云南省主要做了以下工作：

1. 印发《贵州省推动军民融合发展改革实施方案》

贵州省经信委印发《贵州省推动军民融合发展改革实施方案》，推动贵州省军民融合深度发展。根据《实施方案》，到2020年形成较为健全的军民融合机制和政策体系，重点推出50项先进适用军转民技术和50个具有鲜明创新特色的研发项目，旨在加强军地需求对接，引导优势民营企业和社会资本以股权投资、合作开发等方式参与军民技术有效转化。

2. 其他工作

一是贵州省政府主办、省经信委和省投促局承办了“2014年贵州省军民融合发展推介会”，重点推介贵州军民融合产业技术、成果和产品，促进需求对接，广泛寻求合作，推动军工经济与地方经济紧密融合、协调发展。二是8月展开了贵州省军粮供应军民融合发展推进会。

（二十五）云南省

2014年云南省军民科技融合工作取得新进展。按照国家创新驱动发展战略和军民融合深度发展重大战略部署，云南省科技厅积极推进落实省委、省政府和科技部军民科技融合总体规划，紧密结合国防建设和经济发展需要，策划实施军民科技融合重大项目，通过省内省外军地企业强强联盟、人才知识共用共享和关键课题合力攻关，开发出一批军地通用、市场广阔、具有自主知识产权的重大新产品。一是“日盲紫外管开发与产业化研究”项目；二是“昆明市国动委野外机动指挥系统研究开发”项目；三是“水下安防系列产品开发和产业化”项目；四是“高速水下搜救型蛙人运载器开发”项目。具体总结如下：

1. 编制发布《云南省国防科技工业“十二五”军民结合产业发展规划》和云南省《关于加快推进军民结合产业发展的指导意见》

云南省将以科学发展观为指导，充分依托云南省军工行业和地方资源优势，以军工企业为核心，以民用配套企业为基础，以产业基地为载体，围绕稀贵金属及核材料、民爆物品及爆破服务、汽车及零部件、高端装备及其它装备制造、光电子等五大领域，加强军民融合，实现跨越发展；确立重点发展9个军民结合优势产业；着力打造昆明光电子基地、昆船工业园、航天工业园等9个军民结合产业基地。到2015年末，全省军民结合产业实现主营业务收入355亿元，年均增长20%以上；工业增加值完成70亿元，年均增长20%以上。

2. 与军工集团签署战略合作框架协议

云南将不断创新体制机制，为军工企业参与滇中产业新区建设提供优惠的政策、一流的环境、优质的服务，着力推进军民结合，实现军工经济与地方经济的有机结合。分别与中国电子科技集团公司、中国兵器工业集团公司、中国航天科技集团公司、中国航天科工集团公司等军工集团及中国工程物理研究院签署战略合作框架协议。

3. 设立了滇中军民结合产业基地暨太平 2.5创智产业园

滇中军民结合产业基地暨太平 2.5 创智产业园在安宁开工。总规划面积达到 92.96 公顷 (约 1394 亩)，主要由国营云南安宁化工厂投资建设。预计建设周期 5 年，总投资额 50 亿元，建成后可实现年产值 120 亿元、利税 15 亿元。规划建设装备制造园区、生物科技园区、总部经济及科技文化创业园区等三个功能区。

（二十六）西藏自治区

西藏军区先后举办 3 期首长机关战役战术理论集训，地点均选在由拉萨市投资修建的拉萨警备区现代化民兵综合训练基地。西藏军区把军民融合式发展作为党委工程，认真落实地方党委议军、武委会例会、第一书记述职和预备役部队党委全会等制度。军地携手将全民国防教育纳入部队政治机关重要工作日程，纳入基层经常性教育计划，纳入地方各级各类学校基础公共课。

（二十七）陕西省

陕西省政府召开了全省军民融合工作大会，制定了军民结合产业发展规划和工作方案，明确了建设军工强省和军民融合大省的目标。陕西省认真贯彻全省军民融合工作大会和《实施意见》精神，加快推进重大项目建设，支持龙头企业发展，促进军民融合平台建设，军民融合工作取得了新进展。

1. 加强军民融合工作组织领导

为切实加强对全省军民融合工作的统筹协调和组织领导，加快推进军民融合和军民结合产业发展，省政府调整成立了由常务副省长任组长、分管副省长任副组长、省级有关部门及相关地市领导为成员的省军民融合工作协调领导小组，并召开了陕西省军民融合工作推进会，副省长李金柱和国家国防科工局有关领导出席会议并讲话。李金柱要求，有关单位和各参会企业：一是要推动军民融合工作创新前行，不断适应新常态、关注新业态、探索新路径。二是各军工单位要着力抓好党的建设、安全生产和保密工作。各参会企业要牢固树立“底线思维”和“红线意识”，真正把安全生产各项措施落到实处。三是省级有关部门和各级政府要为军民融合工作创造良好环境，做好保障服务，积极解决军民融合工作中遇到的困难和问题，进一步开创陕西省军民融合深度发展新局面。

2. 积极开展军工“央企进陕”活动

在省政府与有关军工集团公司建立战略合作关系的基础上，围绕重点产业发展，以项目投资、资产重组为主要形式，进一步加强与央企的合作。省政府在“央企进陕”发展活动仪式上与中航工业、航天科技、兵器工业、核工业、中船重工五大军工集团公司签订了多个军民结合重点项目的推进建设协议书，项目总投资上千亿元。

3. 大力支持军民结合基地园区加快建设

一是加强与北京、江西、四川、内蒙古等兄弟省市区的沟通与联系，调研学习军民结合产业发展的经验,交流推进军民结合产业聚集发展的思路和举措,促进军民结合基地园区发展。二是在西安举办了第十二届中国欧亚国际军民结合技术产业博览会及第二十二届中国国际电子工业暨国防电子博览会，交流了军民结合产业发展和军民结合基地建设经验，对加快军民结合产业基地建设进行了深入研讨。三是加大财政支持。今年省级军转民专项资金加大了对基地园区产业项目的倾斜力度。

4. 畅通军民结合产业发展“绿色通道”

各级各部门强化服务意识，进一步提高工作效率和服务质量，按照“急事急办、特事特办”的原则，对重点军民结合企业和重大军民结合项目建设中遇到的水、电、气、运和用地问题及时给予协调保障。

5. 搭建军民合作互动平台

一是召开了全省军民融合工作座谈会，宣贯全省军民融合工作大会精神，总结和部署重点工作，加强了行业主管部门、地方政府、基地园区和军工及民口单位的沟通配合，推进军民结合产业快速发展。二是组织召开了民营企业参与西安民用航天产业发展座谈会，深化了民营企业和航天基地的交流合作。三是在西安高新区召开了军民融合产业发展座谈会，引导支持民口单位参与国防科技工业建设。

6. 鼓励支持民口配套单位参与国防科技工业建设

进一步加强对民口单位参与国防科技工业建设的引导支持和管理服务。目前，全省参与军品科研生产配套的民口单位总数超过 200 家，从业人员近 3 万人，已成为陕西省国防科技工业建设的一支重要力量。省级军转民专项扶持资金对民口单位的 14 个项目给予了 2520 万元的贷款贴息或补助，扶持其扩大配套、做大做强。

7. 加强人才队伍建设

陕西省组建了军工人才招聘团、军工人力资源公司和陕西国防工业职业教育集团，创办了“中国军工人才网”，建立和完善国防科技工业高层次人才引进、培养、使用、激励和保障体系，努力建设一支高素质的适应军地经济融合发展需要的复合型人才队伍。设立了军民结合产业发展突出贡献奖，对军民结合产业发展做出重大贡献的集体和个人给予奖励。

8. 加强军民融合信息通报和新闻宣传

一是编发了《军民融合工作简报》，及时通报军民结合重点项目实施和军民融合工作情况。二是向工信部提供军民融合工作信息稿件。三是加强与新闻媒体的联系，加大对全省军民融合工作的宣传报道，为军民融合发展营造良好舆论氛围。

（二十八）甘肃省

为促进甘肃省国防科技工业发展壮大，甘肃省主要做了以下工作：

1. 充分发挥政策规划的引领作用

为了贯彻落实军民融合发展精神，甘肃省政府出台《关于加快推进军民结合产业发展的意见》，确定了坚持军民结合、寓军于民方针，加快建立科学合理的军民结合产业组织结构，着力增强军民结合自主创新能力，努力实现军工经济与地方经济有机融合、良性互动、优势互补、共同发展，为国防现代化建设和全省经济社会跨越发展做出重大贡献的指导思想和打造一批主业突出、核心竞争力强、市场化份额大的军民结合型企业集团，发展壮大军民结合支柱产业，建设创新能力强、产业聚集度高的军民结合产业园区，实现军民结合集群化发展，力争通过5–10年努力，全省军民结合产业工业总产值达到1000亿元，工业增加值达到300亿元，年均增长25%，实现国防科技工业跨越发展的发展目标。同时确定了核产业、航空航天产业、特种化工产业、军工电子产业、民口配套产业等五大产业发展重点，提出了按照统一规划、分步实施的思路和专业化、规模化、社会化协作方式，建设功能不同、各具特色的军民结合产业园的主要工作任务。

在《意见》的指导下，《甘肃省军民结合产业发展规划》、《甘肃省军民结合产业园区发展规划》及《甘肃省工业和信息化委员会加快推进军民结合产业发展实施方案》相继编制完成，进一步明确了推进全省军民结合产业发展的工作思路，尤其是推进军民结合产业园区建设的工作思路，确立了坚持科技引领、产业提升、环境友好、融合共生的园区发展原则和创新发展的产业园区、军工创业的示范园区、生态文明的先行园区的发展方向以及规划先行、分步推进，统筹协调、创新发展的发展策略。这些配套文件的陆续出台，为更好地落实军民融合发展战略，进而推进甘肃省军民结合产业快速发展奠定了坚实基础。

2. 全面开展军民结合产业园区创建工作

按照“总体规划、分步实施、发挥优势、突出特色”的园区创建思路和“专业化、规模化、协作化”的园区发展方式，提出了既借鉴高科技工业园区的成功经验，又在军民融合方面寻求突破创新，充分集聚军工优势资源，形成具有军工特色的高科技重点项目，突出“科技创新”和“产业化发展”两大主题，体现“军民融合”特色，坚持军工和民用技术成果互相转化的对接平台的园区发展方向。截止目前，经过规划编制、专家评审等程序，全省批准成立了白银市军民结合产业园、甘肃矿区军民结合核技术应用产业园、兰州航天科技军民结合产业园、兰州航空高端装备军民结合产业园、兰州有色金属新材料军民结合产业园、兰州碳素材料军民结合产业园、平凉市军民结合产业园等7个军民结合产业园区。在这7个园区中，重点推荐白银市特种化工军民结合产业园争创“国家新型工业化产业基地（军民结合）”。这些都为全省军民结合产业发展搭建了重要的载体和平台，也为下一步推动全省军民结合产业园区创建积累工作经验。

3. 以园区建设促进企业和地方经济发展

各产业园区发展规划的制定不仅解决了区域规划、产业规划与国防科技工业发展规划的统筹衔接问题，把军民结合产业发纳入全省国民经济和社会发展规划，而且使军民结合产业作为省优势产业着力培育，使优势军工企业成为产业发展的龙头，进而带动产业和区域的快速发展。

（二十九）青海省

军粮供应直接关系军队的稳定、军政军民团结和社会安定。青海省分行适应军供新形势需要，自 2005 年以来，累计发放贷款 5125.5 万元，积极给予军粮供应站贷款支持，为确保军粮安全，推动军民融合发展做出了积极贡献。

（三十）宁夏回族自治区

宁夏国防科工办积极配合推进军民结合、寓军于民武器装备科研生产体系建设，有关工作进展情况如下：

1. 扩大协作配套范围

宁夏国防科工办积极引导民口企业参与国防科技工业，新增两家军品协作配套企业。

2. 积极发展军民结合产业

（1） 推进民爆器材行业技术进步和技术改造，淘汰落后产能，推进生产、销售、爆破作业一体化，根据宁夏经济发展需要，进一步扩大民爆器材产能。

（2）引进发展民用飞机制造业，已经成立了 2 家通用飞机制造企业，开展飞机组装、飞行驾驶培训、农林飞播和航空旅游业务。

3. 加强与军工集团的合作与交流

（1） 与中国航天科技集团公司开展战略合作。

（2）中国电科与宁夏公安厅的战略合作。双方的战略合作以宁夏公安信息化顶层设计为基础，并逐步开展平安城市、大型活动安保系统等重大项目的全面合作。

4. 召开国防动员委员会，研究审定《关于推动军民融合深度发展的意见》

宁夏回族自治区国防动员委员会第六次全体会议在银川召开。会议研究审定《关于推动军民融合深度发展的意见》，对推进基础设施军民兼容、军地人才共育共享、战略物资联储联保等都作了安排，宁夏由此成为西北首家以省（区）层面规划推进军民融合建设的省区。

（三十一）新疆维吾尔自治区

为促进新疆自治区国防科技工业发展壮大，自治区主要做了以下工作：

1. 将发展军民结合产业纳入新疆自治区国防科技工业“十三五”发展规划

为统筹规划好新疆军民结合及卫星应用产业发展，新疆工办着手编制了《新疆自治区国防科技工业十三五发展规划》，围绕加快推进新疆自治区新型工业化进程，坚持“军民结合，寓军于民”的方针，把发展军民结合产业作为规划编制的重点；由新疆卫星应用中心和航天科技集团五院某研究所共同编制了《新疆卫星产业发展发展中长期规划》。两个规划的完成对推进新疆新型国防科技工业军民结合体系的建立和发展起到了纲领性的作用。

2. 加强产学研平台建设，推动科技成果转化

按照“小核心、大协作，高水平、可持续新型国防科技工业”发展的要求，加强与军工科研院所的沟通和联系，研究具有区域特色的国防科技工业发展方向、目标和重点领域，将军工行业信息技术、新材料、新能源等领域涌现出的新技术转化到新疆民用产品行业中，共同促进新疆国防科技工业事业发展。

3. 开拓视野，加强沟通

积极组织新疆企业参加相关的各类军民结合产业新技术、新材料博览会。4 月自治区经信委党组成员带领军工处和卫星应用中心赴昌吉回族自治州进行卫星应用专题调研。此次调研宣传推广了卫星应用，掌握了基层各行业卫星应用的情况和需求，为基层卫星应用的需求提供了帮助，为日后更好地支持地方、服务地方提供保障。由自治区政协副主席，经济和信息化委员会（国防科工办）主任带队，组织区内有关民口配套单位在重庆参加了“第十一届中国重庆高新技术交易会暨第七届中国国际军民两用技术博览会”，通过参观、交流、学习，对我区军民两用技术推广起到了指导和促进作用。另外，我区还加强与兄弟省市间的合作交流，学习其他省市的先进经验。9 月自治区经信委党组成员、秘书长贺晓江带领军工处、卫星应用工程中心相关人员赴有关省市调研卫星应用产业发展情况。期间，自治委卫星应用工程中心与武汉立得空间信息有限公司签署了合作协议。通过此次调研，加强了与内地先进企业的沟通交流，为今后引进先进技术和管理，促进新疆卫星应用产业发展奠定了基础。9 月武警新疆总队副参谋长周桂华一行 5 人赴自治区经信委卫星应用工程中心调研。通过听取汇报、系统演示及座谈交流，双方就建立针对反恐行动的应急保障系统，开展反恐维稳的预警应急和善后等共性技术研究，实现敏感区域及重点目标的监视、监控，支持反恐行动态势的综合分析与推演，推动反恐行动指挥调度的辅助决策等方面达成了合作共识。

4. 与中国人民解放军签署合作框架协议

2014 年 9 月自治区经信委与中国人民解放军总参测绘导航局在乌鲁木齐西虹宾馆签署合作框架协议。合作框架协议的签署将不断提高北斗导航系统在新疆资源开发利用、区域建设规划、反恐维稳、抢险救灾等方面的应用能力和水平，对新疆卫星导航应用产业发展将产生积极的促进作用。

5. 成功举办亚欧博览会“中国北斗应用峰会”的专题活动

自治区经信委承办了中国北斗应用峰会，“北斗走进新疆”作为2014中国－亚欧博览会重要主题活动之一，国家有关主管部门、典型行业用户和地方政府就北斗应用现状及发展规划进行了交流。会议发布了北斗民用服务资质名录和北斗产品检测机构名录并开通中国北斗专网。活动为乌鲁木齐、新疆乃至我国卫星导航产业的发展带来有益启示和有效指导，同时增进相互了解，增强互动合作，共同推动我国北斗产业发展不断取得新突破、创造新辉煌。

第七部分 十大军工集团军民融合工作

2014年，中国航天科技集团公司、中国航天科工集团公司、中国航空工业集团公司、中国船舶工业集团公司、中国船舶重工集团公司、中国兵器工业集团公司、中国兵器装备集团公司、中国核工业集团公司、中国核工业建设集团公司、中国电子科技集团公司在推进军民融合中各自有所作为，稳扎稳打深化“军为核心、军民融合”、提升战略协同和资源整合能力、强化科技创新与商业模式创新、培育新的经济增长点；利用自身技术优势，加强与军队、政府、高校以及其他企业的合作，积极推进技术的“研、产、用”。

各军工集团的具体工作如下所列。

（一）中国航天科技集团公司

2014年2月21日

中国航天科技集团公司总经理雷凡培会见了甘肃省副省长黄强一行，双方就加强合作交流进行了沟通。雷凡培向黄强一行介绍了集团公司近年来的发展情况以及在甘肃企业的发展情况。并希望双方加强合作，推动航天技术应用产业在甘肃落地发展，用航天技术助力甘肃经济建设和国家西部大开发建设。

2014年4月15日

在第14个世界知识产权日前夕，中国航天科技集团公司召开2014年知识产权工作会，总结2013年集团公司知识产权工作经验，并研究部署2014年工作。集团公司副总经理吴燕生出席会议并讲话。2014年，集团公司将结合国家“专利导航工程”的总体要求，继续深化实施知识产权转化应用促进工程，重点落实职务发明人奖酬政策，积极推进“专利导航试点工程”，探索破解军品科研生产中知识产权转移转化难题的有效途径，并加强国外专利申请策划。会上，集团公司有关部门及各院领导还就如何通过强化激励推进知识产权转化应用工作进行了探讨。

2014年5月15日

中国航天科技集团公司总经理雷凡培、副总经理吴燕生会见了到访的哈尔滨工业大学党委书记王树权和副校长韩杰才、郭斌一行。双方就联合申报的“空间环境地面模拟装置”国家重大科技基础设施项目筹建工作进行了商讨。

2014年5月23日

中国航天科技集团公司所属中国四维测绘技术有限公司（简称中国四维）与深圳市腾讯产业投资基金有限公司（简称腾讯）签署的《关于四维图新股份转让协议》，获得国务院国资委批准，这标志着中国四维通过协议转让股份为其所属北京四维图新科技股份有限公司（简称四维图新）引进战略投资者的工作基本完成。

2014年6月12日

中国航天科技集团公司董事长、党组书记雷凡培，副总经理、党组成员张建恒，会见了来访的广州市委副书记李贻伟，广州市委常委、南沙开发区管委会主任丁红都一行，双方就推动合作进行了深入交流。雷凡培希望在今后的合作中将广州区位和市场优势同航天的高科技结合起来，把双方的项目结合点和机制结合点找出来，发挥双方优势、取长补短，共同推动航天技术落户广州及其产业化发展。

2014年6月底

航天五院召开了经营投资院长专题办公会。会上，总经费达8239万元的16个航天技术应用产业产品孵化项目通过审议，共获得五院孵化资金3574万元，厂所、公司配套4665万元，五院支持经费同比2013年增长25%。同时，制定了相应的《五院航天技术应用产业产品孵化项目管理办法》。乘着改革的东风，五院找准抓手，大胆实践，不断开创着具有特色的民用产业发展新局面。

2014年7月31日

中国航天科技集团公司所属中国乐凯集团有限公司（简称中国乐凯）与中国文化产业发展集团公司（简称文发集团）业务重组签约仪式在京举行。中国乐凯所属乐凯华光印刷科技有限公司正式重组北京科印近代印刷技术有限公司、中印印刷器材有限公司。根据重组协议，文发集团将科印近代100%股权和中印器材51%股权划转至乐凯华光。这有利于中国乐凯进一步整合印刷影像材料的市场资源，完善产业布局，提高华光印刷材料的市场占有率；也标志着中国乐凯在打造国际一流的新材料及系统服务商征程中又取得了新的进展。

2014年8月12日

由中国航天科技集团公司下属航天神洁（北京）环保科技有限公司设计研制的航天“枪”，在宁夏成功转化应用成果，有力地推动了当地经济社会发展和人民生活水平的提高。

2014年8月19日

高分二号卫星在长征四号乙运载火箭的完美托举下，腾空而起，精确入轨，标志着我国民用遥感卫星领域正式跨入米级分辨率时代。

2014年 11月 4日

中航光电注重军民融合，今年布局新能源汽车。中航光电军民融合的践行者，基本面扎实：公司在享受军品业务高毛利的同时积极拓展包括新能源汽车、通讯设备、轨道交通、新能源装备、民用航空装备等民品业务，其中新能源汽车方面拓展将是未来公司民品业务的亮点，目前公司军民品业务比例约为 55:45，收入和利润均保持 30% 以上的增长；国际业务方面，牵手全球最大连接器企业泰科，这次合作表明国际巨头泰科认可公司的综合实力，对泰科而言的一个小订单，可能会对公司带来可观的业绩弹性；外延并购方面，脚步逐渐加快，上市以来先后并购控股了沈阳兴华、中航海信、西安富士达和翔通光电等企业，未来预计会持续推进。

2014年 11月 5日

中国航天科技集团公司下属航天投资控股有限公司（简称航天投资）完成深圳市航天高科投资管理有限公司（简称航天高科）股权转让工作，实现项目投资收益 3.98 亿元，年化收益率 25%。航天高科股权转让是航天投资又一次通过市场化方式完成股权转让的重要探索。

2014年 11月 13日

中国航天科技集团公司董事长、党组书记雷凡培，副总经理、党组成员徐强在西安与陕西省委书记、省人大常委会主任赵正永，省委副书记、省长娄勤俭等领导座谈。集团公司与陕西省委、省政府就进一步加强央企与地方经济合作、在陕航天企业获得更多地方支持以及军民融合发展，充分交换了意见。

2014年 11月 21日

陕西省副省长李金柱一行到中国航天科技集团公司六院调研该院军民融合发展。李金柱希望该院在军民品两个战场上不断创造新成绩，使航天高科技进一步服务于国民经济发展，在“富裕陕西、和谐陕西、美丽陕西”建设和丝绸之路经济带建设中，发挥航天动力技术的引领和支撑作用。

2014年 12月 2日

苏宁云商集团股份有限公司与中国航天科技信息集团举行签约仪式，正式宣布双方将合力推进国内电子发票业务发展，扩大电子发票应用领域和地域。此外，双方还将在大数据合作的基础上，针对线上线下中小微商户提供包括支付、消费信贷、供应链金融和税务管理为一体的综合解决方案，推动互联网零售规范健康发展。

2014年 12月 16日

在宁波市召开的“2014 中国航天（宁波）新材料产业化论坛”上，中国航天科技集团下属 7 所研究院和 21 家工厂向宁波当地 1300 家从事新材料技术研发生产的民营企业推广了首批 30 项技术。

2015年初

国家工信部和国防科工局联合下发了2014年度军用技术转民用推广目录，中国航天科技集团公司七院7102厂自动变速器内齿形离合器毂旋压技术及装备成功入选。此次入选，对7102厂军民融合发展具有重要意义。

（二）中国航天科工集团公司

2014年3月1日

由贵州省人民政府主办的“贵州·北京大数据产业发展推介会”在北京中关村举行。中国航天科工集团公司总经理曹建国，副总经理方向明出席推介会。方向明代表集团公司与贵州省人民政府签署《共同支持贵州发展大数据产业战略合作框架协议》，双方将共同探索建立具有鲜明特色的跨区域大数据产业协同发展模式。

2014年3月11日

福建省省长苏树林、常务副省长张志南一行来到中国航天科工集团公司，与集团公司总经理曹建国就加强合作等事宜进行了会谈，并在多方面达成共识。

曹建国介绍了集团公司的发展情况。他指出，多年来，福建省对航天科工民用产业的发展给予了大力支持，双方合作非常顺利、愉快，目前几个项目已经“开花”，希望在此基础上加强沟通交流，将合作推向深处。苏树林表示，福建省与航天科工的合作一直在向前推进，富有成效，特别是通过搭建合作平台实现了科技成果的有效对接，希望双方今后明确更多合作切入点，开展更全面、深入的合作。随后，张志南表达了与航天科工在北斗产业、车辆前装、光学镜头、数据平台等方面加强合作的意愿，双方就这些领域的合作进行了深入交流。方向明表示，后续双方将研究具体方案推进合作项目落地。希望福建省政府一如既往地给予大力支持，确保项目顺利开展。

2014年3月13日

航天科工310所与哈工大签署战略合作协议：中国航天科工集团公司三院310所与哈尔滨工业大学经济与管理学院近日签署了战略合作协议，双方将在重大项目联合申报、重要课题联合攻关、人才联合培养、实践基地建设等方面开展长期合作。战略合作协议的签署将加快310所在信息技术等领域的建设，加快科技成果的转化和应用。

2014年3月14日

中国航天科工集团公司与鞍钢集团公司签署战略合作框架协议，中国航天科工六院同时与鞍钢集团公司综合实业发展有限公司签署了铝粉项目合作协议。此次签署的框架协议能够推动鞍钢集团产业升级，并且对航天科工集团公司的快速发展产生积极的影响，同时还能进一步加强双方的交流与合作，拓宽合作领域。

双方一致表示，将本着长期合作、整体规划、优势互补、平等自愿、相互牵引、创新共赢的原则，共同推进钛产业、专业车领域、航天防务军工用材研发等多领域的战略合作。

2014年5月6日

中国航天科工集团公司董事长高红卫，副总经理方向明、刘石泉一行到中国气象局参观访问。中国气象局局长郑国光会见高红卫一行。双方举行座谈会，回顾自2009年建立战略合作关系以来所取得的成果，就发挥各自优势深化合作交换了意见，并在风廓线雷达与探空系统研发建设、台风探测科学试验、星载降水测量雷达技术研究等方面达成进一步推进合作的共识。

2014年5月19日

中国航天科工集团公司总经理曹建国在京会见了到访的南京理工大学校长王晓锋、副校长钱林方一行，双方重点就创建协同创新中心进行了交流和探讨。

2014年5月28日

中国航天科工集团公司携车联网等20余项高新技术及产品亮相第三届中国（北京）国际服务贸易交易会（以下简称京交会），与联合国世界贸易中心共同主办“中国科技服务国际合作会议暨ITC主题日”活动并签署战略合作意向书。

高福来在致辞中表示，多年来航天科工已在科技服务领域的众多行业开展实践，积极发挥中国航天系统工程研发的综合实力优势，致力于将航天技术应用于国民经济与社会发展的各个领域，目前一些科技成果已在国家社会转型发展、经济转型升级过程中发挥出重要作用。

2014年5月29日

中国航天科工与华融公司深化交流，推动民品市场化合作，会谈中，双方在创新驱动企业发展以及加强创新交流和沟通方面达成了共识。

2014年6月5日

中国航天科工总经理曹建国在哈尔滨会见了黑龙江省委常委、常务副省长郝会龙。双方就发挥科技优势，抓住产业机遇，全力推进深层次合作进行了洽谈。

曹建国感谢省委、省政府一直以来对航天科工及驻黑企业的关心与支持，同时表示，航天科工将以“黑龙江省——中央企业振兴老工业基地战略合作推进会”为契机，投入到黑龙江的经济建设和社会发展之中，努力为地方经济发展助力，希望基于北斗应用的智能交通管理系统在高速公路试点应用以及钛合金全产业链、信息技术和装备制造等领域进行深层次合作。郝会龙代表省委、省政府对航天科工一直以来对黑龙江省经济社会发展所做的贡献表示感谢，并表示，黑龙江省与航天科工有着良好的合作基础，希望航天科工把黑龙江省作为重要战略合作伙伴，发挥航天优势，开展深层次合作。黑龙江省将积极主动地加强与企业的交流，全面搞好合作对接，完善政策，优化环境，不断把合作推向更深的层次、更宽的领域、更高的水平。

2014年6月10日

中国航天科工与神华集团在京签署战略合作框架协议。根据协议，双方将以矿用特种车辆、煤矿安全产品等领域为切入点，在产业联合、科技研发、资本运作、海外拓展等方面开展全方位合作。

2014年6月11日

中国航天科工集团公司召开2014年民用产业工作会。会议对集团公司成立15年来民用产业发展进行了回顾和总结，对近两年民用产业发展进行了分析，并部署了2014年及今后一段时期的民用产业工作。

2014年7月30日

中国航天科工集团公司与国家测绘地理信息局签署战略合作协议，双方将在低成本和快速响应测绘装备、目标特征识别和检测标校、地理信息数据应用等领域，开展更深层次、更多形式、更广范围的交流与合作，实现互利共赢。集团公司董事长高红卫、国家测绘地理信息局局长库热西出席签字仪式。

2014年7月31日

中国航天科工集团公司与中国工商银行签署战略合作协议，双方将在新的战略合作协议指引下，进一步加强银企协同合作，共同实现跨越式发展。

2014年8月7日

中国航天科工集团公司总经理曹建国在南京拜会了江苏省省长李学勇。双方就发挥各自优势，推进转型升级及战略层面合作进行了商谈，就深化航天科工与江苏在创新发展，促进经济转型升级等重大问题进行了深入交流，达成了在加强产业基地建设、共建研发机构、加强成果转化、推进人才合作、提升园区建设水平、建设智能江苏、发展平台经济、促进军民融合发展等方面建立战略合作的共识，共同努力开拓江苏与航天科工创新合作新局面。

2014年8月8日

中国航天科工江苏企业联合会成立大会在南京江苏省会议中心召开。曹建国要求航天科工江苏企业在“十三五”期间要按照“1233”重点产业发展思路，即持续巩固航天防务这一航天科工首要主业；加强信息安全和物联网两大技术应用在江苏的整体布局；打造应急救援与后勤保障装备、高端复合材料与新材料以及高端工业基础产品等三大产业集群；积极拓展节能环保装备、智能电网和现代服务业等三大业务领域。充分发挥航天体系研究与设计、电子信息与仿真、光机电一体化技术等方面的技术优势，重点在保障江苏地区信息安全、粮食安全、公共安全、金融及税务安全、能源安全、安全生产、环境安全、气象安全等领域发挥积极作用，服务江苏科学发展。

2014年9月5日

中国航天科工集团公司召开党组中心组专题学习会，先后学习了习近平总书记在两院院士大会和中央政治局第17次集体学习会上的讲话，并就贯彻落实习近平总书记关于科技创新和军事创新的讲话精神进行了学习讨论。曹建国指出，“没有创新就没有发展，创新是航天科工发展的立企之本、不竭动力”，习近平同志关于军事和科技创新的讲话精神对航天科工的指导意义和要求更加具体、明确，集团公司作为创新型企业，应该发挥更重要的作用，创新体系要进一步完善，加快科研成果转化和军民融合，发展规划要充分体现创新，深化研究，做好立项，为建设创新型国家作出贡献。

2014年9月9日

中国航天科工集团公司董事长高红卫、副总经理魏毅寅会见了来访的南京市市长缪瑞林一行。双方就进一步拓展合作领域、深化战略合作、加强企地联系进行了探讨。高红卫表示，集团公司将抓住南京市发展的机遇，进一步加快航天科工在南京市的发展步伐。他指出，芯片制造、智慧城市、云制造、自主可控计算机、新材料等方面是集团公司近期的重点业务，希望与南京市在这些领域开展深度合作。

2014年9月15日

按照公安部的统一部署，在广东省试点签发取得成功的基础上，全国公安机关出入境管理部门自2014年9月15日起全面启用电子往来港澳通行证。电子往来港澳通行证制证设备及系统开发由中国航天科工集团公司所属航天信息股份有限公司独家承担。制证设备采用模块化设计，具有良好的可伸缩性和扩展性。航天信息研制的制证系统创新性地集成了射频识别、信息安全等领域的多项先进技术，走在国内电子证件制证领域的前沿。

2014年9月23日

中国航天科工集团公司与大唐电信科技产业集团签署战略合作协议。根据协议，双方将按照“优势互补、友好合作、协同创新、互利共赢”的原则，依托各自优势领域和专业技术，面向国家重大战略和用户需求共同培育项目展开合作。双方将在移动通信、集成电路设计与生产、智慧城市技术和企业文化等领域深入合作。

2014年10月9日

中国航天科工集团公司与浪潮集团有限公司在京签署战略合作框架协议。航天科工董事长高红卫、副总经理魏毅寅与浪潮集团董事长兼CEO孙丕恕、副总裁胡海根、张海涛等出席签约仪式。魏毅寅和胡海根分别代表双方在协议书上签字。

2014年10月16日

由中国航天科工集团公司和江苏省镇江市人民政府联合主办的“航天新材料发展与应用研讨暨成果展”在江苏省镇江市举办。活动以“新材料新产业新融合”为主题，探讨了航天新材料的技术现状及发展趋势，探索新材料产业化及推广前景。

2014年10月18日

中国（苏州）智慧城市院士论坛在苏州吴中召开。论坛以吴中绿色智慧太湖新城一期建设为实践基础，研究探讨了智慧城市建设的理论与实践。本次论坛邀请了中国工程院院士钟山等7名院士和国家信息中心专家委员会主任宁家骏等4名国内知名专家参加。中国航天科工二院和合作建设方的相关领导和专家，当地企业界、金融界代表共150余人参加了论坛。绿色智慧太湖新城建设是中国航天科工二院应用航天系统工程理论，为苏州吴中区制定的包括绿色智慧太湖新城建设总体规划、设计、实施与运维等各个方面在内的智慧城市一揽子合作项目。其中，一期项目的重点建设阶段已于2014年9月完成，包括智慧绿岛、智慧展厅的建设和智慧管网、智慧交通的示范项目实施等。这是中央企业联合地方政府共同建设、运营维护智慧城市的“一揽子”合作模式，计划建成太湖新城全面监测、高效指挥的综合运行中心，精细、智能的城市管理与服务体系，高度共享的公共信息平台以及先进适用、国际一流的信息化基础设施，预计到2019年进入整体运营阶段。

2014年11月12日

中国航天科工集团公司举行航展签约活动，签约项目总计258个，签约总额达233.4亿元，涉及智慧城市、无人机系统及服务、雷达系统服务、电力装备、国际工程承包等多个领域。

2014年11月26日

中国航天科工集团公司所属航天信息股份有限公司与苏宁云商集团股份有限公司在北京正式签署战略合作协议，宣布双方将在电子发票、线下金融收单、供应链金融等业务领域展开全方位合作。两家领军企业的携手，尤其是在电子发票项目上的合作，将对推进我国电子发票应用产生积极影响。

2014年11月30日

中国航天科工集团公司与江苏省人民政府在北京签署战略合作协议，双方将在高新技术产业、智慧江苏建设、企地人才交流等方面加强合作，实现共赢。

2014年12月3日

山东省德州市人民政府与中国航天科工集团公司、中国冶金地质总局在德州市签订了《关于开展住房和城乡建设部城市地下管网综合管理试点工作的合作框架协议》，此举标志着住建部第一个城市地下管网综合管理试点项目正式落地。

2014年12月15日

航天科工长峰“平安通”助力诸暨公共安全：中国航天科工集团航天长峰公司和浙江省诸暨市公安局联合研发推广的“平安通”软件日前问世，该软件不仅能监督警力巡逻、分派接警单，还能识别机动车的身份信息、识别通缉逃犯。

2014年12月17日

中国航天科工集团航天重型工程装备有限公司与武汉理工大学签署了共建重型工程装备联合研发中心协议，标志着由双方共建的重型工程装备联合研发中心正式成立。据悉，该研发中心将以武汉理工大学技术优势、研究环境以及人才优势结合航天重工研发能力及技术应用环境为基础，致力于重型工程装备及专用汽车产品的研究、开发和制造，努力提高双方的技术研究实力、创新设计能力，加快人才的培养和技术成果转化。

2014年 12月 17日

中国航天科工集团北京航天测控技术有限公司与南车青岛四方签订了中国标准动车组综合调试技术研究项目合作协议，航天测控公司将继续对即将问世的中国标准动车组的调试技术进行研究。

2014年 12月 27日

中国航天科工集团公司二院与北京市西城区签订了战略合作协议并召开了双方联合组建的航天科工智慧产业发展有限公司成立大会。双方一致表示，将借助航天科工二院在技术与人才上的优势与西城区所在的地理位置优势、经济社会优势和金融业优势，共同推进经济、社会、产业转型升级。共同组建公司、携手进军智慧产业是双方战略合作的第一个成果，后续双方将建立高层领导的定期会商制度，进一步深化合作。据悉，航天科工智慧产业发展有限公司由航天科工集团、西城区金融街（投资）集团、中国航天科工二院及其下属厂所等单位共同出资组建。该公司将全面投入智慧城市建设，为推动我国智慧城市产业快速健康发展做出贡献。

2014年 12月

利用航天技术服务城市社会管理和安全管理，住建部城市地下管线综合管理试点、天疆工程、香港自助通关等一批重点项目相继落地，高层楼宇灭火装备获得市场准入资质，吴中新城打响航天科工“智慧城市”品牌。

2015年 1月 22-23日

中国航天科工召开 2015 年工作会议中，指出中国航天科工集团公司的主要八方面工作。其中，二是突出抓好民用产业发展。搞好产业发展统筹规划，开发新产品新业务，构建产业链产业群。推动由传统制造企业向智能化制造企业转型。加强装备制造与信息技术深度融合，促进产品更新换代。加快技术改造与创新，培育新经济增长点。

（三）中国航空工业集团公司

2014年 4月 4日

中航工业－柯林斯第三届高层战略委员会在京召开。集团公司副总经理张新国与柯林斯公司首席执行官兼总裁凯利主持会议，双方就多个领域的合作项目交换了意见。中航工业航电系统、飞机、直升机、资产事业部、雷电院、蓝天公司等相关单位领导参加会议并发言。

2014年 8月 2日

中国航天科工集团公司研制的多款军民融合产品参加第二届特种车辆与零部件展览及技术协作论坛。其中多模光电跟踪仪和车载夜视辅助驾驶系统引起了参会代表们的广泛关注。在展会上，航天科工集团公司就光电跟踪、观瞄专业方向与多家参展单位初步达成合作意向。此次展会以“深层次推进军民融合式发展，促进特种车辆行业技术进步”为主题，集中展现军民企业、高校和科研院所在特种车辆技术创新中的优势和成果，促进了整车与零部件企业之间的推广、交流与合作。

2014年8月5日

集团公司董事长林左鸣、副总经理吴献东在京会见了来访的徐州市市长朱民一行，就进一步加强双方战略合作和集团公司推进创意经济发展进行了深入交流。

2014年10月8日

航天科工为民航提供首部对流层风廓线雷达：中国航天科工集团，航天科工二院23所将为我国民航提供首部对流层风廓线雷达。该雷达系统能以较高的分辨率探测大气的风速和风向，为民航飞行安全护航。

2014年12月8日

中国航空工业集团公司与江西省政府在北京签署深化战略合作协议，双方将在"互惠互利、项目支持、共同发展"的原则下，共同在江西打造功能齐全、特色鲜明的航空及相关产业集群，为建设航空工业强国、繁荣江西地方经济做出更大贡献。

2014年12月17日

中航通用飞机有限责任公司与广州中恒集团、美国德事隆远东私人有限公司在北京共同签署成立广西中恒国际商务航空有限公司的合资协议。新设立的公司将共同打造国内起步最高的商务航空发展平台。

2014年12月29日

"中航国际航空零件制造企业联盟"成立大会在北京召开，中航工业、中航国际、中国科学院微电子研究所、法国BV国际检验集团BV认证（北京）有限公司、NADCAP全球唯一运营机构质量评审协会（PRI）等5家合作方机构、院所等单位领导、20余家首批加盟企业与观察员企业代表以及多家媒体参会。该联盟由中航国际组织，旨在整合国内优质制造资源，打造适合民营企业成长发展的"航空制造生态圈"；并以航空制造为支点，在技术及市场方面辐射至汽车、航天、轨道交通、医疗、精密仪器等其他行业，促进我国在未来高端制造业中实现弯道超车。该联盟相关负责人表示，在未来两到三年内力争实现由民营企业承担的航空制造产值翻番，中远期目标是使航空工业产值超过中国GDP的1%，成为国家经济发展的新的支柱产业之一。

（四）中国船舶工业集团公司

2014年1月9日

中国船舶报社与湖北科学技术出版社有限公司签署战略合作协议，双方将实现跨地区、跨媒体、跨行业的战略合作，共同打造船舶图书出版第一品牌。中国船舶工业集团公司党组成员、纪检组长张兆本，中船集团办公厅主任柯王俊，长江出版传媒股份有限公司总经理周艺平，湖北省新闻出版局副局长鄢桃生出席了签字仪式。中国船舶报社社长李忠与湖北科学技术出版社有限公司总经理何龙签署了战略合作协议。双方将在做大做强传统专业出版方面开展合作——力求通过整合中国船舶报社独有的船舶行业资源优势与湖北科学技术出版社有限公司专业图书出版优势，打造一批紧跟中外船舶制造行业发展趋势的船舶科技、船舶教育精品图书，尽快占领中国船舶图书的出版资源高地。此外，双方还将在数字化出版、立体化品牌营销、延伸产业链方面开展探索性合作。

2014年4月21日

海鹰企业集团有限责任公司有关领导会见了到访的西北工业大学院士马远良、院长杨益新一行，双方就进一步加强合作进行了广泛深入的交流。在会谈中，双方就人才培养、合作研究以及省院士工作站共建等事宜进行了沟通，并达成共识，拟于近期签订校企战略合作协议。这将是继与哈尔滨工程大学签订战略合作协议之后，海鹰公司与高校签署的又一战略合作协议。

2014年4月24日

中船第九设计研究院工程有限公司与常熟市梅李镇政府进一步签订了《常熟市梅李镇新型城镇建设项目合作协议》，旨在推进梅李镇城乡一体化项目的具体实施。根据合作协议，双方共同出资成立“常熟中船梅李城乡一体化发展有限公司”作为项目的运作平台，双方各持股50%。平台公司将在5月份完成工商注册登记，股东双方将各自委派董事监事和管理人员共同对平台公司进行运作管理。中船九院承担梅李镇新型城镇化建设的总体规划，并参与土地的一级整理开发和公共配套设施建设的工程总承包或项目管理。

2014年7月14日

北京中船信息科技有限公司与浪潮集团有限公司签署战略合作协议，双方就未来战略发展达成共识。中船信息是专注于物联网与云应用为基础的智能制造管控领军企业，浪潮集团是中国领先的云计算整体解决方案供应商和云服务商。双方一致认为，在当前国家信息化战略的指导下，依托双方产品及业务领域的技术优势，应建立战略合作伙伴关系，共同迎接机遇与挑战。此次中船信息与浪潮集团确立战略合作伙伴关系，将促使双方进一步发挥各自在云计算与大数据研究、信息安全、高效能存储等方面的优势，加强产品研发、业务拓展及营销渠道合作，实现双方资源共享，促进共同发展，在时代与科技双重发展的大趋势下，携手共进，为打造中国制造业的信息化国产品牌奠定坚实基础，为推动国产信息化产业快速发展作出贡献。

2014年9月16日

中船动力安柴公司与武汉理工大学共建的卓越工程师班正式开班。这是安柴公司与武汉理工大学为贯彻落实《国家中长期教育改革和发展规划纲要（2010 ~ 2020年）》提出的创立高校与科研院所、企业联合培养人才的重大改革项目要求的具体行动。

2014年10月13日

中船第九设计研究院工程有限公司研发部组织召开主题为“大数据、智慧城市及行业应用”的技术研讨会。与会人员围绕“大数据时代与关键技术、智慧城市概念与现状、工程行业应用与思考”三个方面的内容，通过交流感受大数据时代的紧迫与智慧城市的宏大未来，思考大数据行业在工程领域的建立与推广。

2014年11月7日

中船集团与浙江省缔结战略合作关系：中国船舶工业集团公司与浙江省将进一步深化在船舶及海工装备制造业领域的合作，并签署了一系列合作协议。

2014年11月14日

国电科学技术研究院院长刘建民、国电科学技术研究院南京电力设备质量性能检验中心和燃机所所长刘志坦、国电科学技术研究院北京火电节能减排所所长李佃一行到中国船舶工业系统工程研究院访问，双方签署了《战略合作协议》。系统工程研究院有关领导及相关职能部门和研究所负责人参加了活动。据《战略合作协议》，双方将发挥各自在电力科学领域的市场、信息、人才等优势，共同申请和承担燃气轮机相关科研任务；联合成立燃气轮机进气过滤器性能检测实验室，并以此为基础联合申请国家能源技术装备评定中心。

2014年11月27日

上海市质量技术监督局对中国船舶工业集团公司第七〇八研究所承担的“喷水推进装置军民通用标准化试点项目”进行了评估验收。该项目围绕喷水推进装置相关标准开展了国内、外标准资料的收集与适用性分析，构建了喷水推进装置军民通用标准体系，设计标准178份，军民通用化率达到89%；新编10份企业级军民通用标准，规划了军民通用的三大产品标准系列；两个喷水推进装置国家船舶行业标准项目已经批准立项并开展研究。军民通用标准化体系框架合理完善，能够有效指导相关工作开展，取得了预期效果。验收专家组认为本项目将为我国和本市军民通用标准化项目的推进起到积极的示范引领作用。

2014年12月19日

中船电子科技有限公司与北京雷音技术公司在永丰基地正式签署收购协议。这标志着中船电科本部成立以来的第一单股权收购项目初步完成，系统工程研究院和中船电科在军民融合产业化发展的道路上迈出了坚实的一步。据悉，完成收购后，系统工程研究院和中船电科联合取得该公司的绝对控制权，直接决策进行资源整合注入，促进其加速发展。

（五）中国船舶重工集团公司

2014年3月19日

中国船舶重工集团公司七〇五所日前被西安市高新区评为“2013年度西安高新区军民融

合示范企业”，该所同时还获得“2013年度西安高新区统筹科技资源先进单位”、“2013年度西安高新区标准化示范企业”两个奖项。

2014年5月8日

中船集团与常州开展全面战略合作。中国船舶工业集团公司日前宣布，中船集团公司代表与常州市政府相关方面负责人就双方全面深度合作进行了洽谈，并签署了全面战略合作协议。

2014年9月2日

中船重工与青岛市携手打造海洋装备基地。中国船舶重工集团公司与青岛市政府共建海洋装备研发及产业化基地合作协议签约仪式在青岛举行。合作协议包括中船重工与青岛市《关于共建海洋装备研发及产业化基地合作协议》、《中船重工青岛(黄岛)海洋装备研究院共建协议》及《青岛海洋装备研究院暨青岛国际海洋装备科技城共建协议》。

2014年12月2日

中南装备有限责任公司与北京华油兴业能源技术有限公司签订了石油钻井泥浆处理站设备供货合同，合同金额5145万元，合同的签订标志着中南装备成功进入环保装备领域。

2014年12月24日

七〇七所“高端海洋装备产业化基地”入选天津市海洋经济科学发展示范区建设首批重点固定资产投资项目计划，在规划、土地、环评、节能、海域、人防等方面可享受天津市重点建设项目相关政策支持。“高端海洋装备产业化基地”用地面积19公顷，建筑面积22万平方米，是集研发、制造、试验、销售、服务及产业化发展的综合产业园，集中解决我国海洋运输领域、海洋工程装备领域和信息安全领域面临的国产技术装备“空心化”问题，将有力推动高附加值海洋装备产业的自主创新能力和科技成果转化能力。

(六)中国兵器工业集团公司

2014年3月6日

集团公司与辽宁省人民政府签署战略合作框架协议。同时，集团公司及中国兵器工业集团北方华锦化学工业集团有限公司与辽宁省及盘锦市人民政府签署关于对精细化工产业发展提供支持政策的协议。战略合作框架协议主要包括盘锦精细化工产业园、华锦集团现有装置升级改造等兵器精细化工产业在辽发展的重大建设项目，兵器有关在辽企业结构调整，新的合作领域拓宽等内容。根据协议，辽宁省政府将积极支持集团公司在辽投资发展，为集团公司在辽发展提供优良的环境；集团公司积极支持辽宁省经济发展，加快重大项目布局，拓宽在辽业务领域。

2014年3月7日

据中国兵器工业集团公司内蒙古一机集团公司日前发布的统计数字，该公司2014年1至

2月累计签订民品外贸合同金额约为4.7亿元人民币，同比增长72.1%，实现出口收入1.1亿元，同比增长52.4%。

2014年4月14日至17日

集团公司学习贯彻党的十八届三中全会和习近平总书记系列讲话精神培训班在兵器人才学院举办。集团公司董事长、党组书记尹家绪出席开班仪式并作了关于集团公司深化改革若干重大问题的思考的重要讲话。尹家绪指出，集团公司深化改革，总体思路是“两个突出、两个相结合”，即突出问题导向和市场导向，突出分类实施和分步推进；坚持系统规划和分头突破相结合、坚持自主完善和整合资源相结合。

2014年5月26日

集团公司全面深化改革领导小组召开第一次会议。集团公司董事长、党组书记、全面深化改革领导小组组长尹家绪主持会议并作重要讲话。会议审议通过了《集团公司全面深化改革领导小组2014-2015年工作要点》。《工作要点》布置了加强组织领导和顶层设计，推进市场化、企业化集团总部职能转变，深化结构调整，积极发展混合所有制经济，加快完善现代企业制度，完善科研管理体系，健全精益管理运行机制，深化用人制度改革和激励约束机制建设，完善党建工作制度与监督体系建设等9个方面的重点改革任务，明确了责任部门和进度要求。

2014年6月19日

贾宏谦在北京北方车辆集团调研时要求：整合社会资源增强民品市场能力。贾宏谦查看了北方车辆集团工具液压分厂、车体分厂、总装分厂和旅居车辆公司，听取公司负责人相关工作的汇报。贾宏谦强调，要转变观念开拓民品市场，要用多种方式将国外先进的民品技术消化、整合；从单纯的新技术开发转变为集聚技术和资源，使“羊毛出在狼身上”，整合一切有利于自身发展的社会资源，将民品搞出规模，抢占市场先机。要利用自身军品技术和工艺优势，进军高端机械加工的民品市场，让民品经营管理的经验反哺军品，不断加强军品的市场竞争力，真正做到军民品融合发展。

2014年7月21日

中国兵器工业集团公司与江西省政府在南昌签署战略合作协议，江西省省长鹿心社和中国兵器工业集团公司董事长尹家绪出席仪式并分别致辞。

2014年8月27日

中国兵器工业集团公司与国家测绘地理信息局签署战略合作框架协议。共谋北斗应用产业发展的战略布局。根据协议，双方将充分发挥各自优势，实现最大的社会和经济效益，在以北斗为代表的现代位置服务领域和以“天地图”为平台的地理信息服务领域，推进国家基础设施建设，推动位置信息和“天地图”在经济建设和公众应用方面的服务。双方就进行“一张网”（位置服务）建设和“一张图”（天地图）的商业化产业推广以及共同推动北斗产业走出国门等进行合作。双方将整合国家 CNSS 资源，率先建成能覆盖我国陆地和领海的全国北斗地基增强系统（一张网），在确保国家安全的前提下共同深度挖掘和开展基于北斗的位置信息在国民经济中的增值服务；双方利用天地图的平台和信息，全面推进位置服务与内容的市场化服务；共同推进国外北斗地基增强系统与位置服务运营平台建设，早日使北斗形成国际竞争力。

2014年 9月 2日

中国兵器工业集团下属的哈尔滨第一机械集团有限公司及江麓机电集团有限公司分别与北京理工大学开展产学研合作。

2014年 11月 4日

集团公司党组成员、纪检组组长王耀东到中国兵器工业集团动力集团调研。王耀东参观了动力集团展厅、整机试验室和国防重点试验室，深入到增压器可靠性试验台、循环耐久性试验验证系统考核实验台了解科研项目的进展情况，并与班子成员进行了座谈交流。王耀东要求，一是军品发展要抓好核心关键技术攻关，要从技术研发层面和工艺制造层面不断努力，提高产品的性能和质量。二是民品发展要解放思想，坚持走“扩军寓民、以民促军”的发展道路。三是要善于发挥兵器优势、品牌优势及地域优势，在大策划、大品牌上下工夫，把企业做大、做强。王耀东强调，要加快创新人才队伍建设，用好“千人计划”专家，在推动军民融合发展中发挥更大作用。

（七）中国兵器装备集团公司

2014年 1月 22日

集团公司 2014 年工作会议在京隆重召开。唐登杰站在贯彻落实十八届三中全会精神的全局，深刻剖析了全球经济、国内经济形势和集团产业发展环境，系统指出了集团公司应对之策。唐登杰强调，不深化改革就没有出路，不转型升级就不会有新的发展，不改进作风就会失去事业根基。当前及今后一个时期，我们必须以高度的使命担当和行动自觉，乘改革东风，全力打好全面深化改革，转型升级、做强做优和改进作风“三大攻坚战”，确保实现“211 战略”目标，积极谋划、研究制定“十三五”规划和集团远景发展战略，为打造具有国际竞争力的軍民结合型企业集团奠定坚实基础。

2014年 8月 26日

唐登杰董事长在集团公司 2014 年党委书记培训班主题报告中宣告的这一战略构想——解放思想，开拓创新，真抓实干，以全面深化改革破除体制机制的桎梏，构建一流的管理体制机制；以创新驱动、转型升级、做强做优为牵引，持续打造先进军工和现代产业体系，培育一流的产业；以改进作风培育基业长青的优秀基因，积淀形成一流的文化，全力打造具有国际竞争力的军民结合型企业集团。

（八）中国核工业集团公司

2014年1月7日

中核集团总经理、党组副书记钱智民，党组成员、副总经理吕华祥一行前往中国科学院上海分院，拜会该院院长江绵恒。双方就校企合作事宜进行了交流洽谈。江绵恒对中核集团领导到访表示欢迎，并简要介绍了上海分院有关情况以及上海科技大学成立筹备进展，希望与中核集团加强合作，为核事业培养人才。

钱智民介绍了中核集团人才培养和校企合作总体状况，并表示愿意积极支持上海科技大学的建设和发展，从学科设置、教材建设、互派兼职教授、提供教学实习基地、优先接收毕业生、形成产学研相结合体系等方面与中科院上海分院广泛开展合作，利用中核集团现有的核工业大学优势和校企合作经验，共同推进中核集团与上海科技大学校企合作项目进程。

2014年2月26至27日

中核集团总经理、党组副书记钱智民一行在南京市分别拜会了江苏省委书记罗志军、省长李学勇，并走访了江苏省发改委。双方就中核集团在江苏省核电的后续工作，风能、太阳能开发，核技术应用，服务、医疗产业发展等方面进行了座谈和交流。江苏省委副书记石泰峰、常务副省长李云峰、省委秘书长樊金龙、省政府秘书长张敬华；集团公司党组成员、副总经理俞培根出席会见。

2014年3月6日

中核集团总经理、党组副书记钱智民在北京市国谊宾馆拜会了辽宁省委书记王珉，省委常委、省委秘书长陈超英，副省长谭作钧等领导。双方就辽宁徐大堡核电项目，铀矿勘查采冶，核技术应用，风能、太阳能开发等方面进行了座谈和交流。钱智民对辽宁省一直以来给予中核集团的大力支持表示感谢，并重点介绍了中核集团在辽企业及重点项目的投资建设情况。钱智民表示在辽宁省委省政府的关心和支持下，中核集团在辽企业得到了长足的发展。徐大堡核电将按照国家AP1000核电及省委省政府的统一部署开工建设。中核集团将积极支持辽宁省风电、太阳能发电以及核技术应用等产业的发展，积极做好铀矿勘查等方面的工作。辽宁省作为工业大省，将迎来新的发展机遇期，中核集团希望辽宁省能够继续关注集团的发展，在更深层次开展合作，进而为辽宁省发展做出更大的贡献。王珉对中核集团长期以来对辽宁省发展做出的贡献表示感谢。他表示辽宁省将一如既往地关注和支持中核集团的发展，进一步加大集团在辽铀矿勘查的支持力度，为企业创造良好的外部环境。同时希望与中核集团加强合作。

2014年3月18日

中核集团将与中科院和上海科大展开项目合作：中国核工业集团公司日前与中国科学院上海分院和上海科技大学举行交流会，就钍基熔盐堆项目研发、校企合作、人才培养等事宜进行了深入讨论。中核集团与上海科大、中科院上海分院就人才队伍、专业技术人才培养能力、校企合作等方面提出下一步合作计划。三方将重点在学科设置、师资选配、教材建设、互派兼职教授、实习基地、科研合作及产业合作等方面深入对接，共同努力培养世界一流的核科技人才。

2014年7月15日

中核集团总经理、党组副书记钱智民在山东省济南市拜会了山东省委副书记、

省长郭树清，双方就合作事宜进行了会谈。山东省委常委、常务副省长孙伟，副省长张超超，中核集团党组成员、总会计师李季泽陪同。会谈中，钱智民介绍了集团公司在鲁核电、光伏发电、风电、核技术应用、核装备制造、核能小型堆等相关产业的进展情况。钱智民表示，中核集团愿意进一步加强与山东省合作，为山东省经济社会发展作出贡献。

2014年8月22日

中核集团总经理、党组副书记钱智民在广州拜会了广东省委副书记、省长朱小丹，并出席了中核集团与广东明阳集团战略合作协议签约仪式。中核集团党组成员、副总经理曹述栋，总经济师黄敏刚一同出席仪式。钱智民介绍了中核集团在粤相关产业发展及与广东明阳集团合作进展情况，并对广东省长期以来对中核集团的大力支持表示感谢。朱小丹代表广东省委、省政府对双方的合作表示祝贺，他指出，明阳集团是广东省重要的骨干企业，两集团的合作是强强联合，将对广东省经济发展起到推进作用，广东省将一如既往地关注和支持中核集团在粤产业发展，并为中核集团和明阳集团在粤发展及双方合作创造良好的外部环境。会见后，中核集团与广东明阳集团举行了战略合作签约仪式。

2014年9月19日

集团公司总经理、党组副书记钱智民一行在参加完河北省核产业发展领导小组第一次会议之后，与河北省委书记周本顺，常务副省长杨崇勇，省委常委、省委秘书长景春华等领导进行了会谈。会谈中，周本顺代表河北省委省政府对钱智民一行的到来表示欢迎，对中核集团一直以来对河北省经济、社会发展的支持表示感谢。周本顺表示河北省目前迫于环境的压力，钢铁、水泥、玻璃等支柱型产业一再压缩产能，严重影响了河北的经济发展，河北省正在进行能源和产业结构转型，中核集团在冀产业投资对河北省经济发展起到了很大的拉动作用，河北省会在具体项目发展的各个方面给予大力支持。钱智民对河北省委省政府的大力支持表示感谢，并对中核集团在冀核电、核技术应用、新能源等产业发展情况进行了介绍，表示中核集团愿意与河北省一起为京津冀协同发展作出贡献。

2014年10月16日

中核集团与西藏签署战略合作协议：中国核工业集团公司总经理钱智民与西藏自治区常务副主席丁业现就中核集团与西藏自治区开展新能源等方面的合作进行了会谈，并签订了战略合作框架协议。

2014年11月24日

中核集团总经理、党组副书记钱智民会见了江苏省委副书记、苏州市委书记石泰峰和市委副书记、市长周乃翔，并就中核集团在苏产业发展、加强项目合作等事宜进行了深入交流。

钱智民对苏州市委、市政府一直以来给予中核集团的支持表示感谢，介绍了中国核工业的发展历史和当前国家核工业发展形势。钱智民表示，希望政府继续支持中核集团驻苏企业的发展，共同推进核装备制造、新能源、核技术应用、医疗等产业落户苏州。

2014年12月2日

中国核工业集团公司总经理钱智民一行在广东湛江与广东省省长朱小丹就广东核燃料产业园有关项目及核电合作开发等情况进行了座谈。钱智民在座谈会上介绍了中核集团在粤相关产业的发展进度情况，并重点介绍了核燃料产业园在粤选址情况、与中国电力投资集团公司在湛江核电项目上的合作意向及后续发展建议。他希望广东省关注中核集团在粤发展，支持中核集团在多层面与各方展开深入合作。

2014年12月18日

国防科工局局长、国家原子能机构主任许达哲赴中国原子能科学研究院考察指导工作，国防科工局副局长、国家原子能机构副主任王毅韧，中核集团董事长孙勤、总经理钱智民、总工程师雷增光陪同。孙勤表示，中核集团将按照科工局领导要求，在下一步工作中继续搞好军民融合，加强重大专项工作，做好科技创新。

2014年12月28日

中国核科技信息与经济研究院（简称核信息院）与中国工程物理研究院科技信息中心近日签署了战略合作协议。依据协议，双方将在情报研究、外文资料翻译、图书音像出版、信息资源保障、知识产权战略研究等领域开展广泛深入合作。

2014年12月28日

中国核工业集团核动力研究设计院日前与中科院上海应用物理研究所签订了10兆瓦固态燃料钍基熔盐实验堆主体工程设计合同，标志着中核集团与中科院在第四代先进核能系统的联合设计和研发工作进入实质阶段。

2014年12月29日

在中核集团董事长、党组书记孙勤，厦门大学党委书记张彦等见证下，集团公司总经理、党组副书记钱智民与厦门大学校长朱崇实分别代表企校双方签署了战略合作框架协议。双方将在坦诚交流和友好协商的基础上，本着平等互利、优势互补、合作双赢的原则，围绕我国核电与新能源发展战略需求以及福建省新能源科技创新和新兴产业发展需求，建立长期战略合作关系，积极寻求在人才培养、科技研发、学术交流等方面的合作，实现互利共赢，推动我国核电与新能源事业的发展。

（九）中国核工业建设集团公司

2014年3月17日

中国核工业建设集团公司（以下称中国核建）与中国海洋石油总公司（以下称中国海油）

战略合作框架协议签字仪式在北京中国海油大厦举行。集团公司总经理、党组书记王寿君，中国海油董事长、党组书记王宜林出席签字仪式。在战略合作框架协议签署前，双方进行了会谈，就深化战略合作等事宜交换了意见。王寿君表示，中国核建与中国海油在LNG（液化天然气）储罐建造等大型工程建设领域有着长期良好的合作关系，此次签约是双方以实际行动履行合作理念的重要体现，希望借此机会共筑合作平台，扩大合作空间，交流管理理念，相信双方的合作一定能为国民经济发展、国家节能减排和两家企业的可持续发展提供新的动力。

2014年 3月 19日

中国核建与清华大学签署《关于进一步深化高温气冷堆技术产业推广的合作协议》，签字仪式在清华大学举行。中国核建党组书记、总经理王寿君，清华大学校长陈吉宁出席签字仪式并讲话。2003 年中国核建与清华大学合作成立中核能源科技有限公司，开启了双方合作推广高温堆技术的进程。十多年来，双方携手共进，密切配合，致力于推进高温堆技术的产业化，在投资建设、科研设计等领域开展了深入的合作。目前，山东石岛湾 20 万千瓦高温堆示范工程进展顺利。此次签署的合作协议是为了进一步深化合作，在国际国内两个市场推广具有我国完全自主知识产权的先进核能技术，明确双方在 60 万千瓦商用高温堆技术推广方面的责任与分工。合作协议的签署是中国核建与清华大学合作开发高温堆技术以来又一个重要的里程碑，标志着高温堆技术产业化进程迈出了关键一步。

2014年 3月 26日

王寿君在中核二二会见湖北省国防科工办及武汉市部分区政府领导。宾主双方进行了亲切、友好的会谈，重点就推进企地合作等事宜达成了进一步共识。

2014年 9月 28日

中国核工业建设集团公司与中国工程物理研究院（以下简称“中物院”）在北京核建大厦签署战略合作协议。中国核建党组书记、总经理王寿君与中物院院长赵宪庚共同出席签约仪式并致辞。王寿君表示，当前我国核工业正处于重要的战略机遇期，双方作为核工业的传承者，希望以此次签约为契机，发挥各自优势，在核能事业发展、核技术应用、核研究基地及设施建设、先进核反应堆技术研发、军工工程技术研究应用等多方面开展合作，加快科研成果的产业化应用，在实现双方共赢的同时，为国家核工业事业科学发展奉献新的精品。赵宪庚指出，协议的签署标志着双方的合作进入了更广、更深的新阶段。中国核建与中物院同根同源，在我国核工业从无到有、由弱渐强的发展过程中结下了深厚的战斗情谊。经过双方精心梳理、细心沟通，一致认为在军工科研设施建设、核技术应用等产学研结合领域有着广泛的合作空间。双方有着共同的国家使命、共同的合作意愿、共同的军工文化，合作必将取得丰硕成果，必能为我国国防科技工业的跨越发展及维护国家安全、服务经济建设作出新的更大贡献。

2014年 10月 14日

中国核工业建设集团公司与鞍钢集团公司（以下简称“鞍钢集团”）在北京签署战略合

作框架协议。作为同属国务院国资委直接管理的大型中央企业，中国核建与鞍钢集团达成的战略层面合作，标志着双方合作伙伴关系全面升级。王寿君强调，党中央、国务院对核工业提出了“又好又快又安全地发展”核电的方针，我国核工业正处于重要的战略机遇期，核电建设任务将快速增长。希望双方以此次签约为契机，进一步深化合作，发挥各自资源优势，促进合作共赢、共同发展。同时，预祝双方合作取得丰硕的成果，并为两个集团带来更加广阔的发展空间和美好的发展前景。张广宁指出，中国核建与鞍钢集团在各自行业内均处于领先地位，具有良好的合作基础。通过建立战略合作伙伴关系，可以进一步发挥双方在研发、产业、市场等领域的优势，不断提高核心竞争力，实现产业转型升级。下一步，双方将进一步加强交流和沟通，做好框架协议的具体实施工作，不断加快合作进程，全面拓宽合作领域，持续扩大合作成果，携手开创合作共赢的新局面。

2014年11月27日

中国核建与中陕核工业集团公司（下称“中陕核集团”）在西安签署战略合作框架协议，双方正式建立全面战略合作伙伴关系。中国核建党组成员、副总经理李清堂与中陕核集团董事长、党委书记张斌成在签约仪式上致辞，代表双方签署协议，并为双方共同成立的“联合工作组”揭牌。李清堂表示，此次战略合作协议的签署标志着双方合作迈出了实质性步伐，对于促进双方综合实力和核心竞争力的提升具有重要意义。两家企业同为核工业体系的重要组成部分，血脉相连、同根同源，此次深化合作对于贯彻落实中央提出的“一带一路”战略构想和西部大开发战略，推进陕西省及西北地区城镇化进程和清洁能源利用等方面必将发挥重要的促进作用。希望双方在战略合作框架下，继续完善合作机制，做好信息沟通和项目对接，争取早日进入实质性合作阶段。张斌成表示，中陕核集团作为陕西省唯一的涉核大型企业集团，在地质勘探、矿冶研发、核工程、民用工程建设、辐射监测等领域具有突出特色。此次与中国核建这一富有竞争力的大型央企合作，将是中陕核集团对外合作的又一重要里程碑。希望双方通过优势互补、协作共赢，形成中省联动的发展态势，为西北地区经济发展和核技术应用作出更大贡献。

（十）中国电子科技集团公司

2014年3月14日

中国电子科技集团公司与中国船舶工业集团公司在京签署战略合作框架协议。中国电科总经理熊群力，党组书记樊友山，副总经理王政，总工程师吴曼青；中船集团董事长、党组书记胡问鸣，副总经理吴强、吴永杰，以及两大集团总部有关部门和部分成员单位的领导出席签约仪式。中国电科和中船集团同为军工集团，有着共同的政治责任和历史使命，长期以来一直保持着良好的合作关系，为了适应国民经济建设和国防建设的新要求，推进武器装备向机械化、信息化复合发展，为发展海洋经济、维护海洋权益，建设海洋强国发挥更加积极的作用，经过双方充分酝酿和友好协商，决定签订战略合作框架协议。

2014年 4月 10日

中国电子科技集团公司与成都市签署战略合作框架协议，决定建立长期稳定的战略合作伙伴关系，共同在成都大力发展网络信息安全产业。中国电科总经理熊群力会见成都市委副书记、市长葛红林，并共同出席签约仪式。按照协议，中国电科将根据国家安全战略发展需要及成都市发展战略，充分发挥国家军工电子科技的品牌、技术、人才及资金优势，整合资源，将成都作为中国电科信息安全技术和产业发展的核心区域，在未来 3 年内，努力将成都建设成为“国内卓越、世界一流”的网络信息安全新技术、新产品研发总部及网络信息安全产业基地和网络信息安全人才聚集地。协议明确，双方将重点在以下领域开展合作：一是共同建设国家示范网络信息安全产业园；二是共同打造网络信息安全产业链；三是共同推动“时频 通导”产业发展；四是共同推动通用航空产业发展。

2014年 4月 23日

第十一届中国重庆高新技术交易会暨第七届中国国际军民两用技术博览会以“军民融合创新发展”为主题，由科技部、工业与信息化部、中国科学院、中国工程院、中国发明协会、重庆市人民政府共同主办。中国电科携其安全电子、智慧电子、绿色电子产品参展。海康威视、太极股份、重庆声光电、3 所、9 所、10 所、14 所、18 所、22 所、29 所、30 所、38 所、中国电科电子装备有限公司纷纷展示了他们的“拳头产品”。展示共分为集团形象、安全电子(海康威视牵头)、智慧电子(太极牵头)、绿色电子(重庆声光电牵头)四大板块。

2014年 5月 8日至 10日

中国电科成功举办“第九届中国国际国防电子展览会”。胡爱民副总经理出席了第九届中国国际国防电子展览会，主持接待了包括俄罗斯、法国、埃及、秘鲁、巴基斯坦、玻利维亚等 100 余位的国外驻华武官，以及外交部、国防部外办等国家机关和军工集团，并接受了中国电子报的专访。期间，我集团公司还组织了武官活动主题报告、高访团接待、与俄罗斯武官专题会谈等活动，并展出了包括军、民、基础元器件在 C4I 系统、雷达、光电、声探测、通信、电子对抗、公共安全、智能交通、汽车电子、软件与信息服务、测试测量、电子器件与原材料等领域的 180 余项产品。

2014年 7月 28日

中国电子科技集团公司研制的国内首套 GBAS 卫星导航着陆系统，正在天津滨海国际机场开展安装和适航取证工作。这一新系统打破了传统仪表着陆系统影响航迹灵活性和机场吞吐量的技术局限，为机场实现更安全、更高效的运营提供了新的选择。

2014年 8月 14日

中电海康集团有限公司与江西省国资委战略重组凤凰光学集团签约仪式在南昌举行。中国电科总经理熊群力拜会江西省省长鹿心社，并共同出席签约仪式。本次重组完成后，中电海康将在省政府的大力支持下，致力于使“凤凰”光学产业成为中电科体系在光学业务领域的唯一战略平台；各方共同努力并力争将“凤凰”打造成为国内一流、世界领先的光学核心部件的高端供应商，并逐步形成光机电、研产销一体的具有核心竞争力的企业集团，重树“凤凰”品牌，奠定江西成为国家高端光机电一体化产业的战略制高地位，并以此形成中部地区与光学有关的产业辐射中心。力争在“十三五”末，实现“百亿”产业规模。

2014年 8月 17日

第 31 届国际无线电科学联盟大会在北京召开，中国电子科技集团公司总经理熊群力出席大会。据介绍，近年来中国电科充分发挥自身的优势，积极参与第 5 代移动通信的研究开发。在 5G 移动通信异构网的融合，高频段超高速传输和低能耗的核心技术领域，发挥了重要作用。正在开展异构无线资源调配系统、新型天线与射频技术、协作通信技术，新一代物联网体制架构技术、卫星移动通信技术和相关集成芯片的开发。

2014年 10月 24日

在物联网产业技术创新战略联盟第一届理事会第二次会议上，作为联盟理事长的熊群力表示中国电科已经也必须在物联网产业技术创新上先行一步。

2014年 12月 16日

中国电科与四川省政府在成都签署全面深化战略合作框架协议，进一步深化战略合作关系，共同推动信息安全、航空电子等产业跨越发展。根据协议，双方将在加强顶层规划设计、加快国家示范网络信息安全产业园建设、组建产业技术创新联盟、组建信息安全产业发展研究院、成立产业投资基金等 9 个方面深化合作，打造世界一流的网络信息安全综合服务基地、信息安全研发生产基地，集中力量攻克一批关键共性技术，大力推广信息安全产业示范应用。双方还将构建高层会商机制和长效对接机制，整合资源，力争把四川作为中国电科信息安全技术、民用航空电子产业、通用航空产业发展以及智慧医疗健康项目的核心区域，同时积极开展与成都电子大学产学研深度合作为典型示范的多项在蓉合作项目，充分发挥国家军工电子科技的品牌、技术、人才和资金优势，助力四川省建成国家电子信息产业和通用航空产业高地。

第八部分 国家级军民结合产业基地军民融合工作

目前，全国共有军民结合领域示范基地 26 家，覆盖了北京、湖北、湖南、陕西、贵州、云南等共 19 个省市区，涉及卫星及其应用、航空、特种汽车、高端装备、新材料、新能源等产业领域。2014 年，在国家及地方一系列政策规划的引导下，军民结合产业示范基地继续保持稳速发展态势，科技创新能力明显增强，公共服务水平进一步提升，在促进军民结合产业集聚化规模化发展、推动军工经济与地方经济融合中发挥着越来越重要的作用。

一是创新能力进一步提升。示范基地不断加大创新体系建设，创新能力进一步提升。黑龙江哈尔滨经开区示范基地不断加大对发动机的研发力度，东安发动机集团与法国联合研制的新型涡轴发动机 WZ16/Ardiden 3C 成功实现首次台架试车，实现了我国在 6 至 8 吨级直升机用发动机领域的重要突破。湖北襄阳樊城区示范基地的航宇嘉泰公司研发的直升机内饰集成系统大幅降低了传统直升机舱内噪音问题，提升了机舱内乘坐舒适性，其高强重比动态吸能技术、适坠性设计分析与验证、结构性能仿真与分析、先进复合材料等的应用都达到了国际领先水平。

二是军民用技术转移取得新进展。示范基地按照国家“军民结合、寓军于民”的指导方针，加快军工技术资源向民用领域转移，促进军工经济与地方经济融合，初步形成了军民互动、良性发展的格局。贵州贵阳经开区示范基地的军工企业，针对市场需要，先后开发出汽车零部件、石油采场物联网设备、汽车安全气囊、LED 防爆矿灯、电动轮椅等多种高科技民用产品，其中汽车零部件产业已形成近 40 亿元的市场规模。安徽芜湖高新区示范基地近年来在球墨铸铁管、大型铸锻件等领域取得了重大进展，通过将先进的军工技术向民用领域转化，使部分民用产品的产能和技术水平达到了国内先进水平，个别已达到国际先进水平。陕西西安航天产业示范基地积极推动军工相关技术向民品市场延伸，多项军工科技成果成功转化，取得了良好的经济和社会效益；其中，西安航天动力研究所“汽车自动变速器电磁阀”技术产业化的成功，打破了国外对我国的长期技术封锁和市场垄断，降低了我国汽车行业对国外技术的依赖度以及零部件采购成本，大力推动了我国汽车自动变速器的发展。

三是公共服务水平不断提高。示范基地积极构建军民需求信息、军民两用技术成果转化、军民融合项目投融资等服务平台，发挥社会组织和中介机构的作用，逐步建立健全军民融合公共服务体系，为军民结合产业的健康、快速发展提供优质服务。贵州遵义经开区示范基地通过建立推进产业发展的科技创新平台，积极推进军民两用技术的开发和转化，通过自建或支持有创建条件的单位创建公共服务机构等方式，不断健全公共服务机构体系，现已形成以“军民互动科技信息资源交流平台”、“军转民高新技术创业服务中心公共服务平台”为代表的公共服务平台17个，其中国家级服务平台4个。安徽合肥高新区示范基地积极创新投融资方式，通过成立安徽省军民结合产业基金、加强与各类金融机构的合作等方式为企业融资开辟更多的“绿色金融通道”；同时，不断完善产权和股权交易平台，促进军民结合企业产权和股权交易，为企业技术产权交易、并购及创业投资退出拓宽渠道，有力促进了军民用技术的双向转移。

（一）陕西西安市

1. 基地总体情况

西安国家民用航天产业基地，是由陕西省政府、西安市政府与中国航天科技集团联合共建的战略性新兴产业聚集区，总规划面积86.65平方公里，地理位置优越、交通便利。

自2006年11月30日成立以来，基地秉持“军民融合、天地一体、中外携手”的理念，积极推动以卫星及卫星应用、航天特种技术应用、航天电子信息为主导的军民融合产业发展。2007年被国家发改委批准为“国家级民用航天产业基地”。2010年2月被工信部批准认定为全国首批“军民融合国家新型工业化示范基地”。2010年6月，被国务院批复为“国家级陕西航天经济技术开发区”，成为目前国内发展空间最大、布点企业最多、产业门类最全的航天产业基地和全国唯一的航天特色经济技术开发区。2014年度规模以上工业企业总产值达163.6亿元；新增固定资产投资122.8亿元。

2. 主导产业发展情况

2014年度，西安航天基重点地围绕“空、天、信”等产业领域，深化和拓展军民融合，军民融合产业集群进一步丰富，产业体系进一步完善。

（1）“从星上到地面”的卫星应用全产业链初具规模，高地效应凸显

截止目前，西安航天基地共聚集卫星应用项目30余项，合同总投资逾300亿元。形成了以中国航天空间电子信息技术研究院、中国兵器北方通用电子集团、中科院国家授时中心、中科院遥感与数字地球研究所、西安卫星测控中心、西安测绘所、中煤航测遥感局等央企为龙头，以航天集团西安卫星应用产业基地、总参测绘导航卫星应用产业基地、中国－加拿大卫星通信产业园、北航科技园等专业化园区为承载，以中小企业为配套的产业发展格局。构建了覆盖从星上载荷到地面终端、服务运营等环节的全产业链条。

特别是2014年度，中国空间技术研究院西安分院新区正式启动运营，中科院国家授时中心“卫星导航与时间频率技术研发及产业化基地”等项目基本建成，中煤地航测遥感局“中煤领航导航定位服务平台”成为西北首个通过交通部认证的运营平台。陕西北斗康鑫公司北斗运营服务平台上线并成为西北首家获此资质的北斗运营服务商，对卫星应用产业的龙头拉动作用进一步显现。

（2）通用航空产业呈现集群化发展态势

中航工业宝成航空仪表西安研发中心、中航工业兰飞自动飞行控制研发基地、航佳航空飞行及测试仿真等项目落户基地，将与先期入区的中航工业华燕航空惯性技术研发生产基地项目相互融合，打造航空电子与飞行控制高技术产业集群，军民融合进一步向“空、天”一体化方向拓展。与此同时，继基地通航起降点获批、200米通航机场跑道修建完成并启动运营之后，完成了《西安航天基地通航产业发展规划（初稿）》编制，首批以产业集群形式引进黑光无人机研制、省公安厅警航基地等8大通航项目入区，产业内容涉及无人机、直升机、飞艇等通用航空器研制、销售、应用以及零部件生产等领域，全面建成投产后可实现30亿元以上，标志着基地通航产业规模化发展迈出坚实步伐；此外还吸引了一批通航服务优质项目向园区聚集。

（3）电子信息技术等战略新兴产业规模不断壮大

国家战略芯片储备项目、全路通号西安总部、航天九院16所工业机器人研发等项目先后入区，将以全新思路整合国防军工领域优势资源，进一步延伸和完善航天基地电子元器件、集成电路和物联网、云计算应用等电子信息技术产业链条，深度拓展军民结合应用领域；赛诺空间环境模拟项目，将引入加拿大先进控制和仿真软件技术，提升环境模拟水平和能力，满足更多的军民融合领域应用需求；推动大唐移动通信设备有限公司与西安北航科技园建立全面战略合作关系，重点在信息技术服务外包相关领域开展广泛合作。此外航天基地瞄准产业发展前沿，积极引进新材料、3D打印等优质新兴产业项目，推动航天基地新兴产业结构不断完善。

3. 科技创新支撑和产业配套能力不断增强

（1）科技能力持续提升，自主创新成果丰硕

截止2014年，航天基地有两院院士4人，研究所8家，高新技术企业28家。基地培育建设了一批以科技创新为主的公共服务平台，为企业发展提供了高效的服务，主要包括：国家级工程技术研究中心2家、国家级实验室4家、省级工程研究中心2家、省工程技术研究中心2家、省级企业技术中心5家、省级质量检验计量站1家、省级中小企业创新研发中心3家、市级企业技术中心6家、市级工程实验室1家、市级工程技术研究中心4家、市级质量检验计量站1家。航天基地内共拥有有效专利682件，其中发明专利385件、实用专利268件、外观专利19件；软件著作权10件。千人平均专利数量为34.89件。

（2）产业培育和创新体系更加完善

西安北航科技园首期投用，航天基地孵化器经营面积扩充至8.2万平米，与市科技局共同开展“科技企业小巨人培育工程”，中小型高科技产业和战略性新兴产业的聚集“洼地”效应逐步显现。建设西安航天科技西安卫星应用产业基地获市财政支持500万元。助力西安“丝绸之路新起点”建设，组织举办“空间信息与丝绸之路”研讨会、“北斗丝绸之路峰会西安站”等活动，产业影响力进一步扩大。

（3）城市功能加快完善，生态环境明显改善

城市配套和产业发展配套功能逐步增强，“一心三轴三区”的基地空间结构逐步呈现。一期23平方公里范围内的水、电、路等基础配套完成，二期基础设施正在加快建设。“三纵三横”城市主干道已建成，次干道系统基本实施完成。地铁二号线的运营，地铁四号线即将开通，使航天基地与市区及其他区块的联系进一步加强。基地的水资源供给能力为目前需求量的5倍；公路网密度为3.46公里/平方公里，高于西安市市区密度；园区现有绿地面积约166万平方米，已经成为西安市知名的“绿色氧舱”。在规划建设中，航天基地将具有特色的文化遗存与城市公共空间相结合，既注重打造揽月阁、航天广场等一批具有航天特色的标志性建筑和空间，又注重延伸西安历史文化轴线，同时通过少陵塬边坡治理建设航天城生态园。基地空气质量显著提升，主要污染物年均浓度大幅下降，2014年基地二级以上良好天数达241天，超全年任务91天，重点污染源排放达标率达到100%，环境质量得到了显著提升。

（4）社会事业长足发展，民生水平大幅提升

航天基地教育事业长足发展，已建成4所公办学校、幼儿园。名校和文化机构的入驻，进一步丰富了基地的人文氛围。医疗卫生机构的逐步完善，社区卫生服务机构基本覆盖全区。高标准实施城市公共设施建设，航天城中湖公园、体育运动公园的建成开放，西安交大航天城中小学、西安市人民医院的建设，航天城广场、张安世遗址公园、明藩十三王遗址公园、航天城文化生态园、航天博物馆等公共文体设施的开工建设，基地居民生活质量和环境品质得到较大改善，宜居宜业的城市新区正在形成。

4. 基地未来建设规划

未来西安航天基地将继续遵循“龙头引领、园区化承载、产业链打造，集群化发展”的工作思路，加大对总装、总参、航天科技集团、中科院、兵器集团、航空集团等优势资源吸引和民营产业力量的聚合力度，加大军转民发展力度，培育形成以航天民用及卫星应用、通用航空、信息服务（“空、天、信”）为主导的军民融合产业相互衔接、融合并进的军民融合发展高地。

（二）内蒙古包头青山区

1. 基地建设总体情况

内蒙古包头装备制造产业园区，总规划面积45平方公里，分为建成区（8平方公里）、

新建区（5 平方公里）、新规划区（32 平方公里）。园区依托一机集团、北重集团等国家“一五”期间重点建设的军工企业形成的产业基础和包头及周边地区资源优势，呈现出良好发展态势。2010 年 12 月，内蒙古包头青山区被工业和信息化部批准认定为国家新型工业化产业示范基地（军民结合）。

2. 主导产业发展情

园区始终把招商引资和承接产业转移作为工作的重中之重，立足现有产业优势，积极承接交通运输装备、新能源装备、铁路装备、工程机械等，不断扩大承接产业转移的成果，紧紧围绕自治区沿黄河沿主要交通干线经济带重点产业、产业集群的规划和产业定位，引进先进装备制造企业和生产线入驻园区，经过几年建设发展，初步形成了以重型汽车装备、新能源装备、铁路装备、综采装备、机电装备、工程装备为主的 6 大产业集群。

重型汽车装备以北奔重汽、中国重汽改装车等公司为龙头，以包头北创专汽公司、北重集团专汽公司、昊天曲轴、许昌远东传动轴等为配套；新能源装备主要以华锐风电、国电联合动力、瑞能风电为风电装备的龙头，以上海电气、中科恒源等公司为重点的光伏发电设备及配套产业；铁路装备以北方创业、晋西车轴等公司为龙头，以泰鑫工贸、一机林峰等为配套；综采装备以北重安东、一机大地、联德石油机械等公司为龙头，以国安工程机械、新创特钢等为配套；机电装备以太阳电缆、北重特殊钢为龙头，以新科电力、欧蒙电力等为配套；工程机械装备以北方股份、一机工程机械等公司为龙头，以新远重型机械、世腾工贸等公司为配套。

随着重点项目的实施，园区产业规模不断壮大、产业链条不断延伸、产业结构日趋合理。园区引进实施“中国兵器包头高端装备制造园”项目，计划投资 200 亿元，规划包括 5 万台重卡总装项目、10 万台车架项目、15 万至 20 万台发动机项目、铸造基地、锻造基地、军民结合传动基地、非军事战争装备项目、车辆减震橡胶项目等在内的 11 个项目。目前，5 万台重卡总装项目、10 万台车架项目、车辆减震橡胶等 3 个项目已奠基开工。

3. 支持基地发展的政策措施

在内蒙古自治区、包头市、青山区各级党委、政府的高度重视和大力推动下，包头装备制造产业园区实现了平稳较快发展。2010 年，园区被纳入自治区开发区管理，享受相关支持政策。2011 年，园区被审批为装备制造业产业基地，并列为沿黄河沿主要交通干线 22 个重点工业集中区之一和实施“双百亿”工程重点打造的 2 个千亿元级园区之一。包头市把优先发展装备制造业列入“十二五”工业发展规划，并出台了《关于支持包头装备制造业园区加快发展的若干意见》，从土地报批、出让、规划建设、资金等多方面给予支持，为园区营造了良好发展环境。青山区印发了《关于当前支持和促进中小企业发展的意见》、《关于进一步加强包头装备制造产业园区项目用地管理的意见》等政策性文件，建立并完善了高效的工作机制，全力推动园区加快发展。

4. 未来建设发展规划

园区将按照“总体规划、分步实施、滚动发展”的思路，在加快发展、延伸和完善6大主导产业的同时，着力引进和培育核电装备、化工装备、冶金装备、环保装备、特种原材料等产业，力争形成10个以上布局集中、潜力巨大、特色鲜明、具有影响和辐射带动作用的产业集群。围绕主导产业，加大招商引资力度，不断提高产业层次，优化产业结构，提升产业发展水平。

到“十二五”末，园区发展空间力争拓展到70平方公里，进一步提升园区承载项目的能力和水平。园区工业总产值力争突破1500亿元，占包头装备制造业总产值的比重达80%以上，装备制造业总量力争进入全国中西部地区118个地级市前10位，成为自治区、包头装备制造业的核心区，成为新型工业化示范区和中西部地区重要的装备制造业基地。

（三）湖北襄阳樊城区

1. 基地建设总体情况

2009年9月，襄阳市委、市政府抓住央企和军工集团产业扩张、加快发展的重大机遇，在樊城区规划建设航空航天工业园，使之成为转变襄阳经济发展方式、调整产业结构的重要支撑。园区一期10平方公里的区域已形成四纵七横的路网格局，配套设施有序推进，一批军民结合项目已建设投产。2010年12月，被工业和信息化部批准认定为国家新型工业化产业示范基地（军民结合）。

2. 主导产业发展情况

襄阳航空航天产业园区，地理位置优越，基础设施齐备。中航工业航宇的商用飞机座椅总装厂和碳纤维项目、空军5713工厂飞机发动机维修和部附件生产、航天四院高分子薄膜生产项目、中铁十一局的汉江装备制造基地等14个项目已建成投产。中航工业集团热表处理、新兴重工3611公司轻合金汽车零部件研发生产基地等16个项目正在建设中，中国印刷集团南方公司新上印刷包装生产基地项目等12个项目已签订协议，即将开工建设，投资总额达到220多亿元。

园区建设带动了与襄阳地区有关军工企业的聚集发展。中国兵器装备集团公司整合重组湖北制药有限公司，加大资金投入，扩大生产规模。中国兵器工业集团与襄阳市开展三大块合作洽谈，际华三五四二公司在樊城新增4万锭纺织生产线的快速建设、新三五四五等一批军工企业积极开发纺织物流园区。从各集团公司规划来看，驻樊军工企业3年内工业项目投入将达到207.5亿元。项目建成达产后，预计年可新增产值570亿元，新增税收75亿元。

3. 支持基地发展的政策措施

一是强力开展招商活动，迅速壮大园区规模。园区要发展，项目是核心，招商是关键。园区牢牢抓住招商引资这个主线，大力引进一批投资大、科技高的项目入驻，呈现快速扩张的良好态势。

二是加大政策支持，全力推进园区发展。园区建设发展离不开强有力地政策支持。襄阳市出台六项政策，支持园区建设。即：实行“一事一议”、“一企一策”的协调服务方式，因地制宜、因企制宜，落实相关优惠政策；保障项目用地指标优先调剂的政策导向；优先保证央企重大投资项目的道路、供电、供水、供气等配套条件；将与央企对接合作列入重点工程项目，享受重点建设项目各项优惠政策；为央企投资项目提供包括信贷、信托、保险等多种金融服务；为央企引进紧缺急需人才提供服务。

三是完善政策保障，推进园区建设。加强组织领导，把与央企对接纳入重要议事日程，明确任务，落实责任；建立沟通渠道，积极搭建园区与央企的互动交流平台，完善园区与央企对接合作的沟通协调机制；搭建财政支持平台，安排专项资金解决项目落户前的迁村腾地工作；健全协调机制，及时协调解决项目建设中具体问题，推进项目进程；加强队伍建设，建设专业、高效、廉洁的央企对接合作工作队伍，不断提升服务质量；营造良好氛围，加强对接合作政策、措施、成果的宣传，努力营造与央企对接合作的良好氛围。

4. 未来建设发展思路

园区将以科学发展观为统揽，抢抓新机遇，实现发展新突破。

一是抓紧研究编制襄阳军民结合产业化基地建设总体规划，争取国家更大的政策支持。借园区被评为国家军民结合产业示范基地东风，加强与上级主管部门的联系，拓宽思路，创新思维，创造更加有利于襄阳军工经济发展的政策和服务环境。

二是加强对现有重点项目的跟踪、服务、督办和协调。坚持把中央省属和军工重点项目建设放在更加突出的位置，组建强有力的工作专班，制定明确具体的工作方案，协调解决项目建设中的重大问题，为项目启动、建设提供优惠政策和高效服务，创造良好环境。

三是健全沟通协调机制，及时掌握央企和各大军工集团投资发展方向。加强与央企和军工集团公司高层联系，畅通渠道，密切沟通，及时对接，积极争取项目和投资。邀请央企和各军工集团高层来襄阳考察，增强央企和各军工集团对襄阳投资发展的信心。

在园区建设上，樊城区本着“高起点、高标准、高水平、适度超前”的原则，科学合理进行基础设施规划和建设，积极承接军工集团公司产业扩张，在充分调查论证基础上，在毗邻航空航天工业园的地区规划建设樊西生态新区，包含临汉江的10平方公里商住地，10平方公里工业用地和10平方公里现代物流用地，满足企业发展需要。力争到“十二五”末期，航空航天工业园实现工业总产值1000亿元，上交利税100亿元，解决10万人就业问题。

（四）湖北孝感经济开发区

1. 基地建设总体情况

孝感经济开发区（孝感高新区），是在三线调迁企业基础上逐步发展起来的，现有军工企业18家、职工3万多人。孝感市委、市政府坚持扶持军工企业发展的方针不动摇，以最优惠的政策、最优质的服务全力助推军工企业创新求变，有力地促进了开发区的建设和发展。2010年12月，孝感经济技术开发区被工业和信息化部批准认定为国家新型工业化产业示范基地（军民结合）。

2. 主导产业发展情况

孝感高新区充分发挥军工企业“技术先进、设备精良、人才济济”的优势，加强与地方企业技术攻关和技术服务，发展民品。华中光电、汉光科技等军工企业引领了高新区光电子信息产业的发展方向；三江航天集团孵化裂变的三江瓦力特、万山特种车、三江船艇等，奠定了基地特种汽车及零部件发展基础。

目前，孝感高新区由三江产业园、汉光科技园、华中光电产业园三大板块组成。三江产业园是基地的启动项目，由中国航天三江集团投资建设，一期占地面积1817亩，规划总建筑面积67万平方米，现已完工建筑面积约30万平方米。汉光科技园以原国营4404厂改制企业湖北汉光科技股份有限公司为基础建设，总投资12.4亿元，一期已完成投资4亿元，已建成7栋10万平米厂房。华中光电产业园由中国兵器装备集团公司投资，以旗下湖北华中光电科技有限公司为平台，拟投资20亿元，建设总建筑面积20万平方米的特种光电生产及动力设施区、激光器及激光加工设备生产及动力设施区、科研办公区、车灯生产区、生活辅助区。

孝感高新区主导产业为光电子信息、汽车及零部件制造、先进设备制造三大产业。汽车及零部件产业以“重型、专用、独创”为优势，以平板运输车、矿山自卸车、汽车灯具等产品为主体，万山公司、三江瓦力特公司、华中车灯公司、江河橡塑公司等一批军民结合项目不断发展壮大。目前在建汽车及零部件项目20个，总投资近80亿元。光电子信息产业在原有军工企业的光电子信息产业基础上，相继引进了武汉·中国光谷孝感产业园、华工科技、爱普科斯等重大项目，有望在2至3年形成产值50亿以上的产业。先进装备制造产业，依托三江集团先进机械制造能力，大力发展农产品加工成套设备、卫生材料包装设备、数控机床、病理检测医疗设备等，产品生产能力大幅提升。

3. 支持基地发展的政策措施

市委、市政府先后出台了《加快孝感高新区发展的决定》和《进一步推动高新区加快建设发展的意见》，将市直部门支持服务高新区工作列入年度目标考核，要求市直各部门每年为高新区办3至5件实事；市领导分别挂点联系企业，形成了市级领导与重点企业“直通车”制度；市直各部门对高新区简政放权，千方百计为企业提供优质服务。高新区管委会推行“一线工作法”，事在一线办、会在一线开、饭在一线吃、客在一线会；推行一个项目一个领导一个专班的服务协调机制，同时推行企业与村民、企业与社区、企业与部门“三道隔离墙”制度。经过各方努力，市委市政府、市直各部门和高新区管委会形成了良好工作合力，促进了基地建设发展。

4. 基地未来建设规划

"十二五"是深化基地建设发展的关键时期，高新区将加大招商引资和项目建设力度，奋力推进经济社会全面发展，努力形成基地内三个百亿产业集群（汽车及零部件、光电子信息、先进装备制造）和一个50亿产业集群（生物医药），建成一个百亿产业园区（三江航天产业园），力争高新区早日跻身国家高新技术开发区行列，实现军民结合产业基地更大、更强、更有特色、更具示范作用的发展目标。

围绕上述奋斗目标，2015年将着力抓好以下几方面工作。一是完善军民融合的体制机制，深挖军民结合产业示范基地能量；二是以招商为先导，抓好在谈重点项目招商签约工作；三是以落实为重点，全力推进项目建设；四是以发展为目标，全力实施"骨干企业提升、中小企业成长、创业型企业孵化"三大工程；五是以创新为动力，全力创新体制机制；六是以服务为保障，全力优化发展环境。

（五）湖南株洲

近几年，在省市两级党委政府的强力推动下，株洲军工进入了快速发展时期，军工企业融入地方经济，民用企事业单位参与军工建设进程加快，在推进株洲市新型工业化进程中作用显著增强。

1. 基地建设总体情况

株洲军民结合基地，以航空产业为特点，先后荣获"国家高技术产业基地"、全国唯一"中小型航空发动机特色产业基地"，2010年12月，被工业和信息化部批准认定为国家新型工业化产业示范基地（军民结合）。目前基地已建核心区3.5平方公里，共有企业49家，其中规模以上企业44家、航空类企业18家，在航空、电子、机械传动、电动汽车及零部件等领域在全国占有重要地位。

2. 基地建设的特点

项目建设有新突破。南方宇航非航产业园项目、中航湖南通用航空发动机有限公司项目、山河智能通用航空产业项目等先后竣工投产，山河三角鹰发动机开发主体湖南山河航空动力机械股份有限公司成功组建。目前正在实施的主要项目包括：通用机场项目；航空大道建设项目；中航湖南通用航空发动机公司项目；中航工业南方非航产业园（高精传动）项目；山河智能通用航空产业项目。

平台建设有新进展。一是搭建技术创新平台，基地与清华大学、北京航空材料研究院等全国18家企业、院校、研究所结成"通用航空发动机产业技术创新战略联盟"。二是构建军民需求信息、军民两用技术成果转化等服务平台，发挥社会组织和中介机构的作用，逐步建立健全军民融合公共服务体系。三是着力从株洲军工与民用工业互动和资源共享，株洲军工实现保军与促民的协调发展，民用工业更加有效地参与武器装备科研生产等三个方面，务实推进对接合作。

基础设施建设和征地拆迁有新突破。基地加大土地报批和征地拆迁工作力度，2011 年报批土地 726.59 亩；全年交付土地 1124.37 亩，其中：新开征 253.75 亩、已征未拆 351.12 亩、处理历史遗留问题完成交地 519.5 亩；成功融资到位 2 亿元用于基础设施建设。

地方积极参与军民结合产业的发展。湘江产业投资责任有限公司、株洲市国有资产投资控股集团有限公司积极注资成立中航（湖南）通用航空发动机有限公司，使株洲成为通用航空发动机的核心研发和制造基地；株洲市国有资产投资控股集团有限公司、长沙高新技术创业投资管理有限公司入股湖南山河航空动力机械股份有限公司，为山河通用航空发动机项目的起步和发展注入了新动力。9 月，中航湖南南方宇航产业园 (高精传动产业) 荣获 6 家公司入股。

3. 基地发展建设规划

株洲市高度重视基地发展，将航空产业作为株洲市支柱产业，将基地规划面积从株洲国家高新区“一区三园”之一的董家塅高科园现有范围上，扩大到 57.6 平方公里，全力打造千亿航空产业集群。

一是把握产业定位。瞄准战略性新兴产业，以通用航空产业为主攻方向，以通用机场为载体，以通用中小航空发动机为依托，以通用航空发动机、整机制造、通航运营、航空配套及衍生产业为核心，着力发展高端装备制造业，努力建设通航基地，打造航空新城。

二是转变建设模式。航空新城建设打破原有纯工业园区的发展模式，由“建园”向“造城”转变，以园促城、以城带园，走出一条产业化带动城市化、城市化促进产业化的发展道路，打造出一座以航空产业为主导，融商业金融、博览会展、生态居住、培训教育、医疗卫生、旅游休闲等城市功能于一体、环境优美、功能完善、配套齐全、宜业宜居的航空新城。

三是创新融资渠道。改变单一的融资建设开发模式。将以株洲市国有资产投资控股有限公司、芦淞区国资局等国有资本为主导，同时引入战略投资者，适时组建湖南通用航空产业发展股份有限公司，采用公司化、市场化运作模式，开发和建设 57.6 平方公里的通用航空城。

（六）四川绵阳科技城

1. 基地建设总体情况

绵阳是我国重要的国防军工科研生产基地，拥有以中国工程物理研究院为代表的大型军工科研机构 18 家，以长虹、九洲等为代表的大中型骨干企业 50 余家，以西南科技大学为代表的高等院校 12 所，在许多重要科技领域聚集着大量高层次人才。2008 年 12 月 28 日，胡锦涛总书记在绵阳视察时指示，“绵阳具有明显的科技优势，有一批像九院、二十九基地、燃气涡轮研究院这样的国家重点科研院所，也有一批像长虹、九洲这样的军民结合企业。要高度重视把军事技术向民用产品、民用产业转变工作，创建转化平台和机制，推进技术创新，形成一批具有技术优势的产业，这应当是科技城建设的重要任务”。2010年12月，绵阳科技城被工业和信息化部批准认定为国家新型工业化产业示范基地（军民结合）。

2. 主导产业发展情况

基地加快构建军工技术、民用技术、军民结合三大产业板块，推动“技术创新－产品创新－产业创新”的转化，培育了利尔化学、东材科技、九九瑞迪等军民融合高技术企业100余家，覆盖电子信息、空气动力、航空发动机、核物理与放射化学等300余个领域。同时，深入实施优势产业、企业、园区“三个倍增”计划，不断优化产业结构，形成了以电子信息、汽车及零部件产业为主导，食品及生物医药、冶金机械、材料新能源和化工环保产业为支柱的“2+4”优势产业集群，培育发展了三网融合与物联网、非动力核技术应用、节能环保等战略性新兴产业。

3. 支持基地发展的政策措施

建立协调机制和交流沟通机制，定期召开军地联系会议，定期举办绵阳科技城科技成果交易暨军转民高技术交易会，加快建设国家军民两用技术交易中心、军民融合技术转移中心，在绵国防科研院所、高校、企业战略合作不断深入。推进国防科研院所体制改革和市属科研单位改制，建立在绵主要国防科研院所、高等学校、大中型企业联合参与的规划编制和共同实施机制。加大招商引资力度。招商引资到位资金年均增长率近40%，成功引进一批国内知名企业，顺利承接了旭虹光电、金发科技等一批加工贸易转移项目。不断扩大对外交流合作。加强与长三角、珠三角、环渤海湾等区域和国外城市的交流合作，成功与20余个国外城市和上海徐汇区、福建福州市等近30个国内城市缔结为友好城市。

4. 基地未来建设规划

“十二五”时期，是绵阳科技城实现跨越发展的重要战略机遇期，基地将深入学习领会国家、四川省“十二五”规划和国发37号文件精神，全面落实国务院批复的《绵阳科技城发展规划（2011—2015年）》，坚持以科技创新为源泉、军民融合为特色、开放合作为动力，努力把科技城建设成为西部地区乃至全国的军民融合示范地、科技创新策源地、科技成果集散地、创新人才汇聚地、高新技术产业集中地。力争到2015年，科技城地区生产总值突破1300亿元，年均增长17.5%，高新技术产业增加值占工业增加值比重达到60%，基地军民结合产业增加值达到450亿元，在军民融合、人才集聚、科技创新、战略性新兴产业等方面取得新突破；到2020年，科技城地区生产总值在2010年基础上翻两番，达到2600亿元，基地军民结合产业增加值达到900亿元，建成中国特色军民融合型科技城，为加快推进国家新型工业化产业示范基地探索经验、做出示范。

（七）四川广元

1. 基地建设总体情况

遵循“两化”互动发展新理念，抓好基地规划调整，成功实现扩区，基地规划面积达到

28.23 平方公里，同时按照“基础配套、功能完善”的要求，加快基地内各园区基础设施建设，完成基础设施建设投资 17.3 亿元，建成标准化厂房 5 万平方米，川浙合作产业园、医药工业园等一批园区完成了“七通一平”。2010 年 12 月，四川广元被工业和信息化部批准认定为国家新型工业化产业示范基地（军民结合）。

2. 主导产业发展情况

基地按照“以关联项目形成产业链，以产业链优化提升产业园区，以产业园区构建产业集群”的要求，调整基地产业布局，整合四川电子军工集团、081 电子集团、长虹集团的技术、人才和资产，新建 081 工业园、军民结合产业园、长虹工业园等特色园区，不断延伸“电子装备整机—电子组件—元器件与电子原材料”主导产业链，以雷达、火控系统、民用雷达、电视电源及整机为重点，发展电子装备整机集群；以特种电源、微波组件、电子专用原材料为重点，发展电子组件产业集群；以特种电子元器件、特种电子装备方舱与车辆、电子节能技术等新能源、电子基础原材料为重点，发展电子元器件与电子原材料产业集群，促进产业规模壮大和转型升级。

基地依托龙头企业，逐步衍生和吸引更多相关企业集聚，大力发展一批为龙头企业配套的成长型中小企业，形成了大中小企业良性互动发展的格局。

3. 支持基地发展的政策措施

建立健全管理体制，成立了以广元市委、市政府分管领导任组长的国家新型工业化产业示范基地（军民结合）建设领导小组，办公室设在市国防科工办，建设、国土、环保等职能部门分别负责建设发展的相关具体对口工作；组建了基地建设开发公司，负责基地的规划、建设、管理工作；根据基地建设不同阶段需要，推动基地建设管理机构和工业部门、招商引资部门领导交叉任职，将基地建设纳入了工业单项目标考核的重要内容，建立了基地月通报制度；落实建设各项扶持政策，推行基地重大项目代理制和限时办结制，落实领导批示和督办事项办理责任制，建立了示范基地“一站式”、“一条龙”服务体系。

4. 基地未来建设规划

“十二五”期间，基地将以提升军民结合产业核心竞争力为引领，按照“两融、五化、一驱动”的原则，坚持军民融合、两化融合，实施集群化、特色化、市场化、生态化、规模化的发展战略，坚定不移推进创新驱动，以局部跃升带动整体发展，承接转移，错位发展，引领跨越；发挥示范带动作用，壮大军民结合高技术产业，以电子装备整机产业为核心，通过延长产业链条，完善电子组件、元器件和新型材料等配套产业，带动原材料、新能源、精密加工、汽车等关联产业，构建电子装备整机主导产业、电子装备配套产业和电子装备关联产业三个军民结合产业集群，努力把基地建设成为“特色鲜明、质量优异、规模适度、结构合理”，“创新驱动型、资源节约型、环境友好型、集群发展型”的国内一流新型工业化示范基地。到 2015 年，示范基地工业总产值达到 1200 亿元以上，年均增长 30% 以上；工业增加值达到 300 亿元以上，年均增长25%以上，工业增加值占全市地区生产总值比重达到45%以上，为推动军民融合和国防科技工业与地方经济互动发展做好示范。

（八）贵阳经济技术开发区

贵阳经济技术开发区于2000年被国务院批准为贵州省唯一的国家级经济技术开发区。贵阳经开区的装备制造业产业经过10多年的发展，已形成以航空航天、汽车零部件、工程机械及家用电器等为核心的装备制造业产业集群，其中规模以上企业达78家。

2009年，贵阳经开区规模以上工业企业中装备制造业企业有48家，工业总产值近240亿元，占经开区整个工业的比重近80%。区内装备制造业基本形成了航空航天、工程机械及配套、汽车零部件、数控机床、铸锻造工模具及热表处理等五大类别。中国贵州航空工业集团和中国航天科工集团两大军工集团，为创建军民结合提供了必要的条件。同时，经开区拥有4个国家级企业技术中心，12个省级企业技术中心，13个省级工程技术（研究）中心。

通过大力发展军民两用技术，促进军民结合，贵阳经开区军民结合示范基地将促进重点装备制造业企业上下游产品项目的配套建设以及基地内各企业的配套，有利于升级传统产业、企业技术创新和公共服务与技术平台的建设，提升产业集群的区域创新能力和核心竞争力，有利于使军工科研生产能力充分利用，形成军民良性互动的军民结合型高新技术产业。

（九）北京大兴区

北京市军民结合产业基地是为了落实《北京市人民政府关于加快推进军民结合产业发展的指导意见》中提出的“在大兴建设军民结合产业基地”的要求，推进军民结合产业发展的具体举措。是唯一一个获市经信委批复，挂牌北京市军民结合产业基地的市级产业园。

北京市军民结合产业规划面积20平方公里，分为建成区和规划区两部分。建成区面积4平方公里。重点发展总部经济、高端研发，已经有航天长征火箭、中国航空科技工业、兵器工业、中核（北京）仪器厂等军工集团所属企业以及嘉捷恒信等民参军企业入驻。

基地是首都高新技术制造业和战略性新兴产业发展的主要聚集地，东部发展带的前沿，京津唐发展带的起点，环渤海经济圈的核心。基地交通便利周边有京沪高速、京台、五环路、六环路等公路，由首都国际机场、南苑机场以及即将建成的首都新机场，同时拥有京东、京南两个物流枢纽，从基地可以快速到达机场、港口、物流枢纽及通往各方向的主要高速路。

（十）河北邯郸经济开发区

1. 基地建设总体情况

河北邯郸经济开发区，是2000年9月经河北省政府批准设立的省级开发区。自2001年启动建设以来，开发区重点加强军转民发展支持体系建设，支持军民结合重点项目发展，加快培育一批军民结合重点企业。截至 2011 年，开发区军民结合工业总产值、增加值、利润分别达到 685 亿元、226 亿元和 48.2 亿元，分别占开发区工业总产值、增加值、利润的 76%、77.6% 和 78.1%。2012 年 3 月，被工业和信息化部批准认定为国家新型工业化产业示范基地（军民结合）。

2. 主导产业发展情况

开发区经过多年的培育、集聚和发展，投资 72 亿元的“中船重工集团邯郸高技术产业基地”、投资 22 亿元的“新兴新能源储运装备产业基地”、投资 11 亿元的“汉光光电产业园”等大型生产基地已初具规模，实施重点军民结合项目 43 个，发展形成了一批具有较强竞争力，以高端装备制造产业、新材料产业为主导的军民结合优势产业、骨干企业及优势产品。

高端装备产业。拥有以新兴能源装备股份、邯郸新兴铸管特种材料、新兴河北工程技术、邯郸派瑞气体设备、邯郸派瑞电器设备、180 工厂等一批实力较强的军转民技术研发机构和生产企业，重点生产天然气储运设备、冶金环保节能成套装备、IGCC 成套装备、风电成套设备、新能源装备、重型压力容器、大型制氢装备、核电安全设备、空气净化装备、石油核探测设备、环境工程装备等主导产品，广泛应用于电力、电子、能源、冶金、化工、环保、建材、纺织、气象等行业，产品销售遍及 30 个省市、自治区，出口 30 多个国家和地区。

高端新材料产业。拥有邯郸派瑞特种气体、邯郸派瑞节能控制技术、邯郸光导重工、邯郸汉光轻金属材料、邯郸硅谷新材料、新兴铸管特种材料、邯郸鑫诺光纤有限公司、河北安普新能源科技、河北耐仕晶圆制造、邯郸华昊太阳能科技、河北安普科技新材料研究所、瑞典安普电力（公众）有限责任公司等一批军民结合高科技企业，重点生产芳纶纤维、碳纤维、玄武岩纤维等特种纤维新材料、光电新材料、导电陶瓷材料、电子特种气体材料、防腐材料、太阳能电池材料等产品，广泛应用于航天、航空、高速铁路、军工装备、办公自动化、新能源领域。

电子信息产业。拥有中船重工派瑞科技产业园、汉光光电产业园等众多军民结合项目，重点发展系列电子遥感、遥讯、遥控系统装置、先进仪器仪表等产品和与智能技术直接相关的产业。

3. 支持基地发展的政策措施

市委、市政府把军民结合产业项目作为调整邯郸产业结构，积聚经济发展后劲的重要工作来抓。市政府专门成立军民结合产业发展推进小组，市财政每年安排 5000 万元专门资金，用于军转民重大项目专项资金和补助。对 718 所计划实施的 78 项科技成果转化项目，市政府责成专门机构、专门人员在集中政策资源给予重点扶持；对汉光重工公司的产业化发展思路，市政府在涉及搬迁改造、置换土地等方面给予最大支持，首期可以解决建设资金近 6 亿元，土地指标 220 亩。开发区管委会为加快中船重工基地等重大项目的建设，按照“让企业干企业的事”的思路，对企业厂房等基本建设主动采用“代建制”，以便企业集中力量抓好产品研发、市场开拓等工作，确保项目快建成、早见效。

4. 未来建设规划

开发区将以科学发展观为指导，以军民结合产业大规模、高端化发展为目标，建设成为军民结合产业发展的技术创新基地和产业中心。

一是提高集约程度，壮大产业规模。2012 年，军民结合产业产值年均增长 33%，达到 900 亿元。到 2013 年，安排重点军民结合产业化项目 38 个，总投资 187 亿元，其中 27 个军民结合项目建成投产，11 个重点军民结合项目开工建设，形成军民结合产业化项目谋划储备一批、开工建设一批、竣工投产一批的良性循环。

二是优化产业结构，完善产业链条。大力发展军民结合新材料产业、军民结合高端装备制造业等战略性新兴产业，战略性新兴产业产值占 75% 以上。围绕主导产业突出、产业链条延伸，进一步提高现代服务业的支撑能力。

三是实现可持续发展。超额完成国家或省级政府下达的年度节能目标。主体园区单位产值能耗、单位工业增加值用水量和污水集中处理率达到国内同行业先进水平。工业“三废”排放、固体废物综合利用率指标全部达到国家或行业标准。主体园区内规模以上企业全部达到清洁生产企业水平。

四是加强自主创新能力建设。进一步推进以企业为主体的创新体系建设，加强知识产权培育辅导基地和知识产权技术交流平台、国家级高新技术创业服务中心、中船重工邯郸高新技术产业基地、国家级新材料产业基地和邯郸市经济总部基地等五大平台建设，完善鼓励发明创造的激励机制，提升知识产权创造、保护和转化能力。提高军民结合产品质量水平，重点培育 20 个军民结合自主品牌。

五是加强两化融合工作。以提升产业能级、优化产业结构、构建现代产业体系为总体目标，发展信息化新兴产业，在工业化和信息化融合中实现企业生产经营的自动化、网络化、智能化和协同化，打造一批具有旺盛生命力和竞争力的新型工业企业，形成覆盖军民结合产业、重点区域的“两化融合”推进格局。

（十一）哈尔滨经济开发区

1. 基地建设总体情况

哈尔滨经济技术开发区，位于哈尔滨市南部哈南工业新城，开发区总规划面积为 30.82 平方公里，其中已建成面积为 7.59 平方公里，正在建设面积为 9.93 平方公里。新规划面积为 13.3 平方公里，按项目类别分两个区域集中建设，分三期组织实施，一期工程 5.4 平方公里，项目前期工作已全面展开。二期工程重点做好物流服务区和省工业设计研发中心及融资服务和配套服务区。三期工程为军民两用成果双向移区，重点满足军工及民口配套单位持续发展需求。2012 年 3 月，被工业和信息化部批准认定为国家新型工业化产业示范基地（军民结合）。

2. 主导产业发展情况

军民结合主导产业为通用航空产业（哈飞集团、东安发动机集团）、核电产业（哈电集团）、汽车产业和新材料产业。目前基地正围绕主导产业，重点加强一批军民结合重点项目建设。

（1）哈飞空客复合材料、Y12F 飞机研制项目、Z15 直升机研制项目。中航工业哈飞集团哈飞空客复合材料、Z15 直升机研制项目总投资 45.2 亿元。Y12F 飞机 001 飞行试验机已完成首飞，002 飞行试验机正在总装中。

（2）赛豹电动车项目。哈飞汽车股份有限公司自主研发赛豹纯电动轿车，项目总投资 1.9 亿元，新增新车型工艺工装设备，达到年产 1 万辆生产规模。

（3）全地形双节履带车项目。哈尔滨第一机器制造集团有限公司全地形双节履带车项目总投资 10150 万元，项目分两期建设。一期建设，完成整车组装及试车，达到三个型号年产 50 辆能力；二期在公司整体搬迁基础上，从核心部件独立生产等方面扩大生产规模，形成军民两用专用特种车系列化，达到年产 100 辆能力。

（4）30MW 燃压机组项目。中船重工第 703 所和哈尔滨汽轮机厂有限公司联合研制的 30MW 级天然气压缩燃气轮机目包括燃气轮机热端部件制造基地建设（股份制公司）、30MW 级天然气压缩燃气轮机研制科研攻关、重型及中小型燃气轮机制造基地建设和船舶 / 工业燃气轮机集成基地建设 4 个方面内容。项目总投资 21.2 亿元，项目完成后，将形成黑龙江省燃气轮机产品自主设计能力，开发成熟可靠的燃气轮机系列产品，最终形成有自主知识产权的有系列型谱的燃气轮机产品体系。

（5）VVT 小排量汽车发动机开发及产业化项目。哈尔滨东安汽车动力股份有限公司 VVT 小排量汽车发动机开发及产业化项目为技术改造项目，项目的建设目标为年产自主研发 VVT 小排量汽车发动机 10 万台。分两期建设，2013 年达产，预计实现销售收入 93240 万元，利润总额 9063 万元，销售税金 3969 万元。

（6）LNG 汽化器项目。航天科工哈尔滨风华有限公司液化天然气汽化器研发制造项目，首台套预计在 2012 年 5 月份交付，预计每年可向中海油公司提供 4 台套，可实现销售收入 14000 万元。石油天然气液化装备，可实现销售收入 16000 万元。

（7）建设航天产业园项目。充分利用国家及地方发展政策，整合航天三院的地方资源，依托航天三院哈尔滨风华有限公司和哈尔滨风华股份公司在开发区内打造具有航天特色的百亿园区。

（8）核技术应用产业基地项目。与中国原子能科学研究院合作建设核技术应用产业基地项目，包括两室（应用研究实验室、离辐射实验室）两中心（技术培训中心和分析测试中心）、一个基地（中试和产业化基地），核技术应用产业基地项目总投资为 2.64 亿元人民币，其中一期投资为 1.44 亿元。

3. 支持基地发展的政策措施

为加快哈尔滨经济技术开发区建设步伐，吸引更多的军工企业、单位及地方军工民口配套单位入驻开发区，对进入开发区的单位和建设项目在土地、税收等方面给予优惠政策扶持，促进开发区的快速发展。

（1）黑龙江省工信委对哈尔滨经济技术开发区建设给予扶持政策。对进入基地的军工及民口配套企业，在生产要素上给予优先保障；对符合申报条件重大项目，给予重点支持；对企业、项目给予融资支持；加大协调力度，引进一批重大产业项目。对技术先进、科技含量高、发展前景好的项目，在省级新型工业化专项资金中给予支持，并争取设立开发区专项资金。

（2）哈经开区管委会对哈尔滨经济技术开发区建设给予的扶持政策措施。在产业政策方面，鼓励支持军民结合高技术产业项目、国防工业高精尖技术项目、国家重大专项工程等国防工程项目入驻；在土地政策方面，对入驻的军工及民口配套企业、新建的国防工业与民品结合产业高精尖项目、新建的国家重大专项工程项目等，按现行土地价格招拍挂后，分类采取不同的土地出让金制度。税收政策方面。新建军民结合高技术产业化项目和国防高精尖技术项目以及国家重大专项工程项目，在项目投产后，对企业给予“两免两减半”政策扶持，税收较大的企业给予“三免三减半”政策扶持。在开发区建设方面，引入市场化运作模式，吸收社会资本，参与建设。省工信委和哈经开区管委会共同支持建设综合服务区，对综合服务区用地地价可按相关优惠政策执行。

4. 基地未来发展规划

未来基地建设，将紧紧抓住军工企事单位“退城进郊”搬迁改造，产业结构调整的机遇，以科学发展为指导，坚持“军民结合、寓军于民”发展战略，以开发区现有产业为基础，充分利用航空工业产业园优势，以自主创新为动力，以产业结构调整为主线，以转变发展方式为手段，以产品研发、项目建设和技术改造为牵引，引导企业技术、装备、人才、科研资源整合，搭建信息、服务、融资、物流服务平台，建设高效、优化、先进的军民融合共同发展的新体系，实现军工经济与地方经济融合，良性互动，优势互补，共同发展的目标。预计到“十二五”期末，开发区可实现销售总收入1000亿元，占黑龙江省装备制造业总销售收入的35%以上。

（十二）上海闵行区

1. 基地建设总体情况

2006年1月，上海市政府、闵行区政府分别与中国航天科技集团公司签订《战略合作框架协议》，共建航天产业基地。2007年7月20日，国家发展改革委正式批准“上海国家民用航天产业基地”。2012年3月，该基地被工业和信息化部批准认定为国家新型工业化产业示范基地（军民结合）。基地由航天科技研发中心、航天科技产业基地、航天科普基地三大功能区组成。

2. 主导产业发展情况

基地主导产业涉及航天运输器、卫星、载人航天、探月工程、深空探测等多领域。

（1）多个领域发展势头良好。在卫星应用领域，通过部市合作，大力发展军民两用技术，打造公共服务平台，吸引集聚一批卫星应用企业落户，共同推进国家卫星导航应用产业建设，成效显著。在新能源领域，目前已有上海神舟新能源发展有限公司、上海航天电源技术有限公司、清洁高效煤电配套设备国家工程研究中心、上海航天汽车机电股份有限公司等多家企业入驻，为完善车用动力锂电池、太阳能光伏等航天技术应用产业链，做出了贡献。

（2）军民技术成果转化成效显著。产业集聚创新，科技成果转化成效显著，多项军工科技成果成功转化，并迅速在市场上占据重要地位，取得良好经济效益和社会效益，有效促进了军工经济与地方经济相融合。如航天电源公司，利用空间电源技术，研发锂电子动力电池，建立起一条年产 1500 万安时车用动力锂离子电池生产线，建成上海首条包含动力锂离子电池芯自动生产、电池管理系统快速集成、电池组系统可靠总成的产业化创新示范线，具备年产 1500 万安时动力锂离子电池生产能力和 2500 套纯电动轿车电池组系统集成配套能力。

（3）科研技术创新工作力度加强。基地以强化服务为抓手，积极推动科技创新、技术转化，成果显著。2011 年，基地内企业研发活动投入达 13.8 亿元，研发活动人员数量达 8000 余人。基地内共有国防科技工业特种焊接技术研究应用中心、上海航天设备制造总厂技术中心等国家级企业技术中心或研发机构 4 家；上海太阳能工程技术研究中心、上海市航天能源有限公司等省级企业技术中心或研发机构 6 家；基地内相关单位还拥有风云三号卫星、动力锂电池技术、运载火箭等重大科研成果，共有发明专利 827 项。

3. 支持基地发展的政策措施

上海市闵行区政府将发展航天航空产业列入“十二五”规划六大支柱产业之一，从资金、土地、税收、规划建设、人才等多方面聚焦政策，支持发展。专设航天产业基地行政审批“绿色通道”，为入驻企业提供“一站式”服务。建立财政专项资金，扶持航天产业基地开发建设和再发展。设立创业投资引导基金，重点扶持航天主导产业、卫星导航应用等相关创业企业。创立高新技术产业化专项资金，以资本金注入、贷款贴息、投资补助和上级扶持资金配套等方式予以项目扶持。

积极扶持航天产业基地公共服务平台，入驻企业优先享受闵行区科技扶持政策，对建立研发机构、承担重大科技项目、科技成果转化、

申请专利、上市、申报高新企业、编制标准、科技中介服务等方面予以资金扶持。凡纳入国家或上海市自主创新产品目录以及闵行区科委等部门推荐的自主创新产品均可作为政府采购支持的范围

大力推进人才发展和培养，基地以人才发展战略为目标，形成三大联盟：以高校和科研

院所的科研领军人才为骨干的“创新联盟”，以重点行业、高新技术企业的研发、营销英才为主体的“产业联盟”，以一批具有自主知识产权或研究成果的创业人才为骨干的“创业联盟”。实施“三大计划”，即国际贸易人才、教育人才、卫生人才开发计划，文化创意、艺术家等高层次人才引进计划，以及社会工作人才、青年英才培养计划。

4. 基地未来建设规划

（1）发展目标。全面建成国家新型工业化产业示范基地，成为科研创新水平国际一流、区域辐射效应明显、军民结合特征显著的具有示范效应的航天产业基地。到 2015 年实现工业总产值 300 亿元；2020 年实现工业总产值 700 亿元，并实现年均增幅达到 30% 以上。

（2）重点发展领域。全力支持航天创新技术和主导产品开发，实现航天主导产业领域关键技术的跨越式发展，加快现有航天主导产品研制、市场开发以及应用步伐。重点加强卫星导航、卫星通信、卫星遥感、空间环境应用等领域卫星及卫星应用产业发展。全面协调航天技术应用产业发展，加快航天技术向新材料与新能源、节能环保、信息技术、特种装备等领域延伸拓展。

（3）主要措施。基地将依托中国航天科技集团公司、中国航天科工集团公司、中国商用飞机公司等大型企业集团，在未来五年到十年，围绕航天主导产业、航天技术应用两大领域，加强民用卫星通信、卫星遥感、卫星导航、商用飞机配套等领域的技术开发和应用，把握新兴产业发展机遇，进一步加强北斗卫星导航应用和新能源制造产业发展，做深做强做长产业链。从政策支持、科研创新、公共服务体系、管理体系建设等方面确保各项规划落实。

（十三）宁波鄞州区

1. 基地建设总体情况

经过持续多年的建设和发展，鄞州区工业经济的民营特色显著，工业经济发展充满活力，企业规模化、品牌化发展呈现良好态势。2012 年 3 月，宁波鄞州区被工业和信息化部批准认定为国家新型工业化产业示范基地（军民结合）。

2. 主导产业发展情况

鄞州区深入贯彻落实国家军民融合发展战略，推进军民结合重大产业项目建设，加大先进适用军工技术、产品和创新载体的引进力度，创造条件推进民口企业和产品积极参与国防军工配套，着力推动军民结合产业集聚化发展。目前已形成了以鄞州滨海创业中心、鄞州投创中心、鄞州工业园区和望春工业园区为主要承载平台的产业形态，日渐成为引领区域产业转型升级的示范区和军民结合产业发展的主要支撑区。

至 2011 年，四大主体园区建成面积达到 1656 公顷，形成了装备制造、电子信息、纺织服装、新材料新能源等四大特色优势产业群，工业总产值和销售收入分别达到 626 亿元和 568 亿元，占园区总产值和总销售收入的比重分别为 75.2% 和 74.6%，建成了新型金属材料、汽车电子及零部件两大国家级火炬计划特色产业基地，新型计量仪表成为省级高新技术特色产业基地，汽车零部件制造、家用电器、工业设计、新能源等产业挂牌为市级产业基地。

3. 支持基地发展的政策措施

地方政府研究出台了一系列政策措施，推动基地发展，主要包括：

（1）财政支持政策。整合政府有关部门的产业资金、科技资金、人才资金等财政专项资金，设立区军民结合产业发展引导资金，资金使用方向包括扶持企业技术攻关、科技项目孵化、公共服务平台建设、战略性新兴产业发展。

（2）金融支持政策。对重大科技成果产业化项目采用担保融资、信用贷款、引入创业投资和战略投资者和境内外资本市场上市等方式，拓展融资渠道。扩大区创业风险投资引导资金规模，建立对科技风险投入的补偿机制，引导社会资金投资高新技术领域。

（3）用地支持政策。支持军民结合四大主体园区创建“土地资源集约利用示范区”，建立用地规划定期评估和调整机制。对军民结合重大产业化项目租赁标准化厂房，实行积极的扶持政策。对用地集约的军民结合产业投资项目优先供应土地，并按规定在土地出让价格和“招拍挂”方面给予支持。

（4）人才引育支持政策。对军民结合产业发展所需的紧缺型创新人才和劳动者，在按有关政策文件享受优惠待遇的基础上，进一步在租住人才公寓、培养培训、人才项目申报、职称评审，以及子女享受本区户籍居民待遇等方面再给予一定程度的继续支持。

4. 基地未来建设规划

未来一个时期，鄞州区将以对接国防科技工业、转化重大科技成果、创新军民结合体制机制为重点，努力建设成为我国民营经济融入国防科技工业的引领区、民营企业应用国防科技成果的先进区和军民结合体制机制创新的实验区。主要规划发展目标为：

产业基地建设取得新进展，基本形成“一核三区、多板块支撑”的军民结合产业基地空间布局，到 2015 年，合计新增建设用地 9 平方公里以上，产业项目累计投入超过 350 亿元，单位土地平均产值达到 4500 万元 / 公顷。产业规模跃上新台阶，到 2015 年，军民结合四大特色优势产业总产值达到 1000 亿元，年均增长 13%。科技实力实现新突破，推进军民联合共建创新载体，进一步完善技术创新战略联盟，构建国内领先的专业技术服务体系，到 2015 年，创新型基地建设基本实现。资源集约利用迈出新步伐，加快形成节约能源资源和保护生态环境的产业结构、增长方式，到 2015 年，全区资源集约利用达到国内领先水平。

（十四）安徽芜湖高新技术产业开发区

1. 基地建设总体情况

安徽芜湖高新技术产业开发区，位于安徽省芜湖市中南部，规划总面积 178 平方公里，2001 年开始建设，于 2006 年由安徽省政府批准并经国家发改委核准为省级高新区，建成区面积6.5平方公里。2010年9月26日，被国务院核准升级为国家高新技术产业开发区。高新区充分利用国防科技技术和潜力，探索军民结合体制机制创新，军民结合产业发展势头良好。2012年3月，被工业和信息化部批准认定为国家新型工业化产业示范基地（军民结合）。

2. 主导产业发展情况

经过几年的发展，基地初步形成了以电子信息、航空设备制造及维修、船舶制造、大型装备基础件为主的军民结合产业集群。

电子信息产业。以安徽华东光电技术研究所为龙头，拥有完全自主知识产权，是国家级知识产权试点单位，取得多项科技成果，填补了多项国内产品技术空白，为国家提供各种继续配套的产品4万多套。航空设备制造和维修业。近年来，中国人民解放军第五七二〇工厂，作为航空设备制造和维修业的代表，通过技术创新等方式取得了重大发展，成为军队修理保障行业的领跑者，并在集成化、小型化、智能化三个方面，达到国际一流水平。船舶制造业。以芜湖新联造船有限公司和长江航运集团江东船厂为龙头，为推动我国船舶制造业技术发展、提升我国船舶制造业技术水平，做出了巨大贡献。大型装备基础件。以芜湖新兴铸管有限责任公司为骨干，在球墨铸铁管、大型铸锻件等领域取得了重大发展，民用产品技术达到国内先进水平，部分达到国际先进水平。

3. 支持基地发展的政策措施

（1）创建组织机构和管理保障体系。芜湖市人民政府成立了基地建设协调领导小组，由分管市长担任组长，高新区管委会主任和市政府副秘书长担任副组长，小组成员为有关部门负责人。协调领导小组下设办公室，负责协调和处理创建过程中的有关工作。高新区成立基地创建领导小组，由高新区管委会主任担任组长，分管主任担任副组长，小组成员为高新区有关部门负责人。该领导小组下设办公室，管理和处理日常事务。

（2）出台有关支持政策。市委市政府高度重视电子信息、航空、船舶、大型装备基础件、特种电缆等军民结合产业发展，及时出台有关支持政策。芜湖市委、市政府印发的《芜湖市人民政府办公室关于成立市新型工业化产业示范军民结合基地建设协调领导小组的通知》、《关于加强新建工业投资项目管理的意见》、《芜湖市承接产业转移示范区规划的实施方案》等文件，为推动芜湖高新区基地建设提供了政策保障。

（3）设立专项资金。芜湖市政府设立财政专项资金，从自主创新专项资金中每年单列出5000万元的专项资金，重点支持“示范基地”创建工作。

4. 基地未来建设规划

到“十二五”末，高新区以装备制造业为主的军民结合产业总值达500亿元，工业增加值达150亿，占全区GDP的30%，万元产值能耗降低到0.25吨标准煤以下，实现就业岗位5万个；通过创新、研发、产业化、技术改造等计划，实施40个以上军民结合型重点项目，总投资超过150亿元，力争达到200亿元；进一步提升军民结合产业创新能力，实现芜湖高新区新增国家级研发机构（含国家级企业技术中心、工程技术研究中心和重点实验室）5家、省级以上研发平台（技术中心、工程中心、研发中心、检测中心、重点实验室）6-8家，高新产品产值率达到80%以上，具有自主知识产权的核心技术及产品50个，创建中国驰名商标5件，中国名牌3个。努力把基地建设成为技术研发、产业配套、装备制造、公共服务配套共同支撑的全国示范基地。

（十五）合肥高新技术产业开发区

1. 基地建设总体情况

合肥高新技术产业开发区（以下简称“合肥高新区”），1991年成立，是国务院首批批准的国家级高新技术产业开发区。近年来，合肥高新区着力整合优势资源，创新体制机制，集聚产业人才，在军民结合产业发展上抢占先机，初步形成了产业链条和特色鲜明的军民结合产业集群。2012年3月，被工业和信息化部批准认定为国家新型工业化产业示范基地（军民结合）。2011年，全区实现工业总产值751.1亿元，实现规模上工业增加值192亿元。

2. 主导产业发展情况

经过近几年的发展，合肥高新区在军民结合产业的基础建设、招商引资、经济发展、营造环境、孵化企业、促进科技成果转化、鼓励企业参与国际竞争等方面取得了较为瞩目的成就。主导产业发展呈现以下特点：

（1）产业规模不断扩大，经济总量和出口持续增加。随着合肥国家科技创新型试点市和合芜蚌自主创新综合配套试验区建设的深入推进，合肥高新区发展呈蓬勃态势。2011年，高新区军民结合产业实现工业总产值370亿元。

（2）重点企业快速发展，产业优势逐步突显。近年来，合肥军民结合重点骨干企业快速发展，优势明显。2011年，中国电子科技集团公司第38研究所实现产值大幅增长；合肥美亚光电技术有限责任公司在国内色选机市场份额突破60%以上；安徽中科大讯飞信息股份科技有限公司在中文语音合成市场突破70%以上份额。

（3）自主创新能力提升，品牌建设成效显著。合肥军民结合产业基地坚持“以技术创新促进自主品牌发展”的战略。目前科大讯飞在中文语音合成、语音识别、口语评测等多项技术上拥有国际领先成果；科大立安公司研发的LA100型火灾安全监控系统，被公安部消防局专家鉴定为“整体处于世界领先水平”。截止到2011年6月底，合肥军民结合产业基地拥有国家级重点新产品14项，荣获国家级科技进步奖7项，省科技进步一等奖2项；拥有发明专利41项。

3. 支持基地发展的政策措施

安徽省研究出台了一系列政策措施，推动军民结合产业基地发展。

（1）完善创新服务体系。加快发展科技企业孵化器，高新区现有国家级孵化器5家，省级孵化器5家。利用大企业技术力量，成立产业技术创新联盟，为区内企业产品研发、工艺设计提供技术服务。实施创新人才发展战略，引进高端人才，为有发展前景的海内外创业团队提供全方位的服务。

（2）扩大对外开放。投资总额过亿元或经济带动力强、科技含量高的新建军民结合产业项目，以及跨国、跨省、跨市军民结合产业企业将总部、生产基地及研发中心入驻基地内的项目，采取“一事一议”的办法，给予政策支持。境外投资者投资新建一定规模的军民结合产业项目，所得税除享受国家减免优惠政策外，在减半征税期间，企业缴纳的所得税地方留成部分奖励给企业。

（3）创新投融资方式。建立和完善以政府资金引导为主、多渠道筹资、市场化运作的军民结合产业投融资体制，为企业融资开辟更多的“绿色金融通道”。大力推进企业直接上市融资，加快完善信用担保、风险投资体系，探索开展知识产权抵押试点。完善产权和股权交易平台，促进军民结合企业产权和股权交易，积极争取非上市股份公司代办股份转让系统试点。推动信用中介机构、担保机构和商业银行的“信、保、贷”联动业务，建立以企业信用为基础的中小企业流动资金贷款机制。

（4）优化发展环境。改善投资环境，在市场准入、税收优惠等方面为社会资本进入军民结合领域创造便利条件。建立完善军民结合发展信息网络系统，为社会提供全面、及时、透明的信息服务。加快组建军民结合产业行业协会，积极承办军民结合专业展会，扩大军民结合产业在全国的影响力和品牌知名度。

（5）加强企业自主创新能力建设。引导企业加大科技投入，集中力量攻克长期困扰军民结合产业发展的共性技术，提升企业核心竞争力。加强产学研结合，为企业搭建产学研合作平台。

4. 基地未来建设规划

面向国家军民结合重大需求，瞄准世界军民结合科技发展前沿，集聚多方优势资源，规划和建设军民结合产业园，逐步建成业务领域齐全、技术产品先进、装备供给充足、服务体系完善的军民结合产业集群，具备提供完备的技术、产品、装备、服务等综合性的军民结合系统解决方案和实施能力，全面满足国家军民结合体系的自主建设的需要。

加强创新平台建设，具有自主知识产权的技术和产品大幅增加。军民结合产业规模迈上新台阶，到2015年，基地军民结合产业实现产值500亿元，实现工业产值年均增长20%以上；年销售收入过50亿元的企业1–2户，年销售收入过10亿元的企业10户以上；到2020年，实现产值1000亿元，成为军民结合产业全国品牌的聚集地，中部地区最大的产业示范地，全国军民结合产业自主创新、研发的集中地。

（十六）江西景德镇

1. 基地建设总体情况

景德镇市充分利用航空产业优势，整合航空资源，全力推进景德镇直升机研发生产基地建设，各项工作进展顺利。2012 年 3 月，被工业和信息化部批准认定为国家新型工业化产业示范基地（军民结合）。

2. 主导产业发展情况

基地包括航空零部件园、直升机总装园、直升机研发园和国际合作园，“四园”建设推进加快，一批重点企业和项目的引进，为基地建设提供持续发展动力。现有企业 162 家，其中产值 100 亿元以上企业 1 家，主导产品为直升机、直升机配件及航空锻铸件等。典型企业包括：

（1）昌飞公司。昌飞公司 AC 系列民用直升机研制取得突破性进展，AC313、AC311 在成功飞越珠穆朗玛峰和青藏高原各项试飞任务基础上，完成零下 40℃的高寒条件下各项高寒试验项目，创造出国产直升机 8000 米升限极限记录，填补了国产直升机多项空白。

（2）昌河汽车。昌河汽车继续保持较快增长，实现主营业务收入 53.97 亿元，利税总额 2.41 亿元。7 万辆汽车扩能改造项目厂房建设已初步完工，新车型研发进展较快，A502、CM203、CM203L 将陆续下线并投放市场。

（3）602 所。U8 无人直升机完成了高原试飞任务，并在当年通过技术鉴定审查。602 所目前正在研发 200kg 级和 300kg 级无人直升机产品，市场前景广阔。

（4）景航航空锻铸公司。景航锻铸有限公司在航空零部件产品的市场研发和销售方面发展良好，实现主营业务收入 2.5 亿元，利税 3000 万元，特别是中航重机与景航锻铸共同投资 1.78 亿元建设一条 8000 吨电动螺旋压力机生产线项目，项目建成后将实现销售收入 5 亿元。

（5）华意压缩机股份公司。华意压缩机股份公司实现主营业务收入 48.73 亿元，实现利税 1.51 亿元。在重大项目建设上，为进一步完善产业链，由四川长虹集团投资 7 亿元建设年产 600 万台高效、商用压缩机生产线项目，项目建成后，预计销售收入将达 20 亿元以上。在建的年产 200 万台节能环保冰箱项目总投资约 4 亿元，年销售收入将突破 30 亿元。

3. 支持基地发展的政策措施

（1）江西省政府支持政策。江西省政府办公厅出台《支持景德镇中国直升机研发生产基地建设的若干政策措施》，主要从项目用地、高科技人才激励、财政扶持、投资建设等方面给予支持。

（2）景德镇市政府支持政策。景德镇市政府印发了《关于景德镇市航空产业园优惠政策有关事项的批复》，主要内容包括：航空产业园建设所需土地按市场最低价出让；积极向省政府争取航空产业园政策性专项资金支持；在园区内投资航空产业的企业土地使用税前 5 年先交后返，后 5 年先交后返 1/3，用以支持企业发展；园区内企业享受“两免三减半”税收优惠政策，以及出口退税等相关政策；经有关部门认定的高新技术企业，按 15% 的税率征收企业所得税；抵免税款、加计扣除、出口退税以及享受国家支持中部老工业基地振兴优惠政策等。

（十七）湖南平江工业园区

1. 基地建设总体情况

2002 年 2 月，湖南平江工业园区，经湖南省政府批准设立。2006 年，国家发改委核准为省级工业园，2010 年，经湖南省经信委和国防科工局核准为全省十大军民融合产业园之一，先后获评“中国最具发展潜力工业园区”、“中国最佳投资环境工业园区”。2012 年 3 月，被工业和信息化部批准认定为国家新型工业化产业示范基地（军民结合）。基地总规划面积 31 平方公里，下辖伍市工业区、寺前工业区和天岳工业区，入园企业 116 家，正式投产企业 108 家。2011 年，园区完成工业总产值 176 亿元。

2. 主导产业发展情况

基地拥有国际一流民爆生产企业澳瑞凯、全省最大民爆企业南岭、大型国有控股企业神斧集团、国企与民企合股经营项目中航液压、方正达电子科技等一批实力雄厚的军民结合企业，形成了上下游配套、链条完整的民爆器材产业园、先进装备制造产业园、新材料产业园和电子科技产业园四大产业集聚区。

民爆器材产业园。位于伍市工业区西侧，规划面积 8 平方公里。以南岭民爆器材、澳瑞凯公司、神斧集团为龙头，生产涵盖军民两用的炸药、雷管、火药等。湖南南岭民用爆破器材股份有限公司投资建设的南岭民爆器材，以乳化炸药、铵梯油炸药、膨化硝铵炸药和新型鞭炮为主，2010 年 7 月投产，年产值 1.2 亿元，税收 1200 万元。南岭澳瑞凯民爆项目由南岭民爆与澳大利亚澳瑞凯公司合资建设，投资 5.45 亿元人民币，设计年产雷管 4000 万发，导爆管 1.5 亿米。神斧集团是湖南省民爆行业龙头企业和省属 26 个重点企业集团之一，主要生产工业炸药、雷管、工业索类火工品、机械设备、军用气囊和军用雷管等产品，连续两年居全国民爆行业第三位，近几年研制生产的军工产品，广泛应用于航天、海、陆、空及二炮部队。

先进装备制造产业园。位于京珠高速平江出口右侧，规划面积 4 平方公里，目前已开发 1.4 平方公里，共有企业 12 家，5 个项目已开工生产。以中航液压、福坤特种工程机械等企业为龙头，主要生产军民两用汽车、工程机械装备及零部件，与三一重工、中联重科、坤宇重工等形成产业链条，成为长株潭的汽车工业和工程机械零部件生产基地。湖南中航液压有限公司，总投资 2.25 亿元，用地 100 亩，建筑面积 30000 平方米，生产孔径 120mm 以上的工程油缸和特种油缸。福坤特种工程机械主要从事静力压桩机、长螺旋钻机等大型桩工机械的生产与销售。

新材料板块。分布在伍市工业区南部，以中南黄金冶炼、恒基粉末、荣宏钼业等为龙头，主要发展新型材料技术应用和生产，目前开发面积为 1 平方公里，规划面积达到 4 平方公里，已有 8 个项目落户投产，年产值达到 25.7 亿元。主要产品有稀有金属、钾长石、云母及粉末材料等。中南黄金冶炼总投资 6 亿元，年产黄金 5.5 吨。富达合成云母科技公司生产的云母制品，具有良好的耐高温、抗酸、耐腐蚀和高温绝缘，是日用和军用机电设备不可缺少的绝缘材料。

电子科技产业板块。规划面积 5 平方公里，以方正达电子、国信军创为龙头。湖南方正达电子科技有限公司，主要生产和销售各种高科技集成电路板，应用于自动控制系统和节能电子产品领域，为军民结合产业提供高端电子技术平台，其产品柔性印制电路板占到国内市场份额近一半。国信军创六九零六科技有限公司主要研发生产雷达、通信设备、机械制造、卫星导航等系列产品，公司研发定位定向仪，打破国外垄断。

3. 支持基地发展的政策措施

为推进园区发展，平江县委、县政府先后出台了《关于鼓励投资的暂行规定》、《进园区工业项目管理暂行办法》等优惠政策，设立工业发展基金，对入园项目在享受省级工业园优惠政策基础上，在项目用地、水电价格、税收奖励等方面给予奖扶；对特别重大的战略项目，县委、县政府实行一事一议，给予特别优惠的政策。大力优化发展环境，对入园项目实行县级领导“一对一”挂牌联系、手续“一条龙”包办服务、“一费制”收费；建立工业用地储备制度和水电提前进场制度，园区动态储备用地1000亩以上。加强政务服务体系、企业融资体系、人才引进和培训体系建设，组建中小企业贷款担保公司，财政每年为企业融资贴息1000万元以上；实施“星期天工程师”计划，从长株潭引进高级技术人才进入园区，每年定向培训企业员工6000多人次。

4. 基地未来建设规划

在园区的长远发展上，形成了西部工业新城远景规划，以伍市工业区为中心、以伍市集镇为配套，按照产城融合的思路，建立统一的管理机构，实行一套人马，统一开发管理，大力推进城镇化，使伍市工业区、伍市集镇、园艺示范中心合三为一，建成新兴西部工业新城。园区还将围绕民爆器材产业园、先进装备制造产业园、电子科技产业园和新材料产业园四大军民结合产业板块，延伸产业链条，科技创新，突出两型，优化产业结构，打造4个100亿产业集群，不断提升园区发展水平，更加突出园区的示范和经济辐射作用。

（十八）兰州经济技术开发区

1. 基地建设总体情况

兰州经济技术开发区，坚持以特色工业园区为基础，不断推进产业集聚发展，2012年3月，被认定为国家新型工业化产业示范基地（军民结合）。

2. 主导产业发展情况

根据国家军事工业科研生产发展的重大战略需求，结合兰州市现有军民结合产业发展的有利基础和条件，基地充分运用兰州市实施“再造兰州”战略和发展培育多元支柱产业的政策优势，改造提升优势传统产业，积极发展战略性新兴产业，突出发展航空航天高端装备制造产业、新材料产业、核产业和民口配套产业等四大产业，充分发挥军工技术优势，着力促进军工高新技术转化与产业化应用，积极引导民品生产企业开展军工装备生产，强力构建航空航天高端装备制造产业集聚区等四大产业集聚区。紧密跟踪世界新技术发展趋势，整合产业研发资源，建立起贯穿“基础研究－应用研究－开发研究－产业化”全过程的技术创新服务体系。

3. 支持基地发展的政策措施

根据《兰州市发展培育多元支柱产业专项资金管理办法》，对兰州市军民结合开发项目，按照相对应产业，从市工业发展资金中给予贴息或资金补助。对高水平科研成果和科研获奖给予配套奖励；对获得国家中小企业技术创新基金、国家高技术产业化示范工程等产业化支持的项目，从基地发展专项资金中配套支持。重点支持了一批上规模、上档次、上水平及高新技术成果产业化重点项目，共计专项扶持资金2000多万元。同时，通过报纸、电视、广播、网络等多种渠道，采取集中学习、专题讲座、培训研讨等多种形式，积极宣传发展培育军民结合产业的政策和重点，发挥舆论引导作用，营造良好氛围。

4. 基地未来建设规划

进一步推动产业园区发展。围绕主导产业，全力推进招商引资和项目建设工作，延伸和加精产业链条，引进重大项目，形成产业集聚平台，努力组建产业研发、生产、销售的完整产业链条，同时积极推动信息、金融担保等综合服务平台建设，构建产业支撑服务体系，全面打造示范作用强和凝聚能力强的新型工业化产业示范基地和军民结合产业园区。

完善军民结合产业链。立足民用工业基础，结合国家科技重大专项及重大装备研制项目的实施，促进重要机电产品、材料、关键加工制造设备、科研生产软件等制约军工能力建设瓶颈问题的解决。创新支撑、项目带动，进一步促进军用技术在民用领域的推广应用，推进民用高科技行业的快速发展，延伸航空航天、电子装备、新材料、有色冶金、新能源等产业链。

大力发展循环经济。依靠科技进步，提升各环节资源利用度，形成良性循环经济系统。依靠科技创新，加快落后工艺、技术和设备的淘汰和更新，认真完成节能减排任务。严格进行能源、资源利用及清洁生产审核，执行建设项目环境影响评价制度，限制高能耗、高耗水、高污染产业和浪费资源、工艺落后的企业进入基地。建立健全节能减排工作监督和奖惩机制。

大幅提升信息化水平。建立政府公共信息服务平台，为政府、军队、军工及民用企事业单位的信息交流合作提供支撑。积极支持骨干企业在研发设计、生产制造、企业管理、物流配送等主要环节信息化应用达到国内领先水平。

不断壮大人才队伍。推进产学研结合，加强型号总指挥、总设计师及其后备人才队伍建设，加强国防科技高层次人才管理，制定管理办法，鼓励和吸引高技术人才进入国防科技工业领域。

完善安全生产责任制。加强安全生产监管队伍建设，强化企业安全生产主体责任，认真治理安全生产事故隐患，切实保障安全生产，建立安全生产的长效机制。

（十九）昆明经济技术开发区

1. 基地建设总体情况

昆明经济技术开发区，始建于1992年，总体规划面积11.8平方公里。1999年，经省政府认定为省级高新区，2000年经国务院批准为国家级经济技术开发区，2005年国务院批准在开发区内设立昆明出口加工区，是云南省唯一的集国家级经济技术开发区、出口加工区和省级高新技术产业开发区为一体的多功能、综合性工业园区。2012年3月，开发区被批准认定为国家新型工业化产业示范基地（军民结合）。

2. 主导产业发展情况

基地以高端装备制造、光电子产业、民爆器材产业为核心，军民结合型企业发展势头良好。高端装备制造产业。拥有以昆明船舶设备集团有限公司为龙头企业的高端装备制造产业，以水中产品研制生产试验和自动化物流为主，研发产品有自动化物流系统、烟草制丝成套设备、机场行李分拣系统等。光电子产业。聚集了以北方夜视科技集团有限公司、云南天达光伏科技股份有限公司为龙头企业，初步形成了以红外及微光夜视、光电子信息材料、太阳能电池等为主导，以光机电一体化设备、OLED等产业为补充的产业发展格局。民用爆破器材产业。以云南民爆集团有限责任公司为龙头，形成的民用爆破器材产业拥有国内最先进的炸药、雷管等民爆器材生产装备和生产技术，规模和技术水平居全国第一。

3. 支持基地发展的政策措施

云南省在发展规划、财政政策、政务服务和人才发展、优惠政策等方面支持和鼓励军民结合产业发展。一是制定发展规划。发布了《云南省国防科技工业“十二五”军民结合产业发展专项规划》、《昆明市工业产业布局规划纲要（2010–2020）》等规划，明确了产业发展规划布局，为基地建设提供了充分的政策依据。二是出台了财税政策。发布实施的《昆明市新型工业化发展资金管理办法》、《昆明市招商引资地方税收优惠政策服务指南》等财政政策和税收政策，为基地建设提供了支撑。三是强化政务服务。昆明市委、市政府成立了以市委书记任政委、市长任指挥长的昆明市工业突破园区建设招商引资指挥部。开发区政务中心实施了“一线工作法”，严格履行“首问首办制”、“限时办结制”和“项目推进机制”等制度，优化投资发展的软环境。四是加强人才队伍建设。实施《云南省新型工业化人才培训五年行动计划》、《昆明市人民政府关于进一步加强人才引进培养使用工作的意见》等一系列政策措施，培育促进发展所需技术人才、管理人才。

4. 基地未来建设规划

（1）发展思路。紧紧抓住面向西南开放的桥头堡和新一轮西部大开发的重大历史机遇，依托现有的光电子产业基地、昆船工业园、航天工业园等专业园区，按照“军民融合、良性互动、转型升级、跨越发展”的思路，充分发挥云南省军民结合产业技术优势及产业基础，坚持“产业集聚化、企业集团化、投资多元化”的发展战略，积极引导和支持军民结合产业的集聚与集约发展，进一步建设和完善军民结合产业的发展体系，将基地打造成云南省乃至西部地区军民结合产业核心区和高新技术产业示范区。

（2）总体目标。在充分发挥基地高新技术产业优势的基础上，以信息化带动工业化、以工业化促进信息化，重点发展军民结合产业中的光电子及信息领域、高端装备制造领域、节能装备领域、爆破器材领域、新能源汽车领域、机械制造等领域的技术和产品。开发红外热成像系统产业链、光伏产业链、自动化物流产业链和新能源汽车产业链，形成一个具有自我驱动、自我发展、可持续的现代军民结合产业体系，建设成为国家西部重要的军民结合产业示范基地。

（二十）辽宁铁岭经济技术开发区

1. 基地建设总体情况

辽宁铁岭经济开发区专用车生产基地（以下简称专用车基地），成立于2008年12月30日，总体规划面积50.69平方公里。2013年1月，辽宁铁岭经济开发区被工业和信息化部批准认定为第四批国家新型工业化产业示范基地（军民结合）。目前，辽宁铁岭经济开发区专用车基地初步建成了东北地区劳动密集型、资源密集型、技术密集型产业基地。

基地突出辽宁军工行业“军民结合、寓军于民”的指导思想，重点结合地区工业发展优势产业。目前，园区集聚企业70余家，涵盖了军民两用专用车研发制造、军民两用新材料研发、军民两用通信电子产品研发制造、航空发动机试验等领域。

2. 主导产业发展情况

基地自建设以来，坚持军民结合，充分发挥军工技术、设备设施和人才优势，着力发展高新技术产品，推动支柱民品规模化、产业化发展，已形成了专用车及相关零部件的研发、制造、展示、销售、汽车文化、特种车展示主题旅游等军民融合式发展格局。一批龙头企业民用产品与技术向军用转移，军工技术向民用领域转化，实现了军民融合互动发展的良好态势，有力带动了区域经济的健康快速发展。

2009年，辽宁专用车生产基地成功承接了中航工业集团产业园和606所实验基地、辽宁际华集团两大军工单位产业转移。其中，辽宁际华集团整体搬迁，并将原长春科研所及企业一并整体迁移至辽宁专用车生产基地，为基地军民结合产业的进一步发展打下了良好基础。目前辽宁陆平机器股份有限公司发展特种专用车产业，该企业的产品广泛装备于我军陆海空地面部队；辽宁际华集团发展先进装备制造业，其产品应用于航空、船舶、机械工程、军警用防爆领域；以铁岭长天机电有限公司、铁岭市橡胶研究所为龙头的企事业单位，集绝缘材料、特种材料、军用电子通信等产品在同行业中处于领先地位。

基地内同济同捷汽车设计工程研究院是国内最大、实力最强的独立汽车设计工程公司，由同济同捷参与开发的车型销量约占国内汽车市场份额的20%。辽宁际华特种装备工程技术中心研发产品主要有炊事车、特种改装车、防弹防护装备、饮食给养装备四大系列，是目前国内军用钢盔、防弹运钞车等防弹防护装备系列产品唯一专业生产单位。辽宁陆平机器股份有限公司技术中心先后研制了20至300千瓦自发电系统、专用方舱、快速支援保障系统、船载医疗系统等一大批高技术装备，其中，多种产品获得国家和军队科技进步奖。

3. 支持基地发展的政策措施

（1）资金支持政策

a. 辽宁省人民政府拨付 10 亿元启动资金用于生产基地各项基础设施建设；铁岭市融资平台发行企业债券 15 亿元，用于生产基地基础设施建设、兑现政策等；

b. 为企业协调贷款额度，对符合贷款条件企业，其生产流动资金可通过贷款解决；

c. 为企业建立专项基金，给予企业技改贷款贴息等扶持；给予落户基地的企业发展资金扶持，资金扶持额度不少于其获得土地所付出的成本；

d. 基地内企业享受一定税收优惠政策；

e. 企业缴纳增值税形成县、区级新增财政收入部分，自企业投产之日起 5 年内，全额作为发展资金扶持企业；

f. 提供用于建设研发中心、实验基地的规划用地和专项基金。

（2）其他支持政策

a. 按省政府授权生产基地行使相关行业的省级管理权限，指派专人帮助企业办理核准、备案、公告等手续；

b. 企业在生产基地设立销售公司，由生产基地帮助协调相关银行提供消费信贷；

c. 生产基地为企业在东北物流城建设专门展览销售中心、电子商务和信息交流平台，企业享受东北物流城优惠政策；

d. 铁岭市政府为企业提供职业教育基地、人才市场，并为企业订单培训、定向培养各类专业人才。

4. 基地未来建设规划

军民结合产业是铁岭市军工与民用企业实现转型升级的战略选择，也是军工与民用企业经济实现又好又快发展的必由之路。一方面，要采用高新技术改造提升军工传统产业；另一方面，要充分发展军工技术优势，重点发展专用车产业、先进装备制造、新材料、电子通信等有基础、有前景的产业。通过骨干企业牵头，重点项目牵引，培养一批年产值过 100 亿元的骨干企业，将专用车基地打造成年产值过 1000 亿元的产业集群，推动铁岭市军民结合产业升级转型，力争“十二五”期间实现军民结合产业总产值超 800 亿元的目标。

（二十一）河南洛阳涧西区

1. 基地建设总体情况

洛阳市涧西区是洛阳市的工业大区、科技大区、军事大区，国防科技工业比较集中，汇集了一大批军工和民口配套单位。2013 年 1 月，洛阳市涧西区被工业和信息化部批准认定为第四批国家新型工业化产业示范基地（军民结合）。

洛阳市涧西区立足大企业、科研院所及高校密集的区位优势，依托区内中船重工第七二五研究所、中航光电科技股份有限公司、中国空空导弹研究院等骨干军工企业，加快推进军用技术向民用领域辐射，引导和带动民用先进技术产品进入军用领域，培育了一大批军民结合型企业。

2. 主导产业发展情况

洛阳市涧西区按照“军民结合，寓军于民”、“产业关联，集群发展”的原则，重点形成了高端装备制造业、新材料产业、生产性服务业三大主导产业。

（1）高端装备制造业

洛阳市涧西区发挥老工业基地雄厚的工业基础优势，围绕高端装备制造业发展，以重型装备制造、农机装备制造、动力装备制造和轴承产业等军民结合产业为重点，立足军品做专做优、民品做大做强，加大技术投入和智力引进，加强军民两用产品双向延伸，促进涧西区高端装备制造业又好又快发展。

（2）新材料产业

洛阳市涧西区以中船重工第七二五研究所、中钢集团耐火材料有限公司、中铝洛铜有限公司等为龙头骨干，以用于军工民用的高强度、高韧度、高老化、抗腐蚀等新材料研发及其产业化为核心，以钛合金、防腐与水处理、医疗器械、橡塑复合材料、新型耐火材料、铜及铜合金、铝镁板带材等为重点，持续推进新材料的科技成果转化和高新技术产业化，产品涵盖军民两用船体材料、有色金属材料、非金属材料、腐蚀与防护材料、耐火材料、特种功能材料、合金材料及其制品等，广泛应用于航空、航天、舰船、冶金、电子、机电、纺织、交通、建筑、化工、轻工、能源等国民经济各领域，为国家国民经济发展和国防军工事业做出了突出贡献。

（3）生产性服务业

近年来，洛阳市涧西区结合产业发展需要，不断壮大生产性服务业规模，目前已形成了商贸物流业、现代物流业和科技服务业三大重点领域。商贸物流业快速发展，引进了洛阳新华夏汽车连锁有限公司、河南芳达集团等有实力的公司，投资建设了新华夏汽车商贸物流中心、中原机电产品物流交易中心等项目，形成了集汽车销售、汽配、汽修、农机、工程机械及配件等为一体的商贸链条，发展持续加速。

3. 支持基地发展的政策措施

（1）出台产业政策

先后出台《洛阳市人民政府关于促进轴承产业又好又快发展的意见》、《洛阳市人民政府关于实施战略性新兴产业培育工程的意见》、《涧西区“十二五”工业经济发展规划》、《中共涧西区委、涧西区人民政府关于大力促进产业集群发展的意见》等一系列政策文件，大力支持高端装备制造业等主导产业的发展。

（2）设立专项资金

自 2008 年起，区财政预算每年安排 1000 万元设立全区产业集群发展专项资金，重点支持产业集群内骨干企业、公共服务平台和信息化建设、共性技术攻关和产业链的延伸。对于军民结合项目和技术改造，财政每年拿出 100 万元给予贷款贴息。

（3）实施财政奖励

对于成功上市的区级财源企业，区财政一次性给予企业 10—50 万元奖励。对纳税销售收入 1 亿元以上的军民结合企业，从投产之日起，前两年按其对区财政贡献额的 20% 给予奖励，之后 3 年按 15% 给予奖励。

（4）加强信贷支持

积极协调金融部门给予信贷支持，配合办理有关信贷手续。对银行全年累计发放贷款进行奖励，奖励系数为对大企业累放贷款部分 0.01‰，对中小企业 0.1‰。对投资担保公司根据担保额给予一定金额的奖励。

（5）实施人才激励

对于高层次引进人才，如“1211 工程”引进的人才，洛阳市地方科技型中小企业技术创新资金等各类相关计划资金给予优先支持；对于“520 计划”引进的人才，市政府一次性给予安置经费 50 万元，在洛阳主持实施国家“863 计划”、“973 计划”重大科研项目和国家科技重大专项，一次性给予研发经费 120 万元。对本地高层次人才，给予一定生活补贴；对其在洛阳主持实施国家“863 计划”、“973 计划”重大科研项目和国家科技重大专项的，市财政一次性给予研发经费 120 万元；对于市优秀专家及行业性拔尖人才，每年给予 3000 元地年度津贴；对新培养的高层次人才，给予安置经费及奖励

（6）保障土地利用

落实上级土地资源节约集约利用有关政策，严把土地供应关口。对于淘汰类工业项目不予办理用地审批手续；对于限制类工业用地审批严格控制，用地规模按国家最低标准执行，投资强度按国家最高标准执行。而对于优势产业，要在土地使用方面给予优先支持。

4. 基地未来建设规划

重型装备制造业坚持以创新驱动引领发展模式转变，实施技术先导战略、国际化经营战略、品牌战略、合作共赢战略和大型化、重型化、集成化、成套化、低碳化综合发展战略，把中信重工机械股份有限公司打造成具有核心竞争力的世界级重型装备企业，将涧西区建设成为国家重大装备制造基地，重点发展大型矿山成套设备、大型建材成套设备、大型冶金成套设备、大型机电液一体化重装设备以及为国家重大工程和重大装备配套的大型关键设备等。

动力装备制造业以大型军工企业河南柴油机重工有限公司为龙头骨干，坚持以高速大功率内燃机为主，扩展、延伸军民结合产品应用，加强产品技术集成创新和系统集成创新，加快现有产品的改进，加大新产品开发力度，瞄准世界先进动力，走规模化、集成化经营发展

之路，不断优化产品结构，提高产品的核心竞争能力，重点发展高速内燃机（柴油机、气体机）、动力机械、工程机械、电站动力成套装备以及高新技术船舶、海洋工程装备及配套等。

新材料产业涧西区将依托中铝洛铜，大力发展高精度电子铜板带材、高强度异型材及管材、无铅易切削铜合金、高速铁路铜合金接触线及其辅件铜材，进一步提升铜加工能力，进一步巩固中铝洛铜在国内铜加工行业的优势地位。加快推进725所钛制品研发力度，提高海绵钛生产水平，进一步开拓工业用、民用、军用钛产品应用领域。

（二十二）湖南湘潭雨湖区

1. 基地建设总体情况

湘潭雨湖区军民结合产业示范基地主体园区为湘潭经济技术开发区和先锋工业经济园。其中湘潭经济技术开发区始建于2003年12月，2011年11月由国务院批准为国家级经济技术开发区；先锋工业经济园成立于1998年，以先锋企业集团为基础和起步区，重点发展以矿山装备为主导的先进装备制造产业。两个园区以北二环线和潭锰线为纽带，交相呼应，极具联动互补效应。2013年1月，湘潭市雨湖区被工业和信息化部批准认定为第四批国家新型工业化产业示范基地（军民结合）。

基地坚持“政府推动与市场主导相结合、扩大规模与优化结构相结合、体制改革与机制创新相结合”的基本原则，充分依托湘潭市军工和地方资源优势，推进产业科技创新和结构升级。目前，基地军民两用产品品种达20大系列300多个品种，涉及到矿产、冶金、交通、能源、新材料、水利、船泊、特种装备、通讯、建筑等多个领域。

2. 主导产业发展情况

经过几十年建设和发展，特别是最近几年的发展，湘潭市雨湖区初步形成了以工程机械、矿山装备、冶金装备、清洁能源装备为主的先进装备制造产业，以车用活塞、汽车零部件、汽车整车为主的汽车产业，以印刷电路板、太阳能集成线路、光伏电子装备、电子器材为主的电子信息产业等军民结合产业。

在先进装备制造领域，形成了以工程机械装备、特种机械装备、高档数控装备、船舶装备、矿山装备、新能源及清洁能源装备六大产业领域为核心的产业集群。基地内拥有江麓机电、江南工业、湘电集团、湘电重装、平安电气、中冶京诚、三峰数控等一大批龙头骨干企业，2011年实现产值136亿元。

在汽车及汽车零部件领域，主要以汽车整车、活塞、缸套、变速箱等产业为主，2011年实现产值40亿元。目前有江南工业集团公司、湖南江滨机器（集团）有限责任公司等10余家汽车及零部件生产企业。

在电子信息领域，主要以印刷电路板、太阳能集成线路、光伏电子装备、电子器材等产业为主，2011年实现产值80亿元。涌现出一批如开启时代、爱铭数码、全创科技、华菱线缆等一批骨干企业。

3. 支持基地发展的政策措施

（1）机构设置及管理保障

为充分利用湘潭市军工企业的优势，促进军工经济与地方经济高度融合，实现军民良性互动，湘潭市成立了由主要领导挂帅的湘潭市国家新型工业化军民结合产业示范基地建设领导小组，研究决定基地的创建、发展、扶持和监管等重大决策；同时进一步建立完善“军转民发展支持体系、民用单位参与国防科技工业建设的服务和支撑体系、军民科技资源共享互动体系、适应军民结合的体制和机制”，为基地建设提供必要的管理保障。

（2）湘潭市政府、雨湖区政府支持主导园区及主导产业的主要措施

为支持两个园区建设，实行“区划调整，权力下放，多元化人事制度，放水养鱼”政策。为加快推进新型工业化和促进军工企业发展，湘潭市采取了以下措施：

a，对龙头企业实行特殊政策

一是对企业新上生产性建设项目，免收一切行政事业性收费；二是对新实现主营业收入过100亿元和50亿元的企业，市政府分别给与企业法人代表100万元和50万元的突出贡献奖励。主营业务收入超过100亿元的按新增50亿元为一个台阶，奖金作相应增加；三是鼓励企业实施品牌发展战略，对新获得中国驰名商标、中国名牌产品的企业，市政府给予一次奖励30万元；省级的给予一次性奖励5万元。

b，优先保障项目建设用地，

用地指标向军工企业倾斜。优先发展符合国家产业政策、技术水平高、体制机制新、经济效益好、带动作用强的工业项目；重点支持利用国家高新技术和高效节能减排技术改造传统产业项目、高新技术产业化项目、与国内外大企业联合重组项目；积极支持有利于促进产业集群发展的核心企业项目。

c，设立湘潭市雨湖区军民结合产业发展专项资金，

市政府每年给与拨付示范基地建设专项资金2000万元，连续支持5年。区财政每年预算用于基地建设资金1500万元。

d，赋予基地灵活政策，鼓励军民结合企业向基地集中，

产业项目在基地内的建设用地在2011年土地基准价的基础上优惠20%，一次性付款再优惠5%（含契税）。在中小企业促进园内租用标准厂房的，在2011年厂房最低实际租金的基础上再优惠10%。凡进入专业园区的企业，向银行申请贷款的，担保公司优先给与担保。鼓励基地企业进行科研开发，企业获得专利的，对发明人给与奖励，发明专利每项10000元，实用新型专利每项奖励5000元，外观设计专利每项奖励1000元。企业开发的产品经省科技部门认定为省级新产品的，头两年新形成增值税的地方留成区级分享部分的50%，全部返还给企业；被国家科技部门认定为国家级新产品的，头三年形成增值税的地方留成区级分享部

分的50%，全部返还给企业。

4. 基地未来建设规划

为确保先进装备制造产业实现产值360亿元的目标，基地将以江麓军民结合产业园建设为平台，着力建好液压液力元器件生产建设项目、数字化电气生产建设项目、军民两用传动装置生产建设项目、等九大重点项目，切实将先进装备制造产业做大做强，形成核心竞争力。

为发展壮大汽车及汽车零部件产业，重点发展工程类、清障类、养护类、环卫类、灌式类、自卸类以及起吊类等类型的专用车。到“十二五”末，形成各类汽车43万辆产能，其中轿车40万辆，皮卡专用车3万辆，实现年产值60亿元以上。重点围绕江南等整车生产引进核心零部件配套,逐步形成相对完整的零部件配套体系,实现零配件本地配套率达到60%以上。到“十二五”末，发动机、自动变速箱30万台，缸套、活塞产能分别达到3500万只和3000万只，实现年产值40亿元以上。

为打造中部地区电子信息产业产学研发展先驱基地，一是利用先进微电子技术，致力于军用控制系统、工程机械控制系统、风力发电控制系统、城市轨道交通控制系统和防爆电器产品的软件和硬件研发；二是利用抗辐射技术、抗电磁干扰技术、抗紫外线技术研发生产运载火箭超高温屏蔽电缆等航空航天用特种电缆；三是利用低烟无卤技术、耐老化、耐油、耐盐雾等技术开发生产航母试验台承重电缆、核潜艇用无卤低烟特种控制电缆等。同时大力实施湖南华菱线缆股份有限公司的航天航空、舰船及武器装备特种电缆技术改造项目等重点项目建设，走“高精特”发展路子，紧密依托开启时代、华菱线缆、湘潭无线、全创科技、爱铭数码、鼎新科技、世通电器等企业拓展电子信息产业领域，跻身国际产业前沿。“十二五”期末，实现产值100亿元。

（二十三）重庆璧山工业园

1. 基地建设总体情况

重庆璧山工业园区于2002年经重庆市人民政府批准首批设立、经国家发改委审核通过。2013年1月，重庆璧山工业园区被工业和信息化部批准认定为第四批国家新型工业化产业示范基地（军民结合）。10年来通过实施工业强县战略，璧山工业园区经济总量不断壮大，经济结构进一步优化，实现建成区面积5平方公里，基本形成了以军民结合（汽摩零部件）为主体的产业集群。

2. 主导产业发展情况

工业园区内汽摩零部件业基本形成了摩托车整车、汽车变速器总成、汽车制动器总成、汽车电机、特种车辆等五大类别。

摩托车整车类的代表企业为嘉陵集团、珠峰大江等，年产摩托车成车80万辆，占全国市场约5%，主要产品包括摩托车整车、发动机、车架、覆盖件、转向总成等；汽车变速器总成类的代表企业青山公司、蓝黛公司等，主要产品包括微车手动变速器总成、汽车自动变速器总成、军用特种变速器总成等，产量分别为200万套、20万套、10万套，市场占有率分别为73%、13%和15%；制动器总成类的代表企业为红宇公司、三友公司等，主要产品包括汽车制动器总成、汽车油泵、液力变矩器等；汽车电机类的代表企业为虎奚电机，主要产品包括汽车电机、电动车电机；特种整车类的代表企业为金冠公司等，主要产品包括特种房车、运钞车、警用车等。

3. 支持基地发展的政策措施

（1）加强组织领导，成立"重庆市璧山工业园区军民结合（汽摩零部件）产业示范基地建设领导小组"。工业园区主要领导牵头，各相关职能部门配合，整合现有重点企业、中介机构、大专院校、投融资服务机构等资源条件，发挥各自强项，共同推进产业基地建设。

（2）出台财政扶持政策。在现已出台多项扶持政策的基础上，加大政府投入，形成专项资金稳定增长机制，促进汽摩零部件产业的健康发展。争取国家政策性金融机构重点支持技术改造、技术创新和产业化项目；支持企业在境内外上市融资；鼓励境内外各类经济组织和个人投资军民结合的汽摩零部件产业。近三年重庆市政府投入企业和项目的技术改造、研发资金达到了5亿元，财政设立了"工业强县资金"、"信息化专项资金"、"知识产权专项资金"等扶持资金，对企业技术改造、流动资金贴息、自主创新、信息化建设、专利申请、实施名牌战略等方面给予支持，近三年投入扶持资金就达2亿元。

(3) 围绕提高产业层次，补全产业链进行招商引资。围绕完善工业园区的产业链条，在招商引资方面主要应做好以下几方面: 一是深入实施招商选资，进一步完善工业项目评估制度，提高投资强度、土地产出率；二是创新招商方式，进一步拓展以外引外、以商引商，全面开展专题招商、定向招商活动；三是拓宽招商领域，积极引进企业研发中心、结算中心等，注重现代服务业的招商引资工作; 四是围绕重点企业进行产业链招商围绕重点发展的产业格局，积极采取重点招商、委托招商、以商引商等方式，不断拓展招商渠道，创新招商方式，坚持走出去，请进来的方法，实施全方位、宽领域、多渠道的招商引资战略，引进一批技术含量高、投资规模大、产业链结构比较合理的项目。

（4）不断提高政府的服务水平与满意度。园区实行"零收费"政策，即除国务院和省制定的收费项目（按最低标准收取）外，其余收费一律免收。设立政务中心为企业提供"一站式"服务，并成立生产力促进中心为企业提供法律、培训、咨询等方面的服务。着力打造产业基地孵化中心，技术转移、技术培训中心，公共服务中心，研发服务中心等。

（5）设立投融资机构。整合全市产业投资机构的投资资源，并引入汽摩产业的上市公司及其它专注军民结合产业的资本成分，充分利用园区内成立的"璧山企业融资担保公司"，为基地企业提供务多渠道的投融资担保平台。

4. 基地未来建设规划

（1）发展目标

依托区位交通优势和产业基础，主动承接国内外产业转移，不断配套完善产业链。大力引进一批知名的汽摩零部件生产企业，充分发挥特种车和总成生产优势，重点发展以齿轮、变速器、制动器、减震器等汽摩关键零部件，成为重庆汽车摩托车及零部件制造基地。

到 2015 年，在工业园区青杠片区拓展 3 平方公里建设军民结合（汽摩零部件）产业园，实现工业产值 600 亿元以上，单位土地投资强度 7000 万元 / 公顷，产出强度 10000 万元 / 公顷，税收强度 150 万元 / 公顷。

（2）重点产业发展方向

以军工企业－嘉陵集团为依托，大力发展摩托车成车及零部件产业发展，利用军工企业管理、市场、技术和设备等优势，壮大一批上游零部件企业，孵化一批上游配套企业。

以军工企业－红宇精工为龙头，大力发展汽车制动器、传动部件核心部件——液力变矩器、变速器油泵。带动一批企业上档升级，发展一批上游配套企业。

以军工企业－青山公司为龙头，全面搭建 MT 手动变速器、AMT 自动变速器、DCT 自动变速器、新能源变速器四大产品平台，全面提升设计、分析、试验、验证、匹配五大能力，确保实现“微车变速器做强，成为市场领跑者；轿车变速器做大，成为市场领先者；自动变速器产业化，成为市场开拓者”的战略目标。

以军工企业－虎溪电机公司为龙头，大力发展汽车电机类企业，提高汽车电机产品市场占有率。

以金冠公司为龙头，发展防弹车、运钞车、警用车、高级商务车等特种车辆，提高工业园区特种车辆企业的影响力和知名度。

通过嘉陵、青山、红宇、虎溪等为首的军工汽摩配企业，带动璧山县一大批汽摩配企业，如山青、兴富吉、渝青等的发展。

（二十四）陕西汉中航空产业园

1. 基地建设总体情况

汉中航空产业园区规划总面积 27.7 平方公里，地处“西三角”（西安、成都、重庆）经济圈腹地，横亘成渝经济区、关中－天水经济区和江汉经济区的交汇地带，具有承接三大经济区辐射的优越条件。2013 年 1 月，汉中航空产业园区被工业和信息化部批准认定为第四批国家新型工业化产业示范基地（军民结合）。园区科技综合实力位居全国前列，已形成涵盖飞机研发、设计、制造、试验、试飞、鉴定、交付、运营、培训、售后服务等为一体的较为完整的产业体系，具有较好的航空产业基础。

2. 主导产业发展情况

汉中航空产业发展始于解放后六十年代的“三线”建设时期，经过几十年的发展，汉中航空产业园区现已形成“一个主机、两个中心、六个专业化”的产品结构格局，构建起陕飞公司中型运输机制造、30多家大中型航空企业配套、100多家企业共同发展的航空产业为主的产业集群和企业群落，成为开发、研制和生产大中型军民用运输飞机、航空机载设备、微型汽车及其它机电一体化产品的科研生产基地。

航空产业基础雄厚。经过长期的发展，汉中航空产业园区已经形成“一个主机（中型运输机和特种专业飞机研制生产基地）、两个中心（起落架研制生产中心、飞行数据管理系统研制生产中心）、六个专业化（飞控及惯性器件专业化、汽车电子产品专业化、电测产品专业化、夜视产品专业化、工量具专业化、中小模数精密齿轮专业化）”的产品结构格局，航空要素汇聚，产业链条完整。尤其是拥有中航工业主机厂，能够产生天然的产业链效应，带动航空配套制造产业关联与集聚发展，是众多航空产业园所在地难以获取的优势。

航空制造产业集群颇具规模。汉中航空产业园区的发展以陕飞公司运输机和特种飞机的总装集成为带动，集聚了航空锻造、航空电子、航空标准件、精密机械制造、精密机械工具等一系列航空配套制造企业，培育扶持了天达、德容、朝阳、华燕、华泰、蓝天等众多的零部件配套企业，以航空制造为特色的产业集群已经形成，推动汉中航空产业向着专业化、市场化的方向发展。

航空关联产业发展势头强劲。汉中航空产业园区汇集了长空精密机械、东方仪器厂、航空硬质合金工具等专业化航空机件配套企业。近年来，以中航电测、千山航空电子、华燕航空仪表、汉中一零一航空电子等为代表的航空电子产业、航空关联产业异军突起，在汉中航空产业发展中起着越来越重要的作用，其年产值占汉中航空制造产业总产值的23.8%，与航空机械制造产业相互补充、同步发展。

3. 支持基地发展的政策措施

（1）加强产业发展规划编制。汉中航空产业园区建设涉及县区较多，各自县情状况、资源秉赋均都不同。在市级层面，对各县区和有关工业园区进行深入调研，找准差异性和优势的基础上，全面抓好航空产业整体规划编制，整合资源，错位发展，构建各有侧重、体现特色的航空产业发展体系，形成统一规划、统筹兼顾的航空产业发展一盘棋战略格局。

（2）加大产业招商引资力度。围绕大飞机项目，加强与国有航空骨干企业的联系与合作，积极与中航工业集团公司、中国商用飞机公司、中航飞机公司等展开合作，关注西安周边原有航空资源，争取投资项目入区。有针对性地研究策划与波音、空客等国外航空大公司的对接，探索外资招商新途径，面向欧美中小航空企业招商。积极创造条件，通过市场牵引，全方位、多渠道地面向民营企业招商，推动金融、工商、人力资源、规划院、咨询公司等服务企业入驻，搭建丰富有效的招商引资服务网络。设立招商引资专项奖励基金1000万元，对引资上亿元的招商引资功臣，予以 1% 的重奖。

（3）优惠政策倾斜扶持。设立 1000 万元的汉中航空产业发展专项资金，主要用于鼓励创业投资发展、促进高新技术开发和产业化、引进高级技术和管理人才的支持等。实施优惠税收政策扶持，按照“不取不予，自求平衡”的做法，对源于“航空产业园”税收留成部分，头十年全部返还，用于航空产业项目建设和鼓励产业发展。加强政府采购支持，优先推荐航空产业园区的高新产品进入陕西高新产品目录，探索建立政府采购高新产品的新机制和新标准。

（4）拓宽投融资渠道。加大对产业园区技术创新体系建设和企业自主创新扶持力度，打造好中小企业投融资服务平台，争取获得更多的专项扶持资金。创办航空产业园区产业开建投资公司，设立 1000 万元投资基金，主要用于航空运输、航空制造、航空物流项目，为空港经济区服务的交通及能源等基础设施项目等。大力发展创业投资，创办注册资金为 1000 万元的创业创新投资公司，主要以阶段参股和跟进投资等方式支持创业投资。积极吸引国外创业投资机构入驻空港经济区。设立航空企业贷款贴息专项资金，从航空产业发展专项资金中安排一部分资金，对航空企业银行贷款予以一定比例的利息补贴。积极与国家开发银行等金融机构合作，筹建航空产业园区担保和再担保机构，为中小企业贷款提供担保。开展银行经营试点，推进设立专门服务于航空型中小企业发展的银行，建设符合贷款业务特点的信用评级、业务流程、风险控制、人力资源管理和内部控制等制度，积极探索利用低息、小额贷款、投贷联动等方式，加大对企业的信贷支持。

（5）保障园区发展用地。统筹推进航空项目、重大项目、基础设施建设项目的用地指标，优先保障开发区重点项目用地。加大统筹推进产业园基础设施建设力度，支持市管园区基础设施建设优先纳入全市基础设施建设规划，支持城区管园区基础设施建设纳入全市或城区基础设施建设规划，支持县管开发区基础设施建设纳入县基础设施建设规划。注重现有用地的合理安排与拆迁、安置等重要工作的统筹和协调。

4. 基地未来建设规划

汉中航空产业园产业体系最终实现以航空总装制造为龙头，培育航空配套制造与航空运营为重要支撑，打造航空相关现代服务体系，全面发挥航空产业链的经济与社会效益，并带动相关新兴战略产业与军民结合产业在汉中地区的集聚发展。通过航空及相关产业发展，构建军民技术结合、产业发展多元化、具备创新活力的新型工业产业体系，并最终实现到 2015 年产值规模超过百亿，促进区域产业升级与优化。

（1）近期目标：2011 年 -2015 年

航空产业园完成机场、产业平台等基础设施建设。航空产业发展方向逐步清晰，形成以航空制造企业为龙头，集聚发展关联企业的态势，与汉中其他高端装备制造园区形成良好互动，逐步形成航空产业文化与临空经济氛围。

（2）中期目标：2016 年 -2020 年

逐步打造成为国内领先、航空主题鲜明的专业园区。实现航空产业链系统性发展，吸引和培育航空相管企业数百家。包含支线机场运输服务和临空经济在内的航空产业成为区域产业的重要一环。建设成为集约程度高，规模效益好；资源消耗低，环境污染少；创新能力强；技术水平高，产品质量优；安全有保障；信息化水平较高；人力资源充分利用；公共服务体系完善的国家新型工业化产业示范基地。

（3）远期目标：2021 年 -2030 年

构建国际知名的涡桨飞机航空产业全价值增长极，成为具有核心竞争力的航空高新技术产业园区，服务于区域经济和社会发展。

（二十五）江苏丹阳

近年来，在上级政府和军队相关部门的指导和帮助下，丹阳坚持“政府引导、企业主体、市场运作”的基本原则，形成了一批具有鲜明特色的军民结合型产业，培育了一批具有市场竞争力的军民结合型企业，开发了一批在国内外具有领先技术的军民结合型产品，逐步在航空航天领域走出了一条军民结合的互动发展之路。目前已基本建成了涵盖高性能金属材料、高端纤维材料、高分子复合材料等门类齐全的综合性新材料产业体系，成为全国最大的碳纤维及其复合材料制品生产基地，形成了全国最大的高温合金企业集群。目前，全市拥有从事军品配套企业 50 多家，4 家企业取得了军品“三证”，10 家企业通过了保密资格认证，部分企业还承担了军工“973”计划项目。

2013 年，全市军民结合产业销售收入达 330 亿元，占全市销售收入的 13.5%。江苏丹阳军民结合产业示范基地（军民结合）规划面积 15 平方公里，分为两个核心区。核心一区重点发展高性能复合材料和各类部件制品、机载设备、内饰系统、卫星通信、卫星导航、卫星遥感等产业，建成后将成为国际先进、国内一流的复合材料生产基地，预计到 2020 年末，年产值将达 1200 亿元；核心二区重点发展高性能合金材料及关键部件、大部件加工及部件组装，积极发展飞机零部件维修、空港物流等临港服务业，建成后将成为国内航空航天高性能合金的主要生产基地、高端装备制造基地、民用飞机维修基地，预计到 2020 年末，年产值将达 800 亿元。

（二十六）贵州遵义经济技术开发区

遵义经济技术开发区位于革命老区——贵州省遵义市城区北部，于 1992 年 7 月经贵州省人民政府批准成立，是贵州省首批成立的 3 个省级经济技术开发区之一；2010 年，经国务院批准，升级为国家级经济技术开发区。自成立以来，开发区始终按照国家“军民结合、寓军于民”的指导方针，充分发挥贵州航天科工集团和贵州航空集团两大军工基地人才、技术、产业基础优势，通过系统整合、集聚各种要素资源，积极推进军民结合、军地结合和重点装备制造企业的体制机制创新，大力发展军民结合产业。

经过 20 多年的建设发展，开发区现已聚集了以军民结合产业为主导的工业企业 70 多家，聚集了一批专业生产装备制造业零部件的配套企业，形成了以军工“三线”企业为重点，以军民结合为特色，以机械基础件、基础制造工艺、基础材料等“三基”产业为核心，集研发设计、生产制造、检验测试为一体的军民结合产业链，以“军民结合创新–产业化平台”为鲜明特征的军转民和地方优势企业协调发展的特色产业集群已具雏形。

第九部分 军民融合 2014 年度大事记

2014 年 1 月 2 日 为推进军民融合发展，进一步完善政府公共服务手段，有效畅通军民间信息交流渠道，工业和信息化部、财政部组织开展了国家军民结合公共服务平台建设工作。该平台已建设完成，从 2013 年 12 月 31 日起正式开通试运行。国家军民结合公共服务平台由军民用技术产品信息服务、军民结合产业发展引导、军民结合运行监测等 3 个子平台和 1 个公共服务门户网站构成。

1 月 4 日 全军武器装备采购信息网（www.weain.mil.cn）正式上线运行。全军武器装备采购信息网是全军武器装备采购需求信息的权威发布平台，是军工企事业单位、优势民营企业产品和技术信息的重要汇集渠道。网站开设有装备采购需求、政策法规、民参军指导、采购公告、集中采购、企业名录、产品技术、装备知识、服务指南等栏目，面向社会公众、民营企业、军队装备采购部门、军工集团等用户全面开放，可实现军队装备采购需求信息发布、企业产品和技术信息推送、军地需求对接、信息动态检测等功能。

1 月 9 日 中国船舶报社与湖北科学技术出版社有限公司签署战略合作协议，双方将实现跨地区、跨媒体、跨行业的战略合作，共同打造船舶图书出版第一品牌。

1 月 24 日 军民迎新春茶话中张高丽强调，新的一年，双拥工作要有新气象，军民融合要有新收获。要坚持用中国特色社会主义伟大旗帜凝聚军民的意志、智慧和力量，筑牢军政军民团结奋进的共同思想基础；深入贯彻落实军民融合深度发展的新要求，推动经济建设与国防建设相互促进、协调发展；着力解决广大军民最关心最直接最现实的利益问题，切实让改革发展成果更多更好地惠及部队官兵和广大优抚安置对象；广泛开展以创建双拥模范城(县)为龙头的群众性双拥活动，为促进经济社会持续健康发展、加快推进国防和军队现代化作出新的更大贡献。

2 月 27 日 国防科技工业民口军品配套工作会在京召开，会议总结了 2013 年民口军品配套工作，传达了 2014 年国防科技工业工作会议精神，部署了 2014 年工作，提出了 2014 年民口军品配套科研及固定资产投资管理重点工作及要求，明确了下一步的工作目标。教育部、中国科学院、各省、自治区、直辖市国防科技工业管理部门、各军工集团公司、中国工程物理研究院、有关民口中央企业、工业和信息化部所属高校以及部分重点民口配套单位的代表参加了此次会议。

3 月 1 日 由贵州省人民政府主办的“贵州·北京大数据产业发展推介会”在北京中关村举行。方向明代表集团公司与贵州省人民政府签署《共同支持贵州发展大数据产业战略合作框架协议》，双方将共同探索建立具有鲜明特色的跨区域大数据产业协同发展模式。

3 月 5 日 国务院总理李克强在十二届全国人大二次会议上作政府工作报告时说，新的一年，要紧紧围绕党在新形势下的强军目标，全面加强军队革命化现代化正规化建设，不断提高军队信息化条件下威慑和实战能力。要统筹推进各方向各领域军事斗争准备，加强和改进思想政治建设，加快全面建设现代后勤步伐，加强国防科研和高新技术武器装备发展。狠抓依法治军、从严治军。深化国防和军队改革，加强军事战略指导，完善现代军事力量体系。加强国防动员和后备力量建设，强化日常战备和边防海防空防管控。推动军民融合深度发展。加快建设现代化武装警察力量。坚决完成抢险救灾、反恐维稳、维和护航和处置突发事件等任务，积极参加和支援国家经济建设。各级政府要一如既往关心支持国防和军队建设，密切鱼水情谊，使军政军民团结坚如磐石。

3 月 6 日 中国兵器工业集团公司与辽宁省人民政府签署战略合作框架协议。同时，集团公司及中国兵器工业集团北方华锦化学工业集团有限公司与辽宁省及盘锦市人民政府签署关于对精细化工产业发展提供支持政策的协议。

3 月 11 日 中共中央总书记、国家主席、中央军委主席习近平出席十二届全国人大二次会议解放军代表团全体会议，并围绕实现强军目标发表了重要讲话。习近平强调，实现强军目标，必须同心协力做好军民融合深度发展这篇大文章，既要发挥国家主导作用，又要发挥市场的作用，努力形成全要素、多领域、高效益的军民融合深度发展格局。军队要遵循国防经济规律和信息化条件下战斗力建设规律，自觉将国防和军队建设融入经济社会发展体系。地方要注重在经济建设中贯彻国防需求，自觉把经济布局调整同国防布局完善有机结合起来。要深入做好新形势下双拥工作，加强国防教育，健全国防动员体制机制。各级党委和政府要支持军队建设和改革，配合军队完成多样化军事任务，为实现强军目标提供有力保障。

3 月 13 日 在西安曲江国际会议中心召开 2014 年贵州省军民融合发展推介会，旨在搭建军民技术成果展示、信息交流、资源共享、市场开拓和资本对接的平台，寻求互利共赢，共同推动军民融合发展。

3 月 13 日 中国航天科工集团公司三院 310 所与哈尔滨工业大学经济与管理学院近日签署了战略合作协议，双方将在重大项目联合申报、重要课题联合攻关、人才联合培养、实践基地建设等方面开展长期合作。战略合作协议的签署将加快 310 所在信息技术等领域的建设，加快科技成果的转化和应用。

3 月 14 日 中国航天科工集团公司与鞍钢集团公司签署战略合作框架协议，中国航天科工六院同时与鞍钢集团公司综合实业发展有限公司签署了铝粉项目合作协议。

3 月 14 日 中国电子科技集团公司与中国船舶工业集团公司在京签署战略合作框架协议。

3 月 17 日 中国核工业建设集团公司与中国海洋石油总公司战略合作框架协议签字仪式在北京中国海油大厦举行。中国核建与中国海油在 LNG（液化天然气）储罐建造等大型工程建设领域有着长期良好的合作关系，此次签约是双方以实际行动履行合作理念的重要体现，希望借此机会共筑合作平台，扩大合作空间，交流管理理念，相信双方的合作一定能为国民经济发展、国家节能减排和两家企业的可持续发展提供新的动力。

3 月 18 日 中核集团与中科院和上海科大展开项目合作：中国核工业集团公司日前与中国科学院上海分院和上海科技大学举行交流会，就钍基熔盐堆项目研发、校企合作、人才培养等事宜进行了深入讨论。中核集团与上海科大、中科院上海分院就人才队伍、专业技术人才培养能力、校企合作等方面提出下一步合作计划。三方将重点在学科设置、师资选配、教材建设、互派兼职教授、实习基地、科研合作及产业合作等方面深入对接，共同努力培养世界一流的核科技人才。

3 月 19 日 中国船舶重工集团公司七〇五所日前被西安市高新区评为“2013 年度西安高新区军民融合示范企业”，该所同时还获得“2013 年度西安高新区统筹科技资源先进单位”、“2013 年度西安高新区标准化示范企业”两个奖项。

3 月 19 日 中国核建与清华大学签署《关于进一步深化高温气冷堆技术产业推广的合作协议》，签字仪式在清华大学举行。合作协议的签署是中国核建与清华大学合作开发高温堆技术以来又一个重要的里程碑，标志着高温堆技术产业化进程迈出了关键一步。

3 月 21 日 国防科工局与地方政府共建高校联席会，2013 年年会在河北燕山大学召开。会议传达了 2014 年国防科技工作会议精神，并对地方共建高校如何发挥专业优势，服务地方经济发展提出了建议，阐述了国防科工局就进一步支持地方共建高校的设想。各共建高校代表分别作了发言，就一年来学校在学科建设、人才培养、师资队伍以及办学特色等方面的情况进行了简要介绍，并就国防特色学科建设、科学研究等工作进行了深入研讨。与会人员一致认为，共建以来，在国防科工局和地方政府的支持下，各校在国防特色实验室、国防科技人才队伍建设等方面取得了显著成绩。共建不仅为各高校教学、科研发展提供了有力支撑，同时也为我国国防军工事业的发展提供了有力保障。

4 月 4 日 中航工业－柯林斯第三届高层战略委员会在京召开。集团公司副总经理张新国与柯林斯公司首席执行官兼总裁凯利主持会议，双方就多个领域的合作项目交换了意见。中航工业航电系统、飞机、直升机、资产事业部、雷电院、蓝天公司等相关单位领导参加会议并发言。

4 月 5 日 由中国国防科技工业企业管理协会、中国航天系统科学与工程研究院、国家安全战略与国防经济研究专业委员会、中国技术交易所有限公司与《军民两用技术与产品》全国理事会联合主办的“2014 中国军民两用技术应用推进大会”在北京举行。大会以“促军转民引民入军”为主题，旨在探索实现军民两用技术成果推广转化的高效机制与策略，并为有关部门制定“十三五”军民融合发展政策和规划等提供决策参考。

4 月 10 日 由重庆市人民政府、科学技术部、工业和信息化部、中国科学院、中国工程院、中国发明协会共同主办的第十一届中国重庆高新技术交易会暨第七届中国国际军民两用技术博览会在重庆南坪国际会展中心开幕。展会以“军民融合 创新发展”为主题，展会内容包括展览展示、对接交易、高峰论坛三个部分。国防科工局局长许达哲、直属机关党委书记吴志坚出席展会相关活动。

4 月 10 日 根据党的十八大和十八届二中、三中全会关于推进军民融合式发展的战略部署，为进一步贯彻落实《国务院中央军委关于建立和完善军民结合寓军于民武器装备科研生产体系的若干意见》有关要求，推进工业和信息化领域军民融合深度发展，工业和信息化部组织制定并印发了《促进军民融合式发展的指导意见》。

4 月 10 日 中国电子科技集团公司与成都市签署战略合作框架协议，决定建立长期稳定的战略合作伙伴关系，共同在成都大力发展网络信息安全产业。

4 月 23 日 第十一届中国重庆高新技术交易会暨第七届中国国际军民两用技术博览会以“军民融合・创新发展”为主题，由科技部、工业与信息化部、中国科学院、中国工程院、中国发明协会、重庆市人民政府共同主办。中国电科携其安全电子、智慧电子、绿色电子产品参展。海康威视、太极股份、重庆声光电、3 所、9 所、10 所、14 所、18 所、22 所、29 所、30 所、38 所、中国电科电子装备有限公司纷纷展示了他们的“拳头产品”。展示共分为集团形象、安全电子（海康威视牵头）、智慧电子（太极牵头）、绿色电子（重庆声光电牵头）四大板块。

4 月 24 日 中船第九设计研究院工程有限公司与常熟市梅李镇政府进一步签订了《常熟市梅李镇新型城镇建设项目合作协议》，旨在推进梅李镇城乡一体化项目的具体实施。

4 月 30 日 湖北省国防科工办于 2014 年初向各军事代表机构和军工企事业汇编发布了第一期《湖北省优势民企参军推荐名录》，并于 4 月 30 日首次发布。

5 月 8 日 中船集团与常州开展全面战略合作。中国船舶工业集团公司日前宣布，中船集团公司代表与常州市政府相关方面负责人就双方全面深度合作进行了洽谈，并签署了全面战略合作协议。

5 月 8 日至 10 日 中国电科成功举办“第九届中国国际国防电子展览会”。胡爱民副总经理出席了第九届中国国际国防电子展览会，主持接待了包括俄罗斯、法国、埃及、秘鲁、巴基斯坦、玻利维亚等 100 余位的国外驻华武官，以及外交部、国防部外办等国家机关和军工集团，并接受了中国电子报的专访。还组织了武官活动主题报告、高访团接待、与俄罗斯武官专题会谈等活动，并展出了包括军、民、基础元器件在 C4I 系统、雷达、光电、声探测、通信、电子对抗、公共安全、智能交通、汽车电子、软件与信息服务、测试测量、电子器件与原材料等领域的 180 余项产品。

5 月 20 日 总装备部、国防科工局、国家保密局共同发布了《关于加快吸纳优势民营企业进入武器装备科研生产和维修领域的措施意见》，根据《意见》中提出的总体思路和目标要求，积极吸纳优势民营企业进入武器装备科研生产和维修领域，对于打破行业垄断、激发创新活力、提高装备采购效益具有重要意义。

5 月 23 日 中国航天科技集团公司所属中国四维测绘技术有限公司（简称中国四维）与深圳市腾讯产业投资基金有限公司（简称腾讯）签署的《关于四维图新股份转让协议》，获得国务院国资委批准，这标志着中国四维通过协议转让股份为其所属北京四维图新科技股份有限公司（简称四维图新）引进战略投资者的工作基本完成。

5 月 27 日 由总装备部、工业和信息化部、国防科工局和全国工商联共同主办的首届民营企业高科技成果展览暨军民融合高层论坛在北京举行。展览旨在深入贯彻落实习近平主席关于军民融合深度发展重要指示精神，展示民营企业先进科技成果，搭建交流平台，在武器装备建设领域推动军民融合深度发展。

5 月 28 日 中国航天科工集团公司携车联网等 20 余项高新技术及产品亮相第三届中国（北京）国际服务贸易交易会（以下简称京交会），与联合国世界贸易中心共同主办“中国科技服务国际合作会议暨 ITC 主题日”活动并签署战略合作意向书。多年来航天科工已在科技服务领域的众多行业开展实践，积极发挥中国航天系统工程研发的综合实力优势，致力于将航天技术应用于国民经济与社会发展的各个领域，目前一些科技成果已在国家社会转型发展、经济转型升级过程中发挥出重要作用。

6 月 10 日 中国航天科工与神华集团在京签署战略合作框架协议。根据协议，双方将以矿用特种车辆、煤矿安全产品等领域为切入点，在产业联合、科技研发、资本运作、海外拓展等方面开展全方位合作。

6 月 11 日 中国航天科工集团公司召开 2014 年民用产业工作会。会议对集团公司成立 15 年来民用产业发展进行了回顾和总结，对近两年民用产业发展进行了分析，并部署了 2014 年及今后一段时期的民用产业工作。

6 月 27 日 军民结合、寓军于民武器装备科研生产体系建设部际协调小组第三次会议在京召开。会议审议通过《国务院中央军委关于建立和完善军民结合寓军于民武器装备科研生产体系的若干意见》，贯彻落实工作进展情况报告和协调小组 2014 年工作要点。

6 月 29 日 工业和信息化部副部长、国防科工局局长许达哲在黑龙江涉军企事业单位调研时强调，要深入贯彻落实习近平总书记重要批示精神，准确把握国防科技工业改革发展的方向、规律、重点和机遇，着力构建先进国防科技工业体系，更好地担负起支撑国防军队建设、推动科学技术进步、服务经济社会发展的光荣职责。

6 月 30 日 航天五院召开了经营投资院长专题办公会。总经费达 8239 万元的 16 个航天技术应用产业产品孵化项目通过审议，共获得五院孵化资金 3574 万元，厂所、公司配套 4665 万元，五院支持经费同比 2013 年增长 25%。同时，制定了相应的《五院航天技术应用产业产品孵化项目管理办法》。

7 月 2 日 中共中央政治局委员、国务院副总理马凯在河南、湖北调研时强调，要坚决贯彻落实党的十八大和十八届三中全会精神，坚持战略导向和问题导向，充分发挥国家主导和市场机制两大作用，服务国防军队建设和经济社会发展两大需求，抓住民参军、军转民两大关键，依靠深化改革和科技创新两大动力，完善政策法规制度，改进加强行业管理，以更大力度推动军民融合深度发展。

7 月 14 日 北京中船信息科技有限公司与浪潮集团有限公司签署战略合作协议，双方就未来战略发展达成共识。双方一致认为，在当前国家信息化战略的指导下，依托双方产品及业务领域的技术优势，应建立战略合作伙伴关系，共同迎接机遇与挑战。

7 月 21 日 中国兵器工业集团公司与江西省政府在南昌签署战略合作协议，江西省省长鹿心社和中国兵器工业集团公司董事长尹家绪出席仪式并分别致辞。

7 月 28 日 中国电子科技集团公司研制的国内首套 GBAS 卫星导航着陆系统，正在天津滨海国际机场开展安装和适航取证工作。这一新系统打破了传统仪表着陆系统影响航迹灵活性和机场吞吐量的技术局限，为机场实现更安全、更高效的运营提供了新的选择。

7 月 30 日 中国航天科工集团公司与国家测绘地理信息局签署战略合作协议，双方将在低成本和快速响应测绘装备、目标特征识别和检测标校、地理信息数据应用等领域，开展更深层次、更多形式、更广范围的交流与合作，实现互利共赢。集团公司董事长高红卫、国家测绘地理信息局局长库热西出席签字仪式。

7 月 31 日 中国航天科工集团公司与中国工商银行签署战略合作协议，双方将在新的战略合作协议指引下，进一步加强银企协同合作，共同实现跨越式发展。

8 月 2 日 中国航天科工集团公司研制的多款军民融合产品参加第二届特种车辆与零部件展览及技术协作论坛。展会以“深层次推进军民融合式发展，促进特种车辆行业技术进步”为主题，集中展现军民企业、高校和科研院所在特种车辆技术创新中的优势和成果，促进了整车与零部件企业之间的推广、交流与合作。

8 月 8 日 中国航天科工江苏企业联合会成立大会在南京江苏省会议中心召开。曹建国要求航天科工江苏企业在“十三五”期间要按照“1233”重点产业发展思路，即持续巩固航天防务这一航天科工首要主业；加强信息安全和物联网两大技术应用在江苏的整体布局；打造应急救援与后勤保障装备、高端复合材料与新材料以及高端工业基础产品等三大产业集群；

积极拓展节能环保装备、智能电网和现代服务业等三大业务领域。充分发挥航天体系研究与设计、电子信息与仿真、光机电一体化技术等方面的技术优势，重点在保障江苏地区信息安全、粮食安全、公共安全、金融及税务安全、能源安全、安全生产、环境安全、气象安全等领域发挥积极作用，服务江苏科学发展。

8月12日 由中国航天科技集团公司下属航天神洁（北京）环保科技有限公司设计研制的航天“枪”，在宁夏成功转化应用成果，有力地推动了当地经济社会发展和人民生活水平的提高。

8月14日 中电海康集团有限公司与江西省国资委战略重组凤凰光学集团签约仪式在南昌举行。

8月17日 第31届国际无线电科学联盟大会在北京召开，中国电科充分发挥自身的优势，积极参与第5代移动通信的研究开发。

8月19日 高分二号卫星在长征四号乙运载火箭的完美托举下，腾空而起，精确入轨，标志着我国民用遥感卫星领域正式跨入米级分辨率时代。

8月27日 中国兵器工业集团公司与国家测绘地理信息局签署战略合作框架协议。共谋北斗应用产业发展的战略布局。根据协议，双方将充分发挥各自优势，实现最大的社会和经济效益，在以北斗为代表的现代位置服务领域和以“天地图”为平台的地理信息服务领域，推进国家基础设施建设，推动位置信息和“天地图”在经济建设和公众应用方面的服务。

9月1–5日 军队系统政协委员在鄂考察军民融合创新发展。以全国政协副主席、致公党中央主席、科技部部长万钢为团长的军队系统全国政协委员考察团，9月1日至5日就湖北省“军民融合式科技创新发展”进行专题考察。

9月2日 由国家航天局系统工程司、国家发展和改革委员会高技术产业司、中国卫星导航定位应用管理中心、国家测绘地理信息局国土测绘司等部门共同主办的中国北斗应用峰会在新疆乌鲁木齐举行。峰会以“服务世界的北斗”为主题。国家有关部委、地方政府，以及国内外院士专家做了专题报告，全面阐述了北斗应用的法规政策、发展规划、思路对策。还举办了“北斗应用发展”、“北斗走向国际”、“北斗走进新疆”三个专题研讨会，主办单位联合向全社会发布《共同推动北斗应用发展的倡议》。

9月2日 中船重工与青岛市携手打造海洋装备基地。中国船舶重工集团公司与青岛市政府共建海洋装备研发及产业化基地合作协议签约仪式在青岛举行。合作协议包括中船重工与青岛市《关于共建海洋装备研发及产业化基地合作协议》、《中船重工青岛(黄岛)海洋装备研究院共建协议》及《青岛海洋装备研究院暨青岛国际海洋装备科技城共建协议》。

9月2日 中国兵器工业集团下属的哈尔滨第一机械集团有限公司及江麓机电集团有限公司分别与北京理工大学开展产学研合作。

9月16日 中船动力安柴公司与武汉理工大学共建的卓越工程师班正式开班。这是安柴公司与武汉理工大学为贯彻落实《国家中长期教育改革和发展规划纲要（2010 ~ 2020 年）》提出的创立高校与科研院所、企业联合培养人才的重大改革项目要求的具体行动。

9 月 23 日 中国航天科工集团公司与大唐电信科技产业集团签署战略合作协议。根据协议，双方将按照“优势互补、友好合作、协同创新、互利共赢”的原则，依托各自优势领域和专业技术，面向国家重大战略和用户需求共同培育项目展开合作。双方将在移动通信、集成电路设计与生产、智慧城市技术和企业文化等领域深入合作。

9 月 25 日 国防科工局信息中心主办的 2014 年智慧军工发展研讨会在京召开。会议以“建设自主可控的智慧军工”为主题，探讨了智慧军工建设对自主可控技术的要求，交流了大数据、地理信息、信息安全、基础软硬件、应用软件等方面自主可控技术在军工领域的应用经验和发展前景。

9 月 28 日 中国核工业建设集团公司与中国工程物理研究院在北京核建大厦签署战略合作协议。

10 月 8 日 航天科工为民航提供首部对流层风廓线雷达：中国航天科工集团，航天科工二院 23 所将为我国民航提供首部对流层风廓线雷达。该雷达系统能以较高的分辨率探测大气的风速和风向，为民航飞行安全护航。

10 月 9 日 中国航天科工集团公司与浪潮集团有限公司在京签署战略合作框架协议。航天科工董事长高红卫、副总经理魏毅寅与浪潮集团董事长兼 CEO 孙丕恕、副总裁胡海根、张海涛等出席签约仪式。魏毅寅和胡海根分别代表双方在协议书上签字。

10 月 10 日 国防科工局对口支援吉水县的首个工业项目——中电新材料科技项目奠基开工。中电新材料科技项目是吉水县军民结合电子信息产业园落户的首个大型工业项目。该项目占地 50 亩，总投资 3 亿元。主要生产航空航天线缆所需的高温镀银导线产品，并逐步升级到研发生产航空航天及高端电子设备用特种线缆产品。

10 月 13 日 中船第九设计研究院工程有限公司研发部组织召开主题为“大数据、智慧城市及行业应用”的技术研讨会。与会人员围绕“大数据时代与关键技术、智慧城市概念与现状、工程行业应用与思考”三个方面的内容，通过交流感受大数据时代的紧迫与智慧城市的宏大未来，思考大数据行业在工程领域的建立与推广。

10 月 14 日 中国核工业建设集团公司与鞍钢集团公司在北京签署战略合作框架协议。

10 月 16 日 由中国航天科工集团公司和江苏省镇江市人民政府联合主办的“航天新材料发展与应用研讨暨成果展”在江苏省镇江市举办。活动以“新材料新产业新融合”为主题，探讨了航天新材料的技术现状及发展趋势，探索新材料产业化及推广前景。

10 月 16 日 中国核工业集团公司总经理钱智民与西藏自治区常务副主席丁业现就中核集团与西藏自治区开展新能源等方面的合作进行了会谈，并签订了战略合作框架协议。

10 月 16–18 日 由科技部、国家知识产权局、国家国防科工局和四川省人民政府共同主办的第二届中国（绵阳）科技城国际科技博览会在中国科技城 -- 四川省绵阳市举办。科博会以“科技创新·军民融合·开放合作”为主题，突出国际性、专业性、先进性，以高新技术为主体，军民融合为特色，围绕“扩大科技城影响、增强科技城实力、提升科博会品牌”开展国际军民融合创新发展论坛、国际先进制造业大会、高新技术产品展示和交易、驻外使（领）馆科技参赞圆桌会议、寰宇生产力产业经管交流论坛、新能源汽车技术与发展大会、中国创新创业大赛军转民大赛、科技人才延揽、科技成果和专利技术发布与交易、科技城优势项目投资推介、国家高新区和国家自主创新示范区重点成果展、四川省四大经济区展示推介等主题活动，是国际性的科技博览盛会。

10 月 18 日 中国（苏州）智慧城市院士论坛在苏州吴中召开。论坛以吴中绿色智慧太湖新城一期建设为实践基础，研究探讨了智慧城市建设的理论与实践。

10 月 22 日 由山东省国防科工办和中国国防科技工业企业管理协会共同主办山东省与十一大军工集团军民融合深度发展恳谈会在北京召开。国防科工局总工程师周武胜应邀出席并致辞。周武胜指出，国防科工局正编制军民融合发展“十三五”规划，研究制定军民融合推进政策，从规划和政策两方面做好顶层设计，指导军民融合发展。

11 月 4 日 中航光电注重军民融合，今年布局新能源汽车。

11 月 5 日 中国航天科技集团公司下属航天投资控股有限公司（简称航天投资）完成深圳市航天高科投资管理有限公司（简称航天高科）股权转让工作，实现项目投资收益 3.98 亿元，年化收益率 25%。

11 月 7 日 中船集团与浙江省缔结战略合作关系：中国船舶工业集团公司与浙江省将进一步深化在船舶及海工装备制造业领域的合作，并签署了一系列合作协议。

11 月 12 日 中国航天科工集团公司举行航展签约活动，签约项目总计 258 个，签约总额达 233.4 亿元，涉及智慧城市、无人机系统及服务、雷达系统服务、电力装备、国际工程承包等多个领域。

11 月 14 日 国电科学技术研究院院长刘建民、国电科学技术研究院南京电

力设备质量性能检验中心和燃机所所长刘志坦、国电科学技术研究院北京火电节能减排所所长李佃一行到中国船舶工业系统工程研究院访问，双方签署了《战略合作协议》。

11 月 26 日 中国航天科工集团公司所属航天信息股份有限公司与苏宁云商集团股份有限公司在北京正式签署战略合作协议，宣布双方将在电子发票、线下金融收单、供应链金融等业务领域展开全方位合作。两家领军企业的携手，尤其是在电子发票项目上的合作，将对推进我国电子发票应用产生积极影响。

11 月 27 日 上海市质量技术监督局对中国船舶工业集团公司第七〇八研究所承担的“喷水推进装置军民通用标准化试点项目”进行了评估验收。验收专家组认为本项目将为我国和本市军民通用标准化项目的推进起到积极的示范引领作用。

11 月 27 日 中国核建与中陕核工业集团公司在西安签署战略合作框架协议，双方正式建立全面战略合作伙伴关系。

11 月 30 日 中国航天科工集团公司与江苏省人民政府在北京签署战略合作协议，双方将在高新技术产业、智慧江苏建设、企地人才交流等方面加强合作，实现共赢。

12 月 2 日 苏宁云商集团股份有限公司与中国航天科技信息集团举行签约仪式，正式宣布双方将合力推进国内电子发票业务发展，扩大电子发票应用领域和地域。此外，双方还将在大数据合作的基础上，针对线上线下中小微商户提供包括支付、消费信贷、供应链金融和税务管理为一体的综合解决方案，推动互联网零售规范健康发展。

12 月 2 日 由工业和信息化部军民结合推进司、江苏省国防科技工业办公室主办，工业和信息化部软件与集成电路促进中心（CSIP）、国防科技工业科技成果推广研究中心及江苏省丹阳市人民政府承办的“2014 军民融合技术成果转化展示交流会”在江苏省丹阳市召开。会议发布了 2014 年度《军用技术转民用推广目录》和《高新技术与产品推荐目录》，重点介绍国家军民结合公共服务平台建设和试运行情况，特邀军队和军工领域专家介绍相关技术需求，交流军民用技术成果转化典型案例和中介服务机构服务模式，针对地方产业特色推介优秀技术项目，参观了丹阳市军民结合产业示范基地中的典型企业。

12 月 2 日 中南装备有限责任公司与北京华油兴业能源技术有限公司签订了石油钻井泥浆处理站设备供货合同，合同金额 5145 万元，合同的签订标志着中南装备成功进入环保装备领域。

12 月 3 日至 4 日 中共中央总书记、国家主席、中央军委主席习近平在全军装备工作会议中发表重要讲话强调，要坚持军民融合深度发展，结合深化改革，加快建立推动军民融合发展的统一领导、军地协调、需求对接、资源共享机制，扎实推动国防科技和装备领域军民融合深度发展。

12 月 3 日 山东省德州市人民政府与中国航天科工集团公司、中国冶金地质总局在德州市签订了《关于开展住房和城乡建设部城市地下管网综合管理试点工作的合作框架协议》，此举标志着住建部第一个城市地下管网综合管理试点项目正式落地。

12 月 6 日 总参谋部军务部、总政治部干部部、总后勤部财务部、总装备部综合计划部、工业和信息化部办公厅、国防科工局综合司联合颁发《中国人民解放军装备技术保障人才培训基地管理办法》，大力推进军民融合基地化培养部队装备技术保障人才工作。

12 月 8 日 中国航空工业集团公司与江西省政府在北京签署深化战略合作协议，双方将在“互惠互利、项目支持、共同发展”的原则下，共同在江西打造功能齐全、特色鲜明的航空及相关产业集群，为建设航空工业强国、繁荣江西地方经济做出更大贡献。

12 月 14 日 中共中央总书记、国家主席、中央军委主席习近平到南京军区机关视察时强调，要把维护军政军民团结抓得更加扎实有效。要适应新形势新任务的要求，不断巩固和加强军政军民团结，努力形成军爱民、民拥军的生动局面。要发挥自身优势，积极支持地方经济社会建设和生态文明建设，为全面建成小康社会贡献力量。要统筹经济建设和国防建设，推进基础建设和重要领域军民深度融合，构建具有时代特色、符合战区特点的军民融合新格局。

12月15日 中国航天科工集团航天长峰公司和浙江省诸暨市公安局联合研发推广的“平安通”软件日前问世，该软件不仅能监督警力巡逻、分派接警单，还能识别机动车的身份信息、识别通缉逃犯。

12月16日 在宁波市召开的“2014中国航天（宁波）新材料产业化论坛”上，中国航天科技集团下属7所研究院和21家工厂向宁波当地1300家从事新材料技术研发生产的民营企业推广了首批30项技术。

12月16日 中国电科与四川省政府在成都签署全面深化战略合作框架协议，进一步深化战略合作关系，共同推动信息安全、航空电子等产业跨越发展。

12月17日 中国航天科工集团航天重型工程装备有限公司与武汉理工大学签署了共建重型工程装备联合研发中心协议，标志着由双方共建的重型工程装备联合研发中心正式成立。据悉，该研发中心将以武汉理工大学技术优势、研究环境以及人才优势结合航天重工研发能力及技术应用环境为基础，致力于重型工程装备及专用汽车产品的研究、开发和制造，努力提高双方的技术研究实力、创新设计能力，加快人才的培养和技术成果转化。

12月17日 中国航天科工集团北京航天测控技术有限公司与南车青岛四方签订了中国标准动车组综合调试技术研究项目合作协议，航天测控公司将继续对即将问世的中国标准动车组的调试技术进行研究。

12月17日 中航通用飞机有限责任公司与广州中恒集团、美国德事隆远东私人有限公司在北京共同签署成立广西中恒国际商务航空有限公司的合资协议。新设立的公司将共同打造国内起步最高的商务航空发展平台。

12月19日 中船电子科技有限公司与北京雷音技术公司在永丰基地正式签署收购协议。这标志着中船电科本部成立以来的第一单股权收购项目初步完成，系统工程研究院和中船电科在军民融合产业化发展的道路上迈出了坚实的一步。

12月24日 七〇七所“高端海洋装备产业化基地”入选天津市海洋经济科学发展示范区建设首批重点固定资产投资项目计划，在规划、土地、环评、节能、海域、人防等方面可享受天津市重点建设项目相关政策支持。“高端海洋装备产业化基地”用地面积19公顷，建筑面积22万平方米，是集研发、制造、试验、销售、服务及产业化发展的综合产业园，集中解决我国海洋运输领域、海洋工程装备领域和信息安全领域面临的国产技术装备“空心化”问题，将有力推动高附加值海洋装备产业的自主创新能力和科技成果转化能力。

12月27日 中国航天科工集团公司二院与北京市西城区签订了战略合作协议并召开了双方联合组建的航天科工智慧产业发展有限公司成立大会。双方一致表示，将借助航天科工二院在技术与人才上的优势与西城区所在的地理位置优势、经济社会优势和金融业优势，共同推进经济、社会、产业转型升级。

12 月 28 日 中国核科技信息与经济研究院与中国工程物理研究院科技信息中心签署了战略合作协议。依据协议，双方将在情报研究、外文资料翻译、图书音像出版、信息资源保障、知识产权战略研究等领域开展广泛深入合作。

12 月 28 日 中国核工业集团核动力研究设计院日前与中科院上海应用物理研究所签订了 10 兆瓦固态燃料钍基熔盐实验堆主体工程设计合同，标志着中核集团与中科院在第四代先进核能系统的联合设计和研发工作进入实质阶段。

12 月 29 日 中核集团与厦门大学签署了战略合作框架协议。双方本着平等互利、优势互补、合作双赢的原则，围绕我国核电与新能源发展战略需求以及福建省新能源科技创新和新兴产业发展需求，建立长期战略合作关系，积极寻求在人才培养、科技研发、学术交流等方面的合作，实现互利共赢，推动我国核电与新能源事业的发展。

12 月 29 日 “中航国际航空零件制造企业联盟”成立大会在北京召开。该联盟由中航国际组织，旨在整合国内优质制造资源，打造适合民营企业成长发展的“航空制造生态圈”；并以航空制造为支点，在技术及市场方面辐射至汽车、航天、轨道交通、医疗、精密仪器等其他行业，促进我国在未来高端制造业中实现弯道超车。该联盟相关负责人表示，在未来两到三年内力争实现由民营企业承担的航空制造产值翻番，中远期目标是使航空工业产值超过中国 GDP 的 1%，成为国家经济发展的新的支柱产业之一。

12 月 30 日截至 2014 年底 国家军民结合公共服务平台已上载 16 万余条信息。其中“军转民”数据信息 2 万条，产品数据信息 5 万条，企业信息 2 万条；“民参军”技术与产品数据信息 1.28 万条，企业信息 2 万条；国家军民结合产业示范基地数据信息 1 万条，项目数据信息 3 万条；并有 700 余位专家信息和军民结合相关的政策法规信息入库。

第十部分 资本市场在军民融合发展过程中的重要作用

军工产业与资本市场对接研究

——深圳证券交易所综合研究所博士申志强

一、我国国防工业的发展情况

近年来，受益于国防预算持续攀升和引进国外技术消化吸收逐渐进入收获期，我国国防工业发展较快，但相对于军工大国仍存在大而低效，核心研发生产能力不强的现象。

（一）我国军工产业整体情况

1. 基本概念和特点

军工产业是一国国防力量的重要组成，由涉及军事装备研究、开发生产与服务的政府与商业组织组成。涵盖核、航空、航天（含导弹）、国防电子、兵器和舰船六大主要领域，具有从科研、生产到维修职能的完整科学技术与产业体系（图1）。

图1 国防工业结构的三个维度

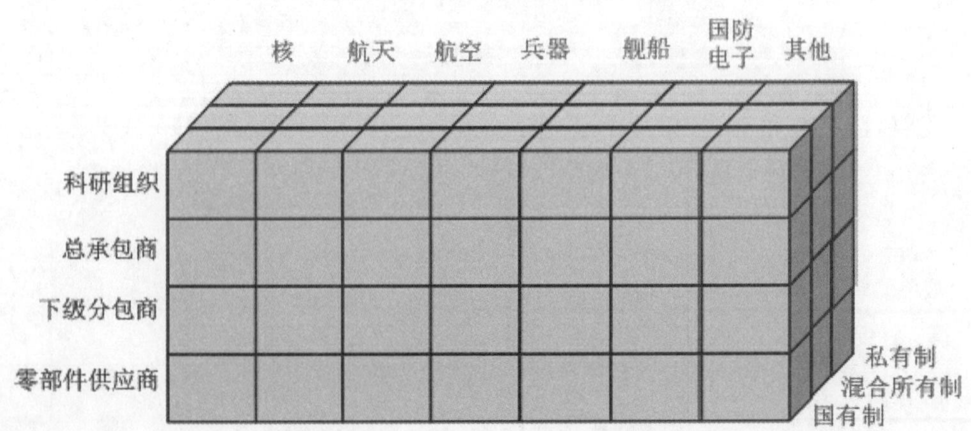

资料来源：《世界国防科技工业概览》

国防工业不仅是一个技术密集、资本密集 和风险密集型的战略性行业，更在行业管制、保密和非对称竞争以及强产业拉动能力 几个方面的具有特殊性。

2. 我国国防工业较为系统、庞大

新中国成立以来，我国国防工业沿着技术引进→仿制→自主研发的道路艰难爬坡，至今已形成了专业门类基本齐全、科研生产手段配套的工业体系（表 1）。我国不仅能够自行研制战术性能先进的常规武器装备，还是世界上少数几个有能力研制和生产核导弹、核潜艇、人造卫星和载人飞船等战略装备的国家之一。

表1 我国军工企业的概况

主营行业代码	雇佣人数范围	样本	营业收入（千美元）			
			均值	标准差	极小值	极大值
2530 核燃料加工	小于300	5	2430	1587	993	4615
	300~2000	8	741556	1656458	42333	4816597
	2000~5000	8	283565	105802	146563	502719
	5000以上	7	661416	309346	266546	1127235
2664 炸药及火工产品制造	小于300	723	3989	4008	16	47885
	300~2000	248	10508	13505	76	105388
	2000~5000	15	50549	40682	4992	170694
	5000以上	6	83202	82128	1369	196830
3663 武器弹药制造	小于300	8	2081	1114	184	3516
	300~2000	29	21026	22511	792	83329
	2000~5000	23	63423	50998	2925	187586
	5000以上	14	214058	223132	10267	657342
3669 航空、航天及其他专用设备制造	小于300	36	3919	5858	10	24223
	300~2000	6	38541	30021	11409	95780
	2000~5000	3	240203	80783	163439	324481
	5000以上	1	340896			
3751、3752、3753 船舶制造和修理	小于300	296	8506	14373	0	102428
	300~2000	95	57386	97487	820	619632
	2000~5000	11	408667	397133	95955	1536282
	5000以上	6	585394	711405	66888	1935112

3761、3762、3769 飞机、航天器制造和修理	小于300	58	8693	21187	0	124736
	300~2000	76	27658	31373	2680	222214
	2000~5000	20	96083	61182	19091	244021
	5000以上	17	565711	421992	151438	1389433
4020 雷达及配套设备制造	小于300	22	6468	8540	3	33485
	300~2000	14	21981	20225	1377	81777
	2000~5000	6	63545	28684	27681	112634
	5000以上	0				
4123 导航、气象及海洋专用仪器制造	小于300	37	4565	5028	70	22965
	300~2000	13	16894	11034	2103	44061
	2000~5000	2	68972	13672	59304	78640
	5000以上	0				
401 通讯设备制造	小于300	1034	7036	25758	0	671987
	300~2000	267	86721	302957	0	3123689
	2000~5000	27	429800	1026636	34310	5366759
	5000以上	18	2655087	3725628	39692	12386664

数据来源：Qin《中国企业财务信息分析库》，王万珺，2009年

3. 近年发展较快

随着我国财政实力的不断增强，我国军费开支一直保持补偿性增长的态势，也刺激军工产业进入了新一轮扩张期。2011 年，十大军工集团除核建设工业集团外实现总收入逾 1.44 万亿，占 2011 年国有企业营业总收入（36.79 万亿元）的 4%，占 2011 年国内 GDP 的 3%；过去 5 年年均销售收入增长 14.7%，实现净利润 636.69 亿，年均增长 9.3%（图 2、图 3）。从 2009 年中航工业集团作为第一家军工企业进入财富 500 强开始，至 2011 年已达到 5 家。

从军品进出口贸易方面看，我国高端军事装备正逐渐实现进口替代。根据 SIPRI 的数据，在 2006 年以前我国军备进口额多年排名第一，而在 2007 年至 2011 年间进口下降了 58%，全球军火买家排名降至第四位；与此同时，2008-2012 年间相对于之前的 5 年，我国重大常规武器出口量增长了 162%，占全球武器出口的份额增长了 2~5 个百分点。

图2 军工集团近年营业收入情况

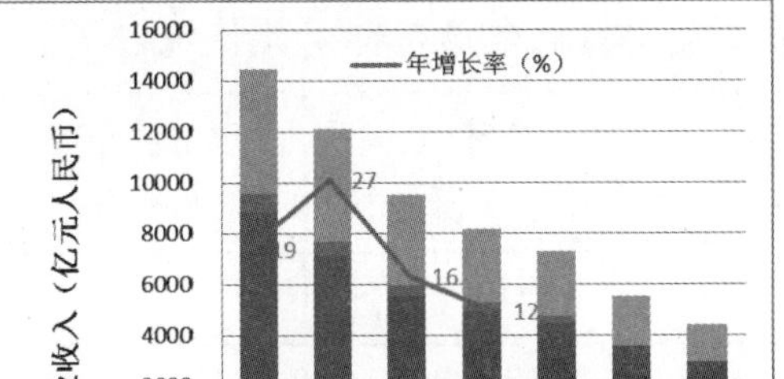

	2011	2010	2009	2008	2007	2006	2005
中国核工业集团公司	462	445	352	343	272	217	189
中国兵器装备集团公司	2788	2571	1964	1508	1411	1095	766
中国船舶重工集团公司	1626	1423	1211	1017	821	646	510
中国电子科技集团公司	709	549	450	369	319	0	0
中国兵器工业集团公司	3111	2361	1649	1475	1339	1060	794
中国船舶工业集团公司	996	900	759	760	638	456	371
中国航空工业集团公司	2623	2089	1709	1492	1475	1250	1089
中国航天科工集团公司	1113	902	725	610	510	428	358
中国航天科技集团公司	1018	876	688	589	486	391	310

图3 军工集团近年净利润情况

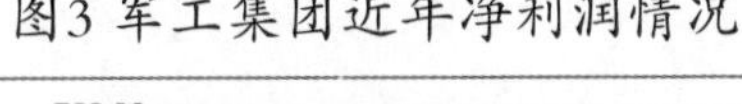

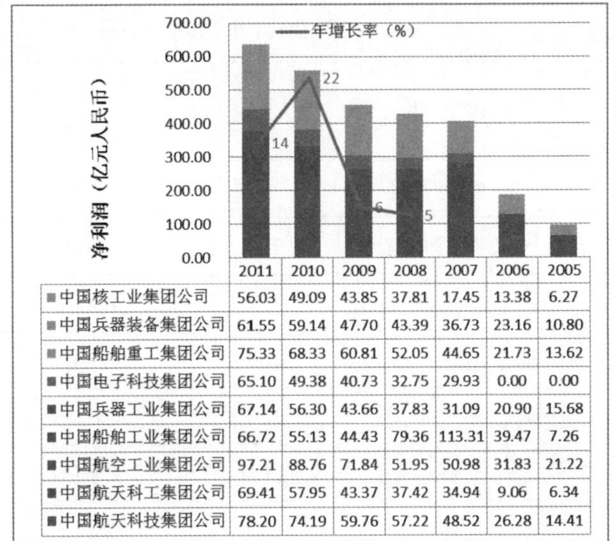

	2011	2010	2009	2008	2007	2006	2005
中国核工业集团公司	56.03	49.09	43.85	37.81	17.45	13.38	6.27
中国兵器装备集团公司	61.55	59.14	47.70	43.39	36.73	23.16	10.80
中国船舶重工集团公司	75.33	68.33	60.81	52.05	44.65	21.73	13.62
中国电子科技集团公司	65.10	49.38	40.73	32.75	29.93	0.00	0.00
中国兵器工业集团公司	67.14	56.30	43.66	37.83	31.09	20.90	15.68
中国船舶工业集团公司	66.72	55.13	44.43	79.36	113.31	39.47	7.26
中国航空工业集团公司	97.21	88.76	71.84	51.95	50.98	31.83	21.22
中国航天科工集团公司	69.41	57.95	43.37	37.42	34.94	9.06	6.34
中国航天科技集团公司	78.20	74.19	59.76	57.22	48.52	26.28	14.41

数据来源：历年军工集团审计报告

4. 国有经济占绝对优势，社会企业逐步参与

根据国防科工委 2006 年的数据，我国十大军工集团直属工业企业 448 个，代管科研事业单位 275 个，职工总数 130 万人，448 个军工企业中，核定为核心能力的企业为 150 多个，230 多个科研单位中，核定为重点专业的院所为 140 多个，国有经济在国防工业中占据主导地位。

图4 我国武器装备供应体系

总装备部 ⇦ 国防科工局+国资委 ⇦ 社会企业

空军装备部 | 海军装备部 | 陆军装备部 | 二炮装备部
两大航天集 | 航空工业集 | 两大兵器集 | 两大船舶集 | 两大核工集 | 中国电科集
装备制造企 | 基础件制造 | 原材料生产

采购体系　武器供应　装备与配套

资料来源：中信建投

近年来受国家鼓励民营资本参军，社会企业逐渐参与到更加广泛的军品生产中来，并已占武器装备科研生产第二类许可证发证单位的 40% 以上。但是社会企业尚无法获取第一类许可证 。另外，在保密和质量的限制下，在可预见的未来十大军工集团仍将延续国防工业的主体地位，民营企业仍将继续依附十大军工集团提供配套产品和服务的生产（图 4），维持对军工集团的较强依赖性。

5. 整体效率还不高

相对于战略竞争对手，我国国防工业在创新能力、经济规模、效益水平、市场影响力、技术储备、资本积累、自我可持续投入能力和自我造血能力等方面都还存在着不小差距。

表2 2011年财富500强中我国军工集团盈利能力国际对比情况

上榜企业	排名	营业收入（百万美元）	利润（百万美元）	利润率（%）
中国兵器装备集团	227	37996	224.7	0.6
中国兵器工业集团	251	35629	533.6	1.5
中国航空工业集团	312	31006	704.2	2.3
中国电子信息产业集团	409	23761	133.9	0.6
中国船舶重工集团	464	21055	762.4	3.6
波音	114	64306	3307	5.1
联合技术公司	150	54326	4373	8
洛克希德·马丁	177	46890	2926	6.2
诺斯罗普·格鲁曼	260	34757	2053	5.9
霍尼韦尔	280	33370	2022	6.1
通用动力	291	32466	2624	8.1
雷神	386	25183	1840	7.3

从国际市场竞争力来看，根据 SIPRI 的数据，2012 年我国常规武器出口只占世界军贸市场的5%左右；从人均效益来看，2011 年波音公司人均销售收入是 270 万元，EADS 是 311 万元，分别是同期中航工业集团人均效益的 5 倍和 6 倍。

6. 核心装备研发生产能力仍不足

与日本海军力量的对比颇能折射我国国防工业的现状。2008 年我国海军总计拥有舰船 780 艘，是日本海军的 5.1 倍，但我国海军实际平均舰载吨位系数不超过 0.13，而日本海军则高达 0.3。若从舰载吨位来看，实际日本海军实力几乎是我国的 3 倍。

至 2008 年，我国不具备有效反潜作战能力，没有美、俄、以色列等国早已拥有的红外引导超高速空空导弹，缺乏美国空军所装备的高精度空对地攻击弹药等。时至今日，航空发动机、航空母舰等核心装备仍是我国军工的软肋。

（二）我国军工产业上市公司情况

1. 军工概念上市公司初具规模

截止 2013 年 10 月，112 家军工概念企业在国内 A 股（103 家）、B 股（1 家）和 H 股（8 家）发行上市。在 A 股的 103 家军工概念企业总市值达到了 6907.2 亿元、流通市值 2702.3 亿元，占沪深 A 股总市值和流通市值的 3.01% 和 3.3%。

表3 A股市场军工上市公司板块分布情况

<table>
<tr><th>类型</th><th>板块</th><th>数量（家）</th><th>总市值（2012-12-31,亿元）</th><th>2012年营业收入（亿元）</th><th>备注</th></tr>
<tr><td rowspan="4">军工概念企业（103家）</td><td>创业板</td><td>8</td><td>304.9</td><td>40.1</td><td rowspan="4">A股中可查的、涉及到军品生产的企业，以及军工集团下属暂无军品生产的军工背景企业</td></tr>
<tr><td>中小板</td><td>28</td><td>1942.2</td><td>711.3</td></tr>
<tr><td>深市主板</td><td>20</td><td>1213.4</td><td>1280.0</td></tr>
<tr><td>沪市主板</td><td>47</td><td>3486.7</td><td>2468.0</td></tr>
<tr><td rowspan="4">涉军企业（75家）</td><td>创业板</td><td>8</td><td>304.9</td><td>40.1</td><td rowspan="4">A股中涉及到军品生产的企业</td></tr>
<tr><td>中小板</td><td>22</td><td>1065.7</td><td>352.8</td></tr>
<tr><td>深市主板</td><td>11</td><td>531.5</td><td>312.2</td></tr>
<tr><td>沪市主板</td><td>34</td><td>2821.3</td><td>2120.0</td></tr>
<tr><td rowspan="4">主要军工企业（26家）</td><td>创业板</td><td>1</td><td>36.9</td><td>2.0</td><td rowspan="4">A股中以中信证券“航天军工”指数成分为代表，军品业务占比较高，或军品较重要</td></tr>
<tr><td>中小板</td><td>5</td><td>290.3</td><td>114.5</td></tr>
<tr><td>深市主板</td><td>3</td><td>325.1</td><td>191.2</td></tr>
<tr><td>沪市主板</td><td>19</td><td>1717.0</td><td>1136.5</td></tr>
<tr><td>标杆性军工企业（0家）</td><td></td><td>0</td><td>0</td><td>0</td><td>A股中类似洛克希德·马丁的独立和综合性强的军工企业</td></tr>
</table>

由板块分布来看（表3），沪市主板国有军工企业较占优势，而创业板已初步形成“民营企业参军”体制创新的集聚效应。随着军工属性的增强，沪市上市公司愈加占据主导地位，在主要军工企业中，沪市企业总市值是深市的3.7倍。自2005年《关于鼓励支持和引导个体私营等非公有制经济发展的若干意见》（“非公36条”）发布以来，一批有技术优势的社会企业相继参与到国防建设中来，这其中以高德红外、国腾电子和即将在创业板发行上市的“天和防务”为典型代表，创业板已初步形成“民营企业参军”军工体制创新的聚集效应。

值得注意的是A股市场还不存在如洛克希德·马丁、联合技术公司般独立和综合性强的军工企业。

2. 控股股东以国有军工集团为主

从大股东分布来看（图5），在军工概念企业中，按总市值军工集团旗下企业共占77.1%，民营企业只占9.6%。26家主要军工企业中有25家为十大军工集团旗下企业，只有创业板国腾电子为民营企业。军工集团中以中航工业集团旗下上市公司最多，达到20家。

图5 A股军工概念企业大股东背景（总市值，亿元）

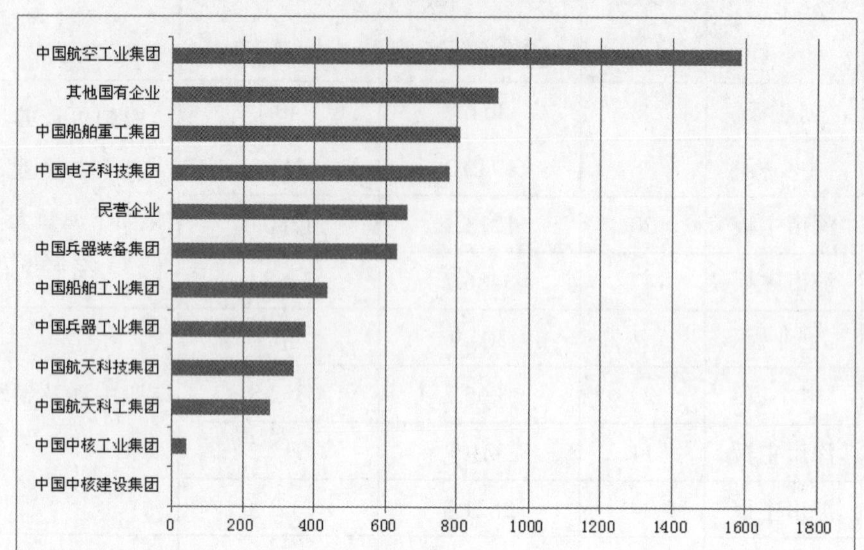

3. 行业分布以机械制造业、信息技术为主

从行业分布看，按证监会行业分类，A股103家军工概念上市公司绝大部分处于制造业，其中机械制造行业占比76%，信息技术类也占相当比重（图6）。

图6 A股市场军工概念企业行业（左）和产业链（右）分布

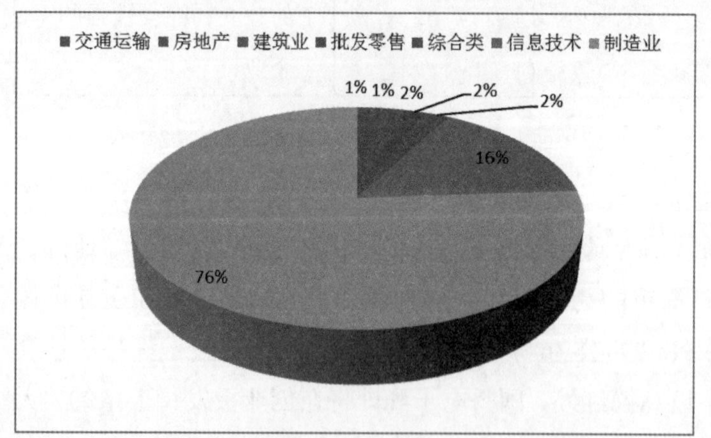

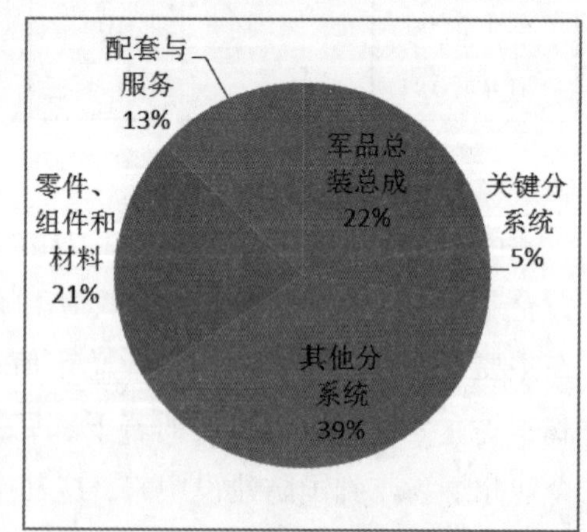

4. 资产和收入规模偏小

根据2012年报，103家A股军工上市公司中，总资产在50亿以下占绝对比重为73%，其中总资产在10亿以下的公司所占比重达22%。主营业务收入在50亿以下的公司占绝对比重，占到军工上市公司总数的83%，其中主营收入在10亿以下的公司所占比重达32%（图7）。

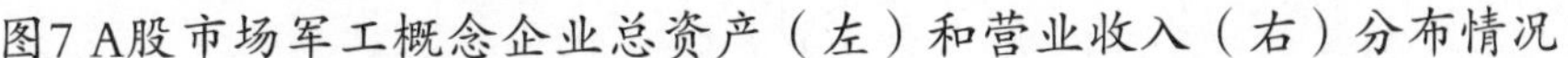

图7 A股市场军工概念企业总资产（左）和营业收入（右）分布情况

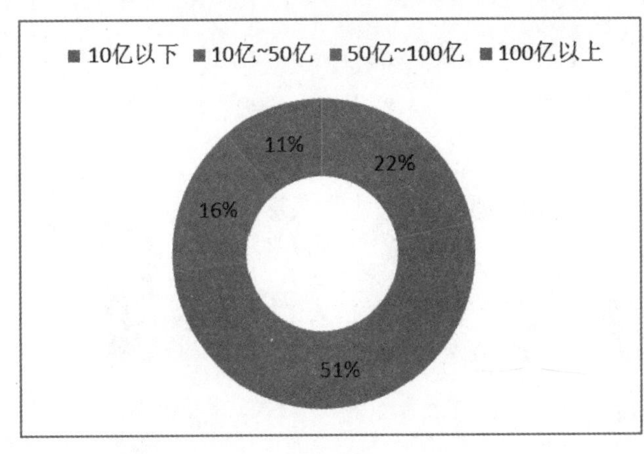

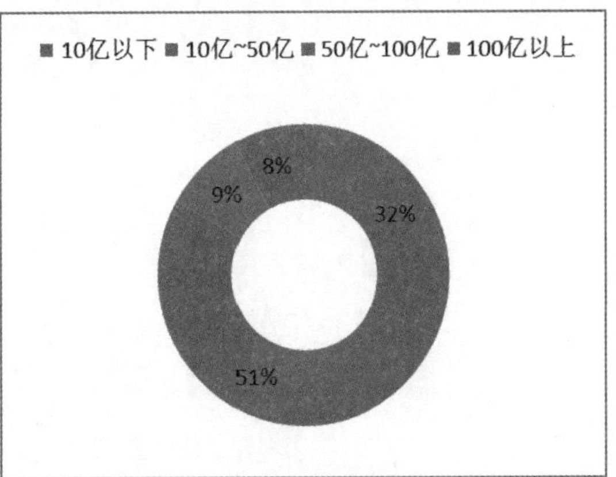

国际横向对比方面，从2012年营业收入来看，A股市场中所有参与军品生产的75家涉军企业尚不及美国洛克希德·马丁一家，而26家主要军工企业的营业收入则不及英国BAE系统公司一家：

图8 军工企业总资产、营业收入的国际横向对比（亿元）

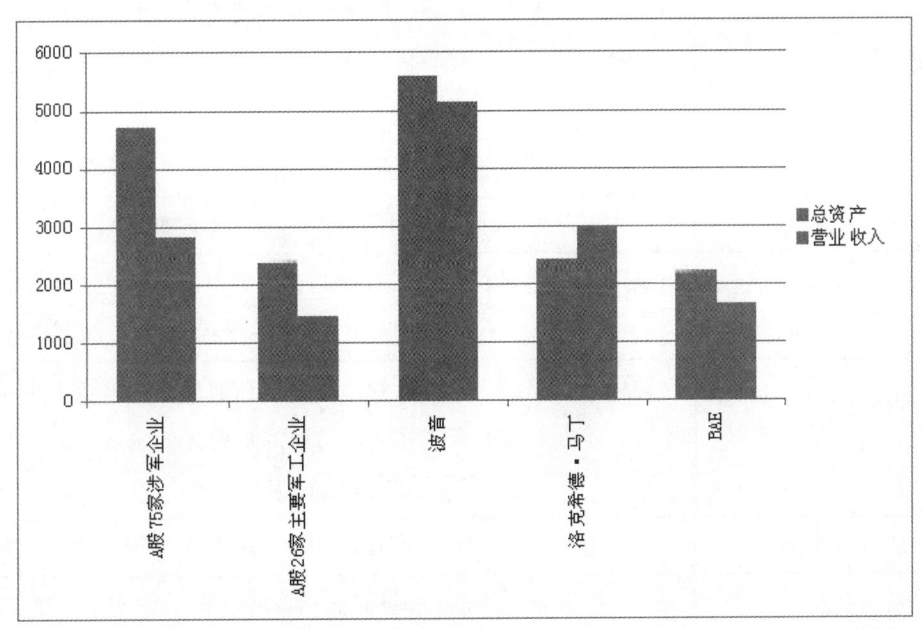

5. 行业资产证券化率低，上市公司行业代表性差

103家上市公司中，从事纯民品和极少军品的企业占大部分，以军品为主的企业仅占比18%，这其中又多以元器件、零部件为主，涉及关键系统较少，总装总成更是凤毛麟角。军工集团资产证券化率整体只有大约30%（图9），尤其是集团旗下研究所等优质资源尚未上市（表示4）。A股市场中尚不存在能够与欧美标杆军工上市公司（如洛克希德·马丁、BAE、EADS等）可比的、业务较为独立和完整的军工企业。

图9 军工集团资产证券化率

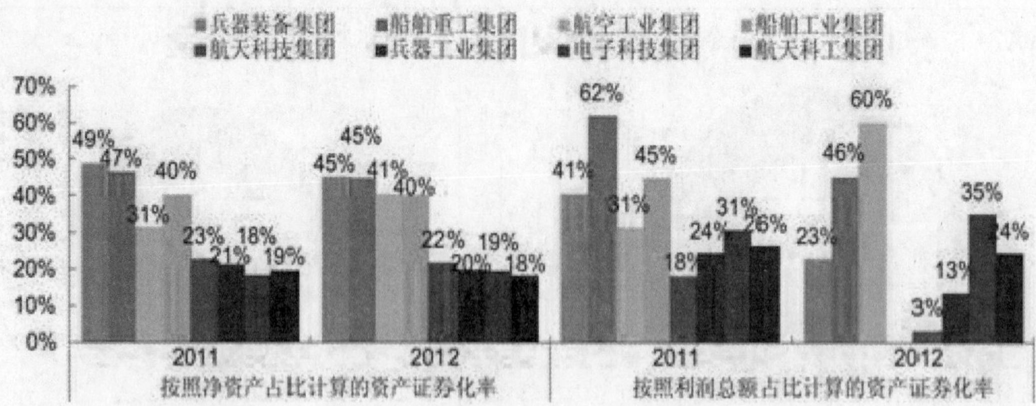

资料来源：中信证券

表4 军工集团资产证券化现状

集团名称	资产证券化情况简析
中航工业集团	军工资产证券化急先锋，将采取母子公司两级上市结构，子板块业务分工明晰，除了专业化板块分别上市外，母公司将以金融控股公司形式整体上市。
航天科技集团	集团主要军品业务证券化率极低，未来空间巨大。
航天科工集团	目前资产证券化率较低。
电子科技集团	下属55家二级单位，以研究所为主，7家上市公司分别隶属于不同的研究所，有可能成为相关研究所经营性资产的上市平台。
中船重工集团	走整体上市路线，资产证券化道路走在前列，中国重工作为集团的上市旗舰，不断有核心资产注入，目前筹划史无前例重大资产重组，市场预期强烈。
中船工业集团	目前上市公司以民营资产为主，未来军品资产注入预期较强。
兵器工业集团	旗下上市公司较多，但资产证券化率很低，未来资产重组空间很大。
兵器装备集团	上市公司以汽车等民营资产为主，中国嘉陵、*ST西仪重组预期较强。
中核工业集团	资产证券化率较低
中国核建集团	暂无上市公司

6. 上市公司军品盈利能力不强

根据 2011 年年报，A 股军工概念上市公司净资产收益率在 10% 以下的占比 74%，其中净资产收益率在 5% 以下的公司所占比重高达 57%，亏损的公司占到 17%。另外，军品业务占比越高净资产收益率越低（图 10），一定程度上反映了目前我国军工上市资产较差的盈利能力。

图10 净资产收益率按军品业务占比分布情况（%）

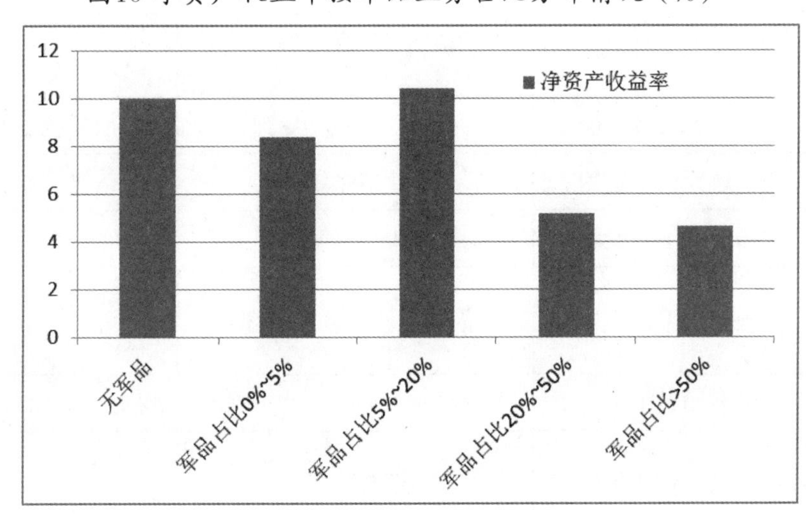

（三）时代要求我国国防工业再转型

我国军工企业经历多次转型仍存在着突出的结构性矛盾，已落后于新军事革命对国防工业组织形式的要求，并浪费大量国防资源。

1. 产业结构矛盾突出

长期以来，我国的军工企业都是作为国家军队体系的一部分进行布局，重点凸显其“军工”特征而忽视其“企业”属性，致使我国军工企业长期重复投资，形成了目前“大而全、小而全”生产模式，导致以下产业结构矛盾：

（1）产品结构已不能适应新军事变革要求

新军事变革兴起于 20 年前，是在信息技术推动下对作战形态和组织方式的根本性变革。其核心在于构建各军种之间的无缝联合，以武器装备的信息化、智能化、网络化等技术为支柱，整合海、陆、空、天、电等多维军力形成“一体化作战”的新型战争形态，这对更新武器装备、革新军队体制、创新军事理论提出了要求。

对军工产业来讲，新军事变革要求停止将军工企业视为舰船、飞机和航天器的专业装备制造者，而须将其视为所需作战效果（能力）的提供者。为适应军队的采办要求，军品总承包商需要整合专业技术和产品，形成综合性的作战效果（能力）。

目前我国国防工业产品结构布局仍然按照传统行业分割管理，军工集团专业领域较为单一（表 5），基于能力的国防工业架构远未形成，已远远落后于战略竞争对手的产业布局。

表5 我国军工集团业务覆盖

行业	军工集团	军品	民品
核	中国核工业集团	核军品生产	核医疗、爆炸物检测、商用辐照
	中国核工业建设集团	核工程建设	高温冷气堆、核能海水淡化、房地产等
航天	中国航天科技集团	火箭、卫星、导弹	宇航系统、航天技术应用
	中国航天科工集团	武器系统	信息产业、高端制造
航空	中国航空工业集团	战斗机、直升机等	汽车、摩托车、机械设备
船舶	中国船舶工业集团	主战舰艇、军辅船、船配	造修民船、核心配套、海洋工程
	中国船舶重工集团	大型水面水下舰艇、军辅船	民船、海洋工程、船舶配套
电子	中国电子科技集团	军事电子	软件与服务、光伏、智能交通、元器件等
兵器	中国兵器工业集团	装甲、防空反导、精确打击、毁伤等	装备、化工、光电产品
		近战攻防、非核毁伤	汽车、摩托车、光电产品

资料来源：集团网站，中信建投

（2）行业集中度“既集中又分散”，竞争结构扭曲

宏观方面呈现高集中度：国防工业基本被十大军工集团所垄断，集团之间各有分工，相互业务重叠较少，竞争性弱；微观方面又呈现出分散格局：早期为了国防安全，同一产品分散布局，致使集团内部企业间存在严重的重复建设和大量同业竞争现象。

“既集中又分散”的行业格局使得军工集团各专注自己的专业领域，相互竞争性很弱，而军工集团内部因业务同质化现象竞争又过于激烈。这种条块分割、自成体系的格局严重制约了分工协作，也限制了国防资源的自由流动。

（3）投资主体结构单一

投资主体的多元化是国防工业发展模式中美国式“商办官助”和苏联式“官办无助”的最主要差别所在。当前无论是美国前十大军工企业还是三菱重工、富士重工等日本主要军工

企业全都是整体上市公司，通过引入多元化的战略投资者，可以在政府补助之外获得长期稳定、及时的融资。即使印度也早在 2001 年就已经放开允许本土私人资本 100% 控股国防企业，并允许外国在特定领域企业直接投资达到 26%。

反观我国国防工，之前是典型的国有独资产权完全的公有制，如今经过部分股份制改造后，国有资本依然占据绝对比重。国有独资的十大军工集团仍然是我国国防工业的绝对主体，垄断了几乎所有的军品。

2. 市场化改革仍不深入

新中国成立后，在借鉴前苏联经验基础上创建起来的我国国防经济体制是典型计划经济体制的产物，具有两个显著特征：一是军民分离；二是排斥市场机制。改革开放后，在由计划经济向市场经济转轨的宏观环境中，我国国防工业管理体制经历了几次自上而下的变革（图 11），不断引入市场机制，优化国防工业资源配置。

图11 我国国防工业的组织结构演变

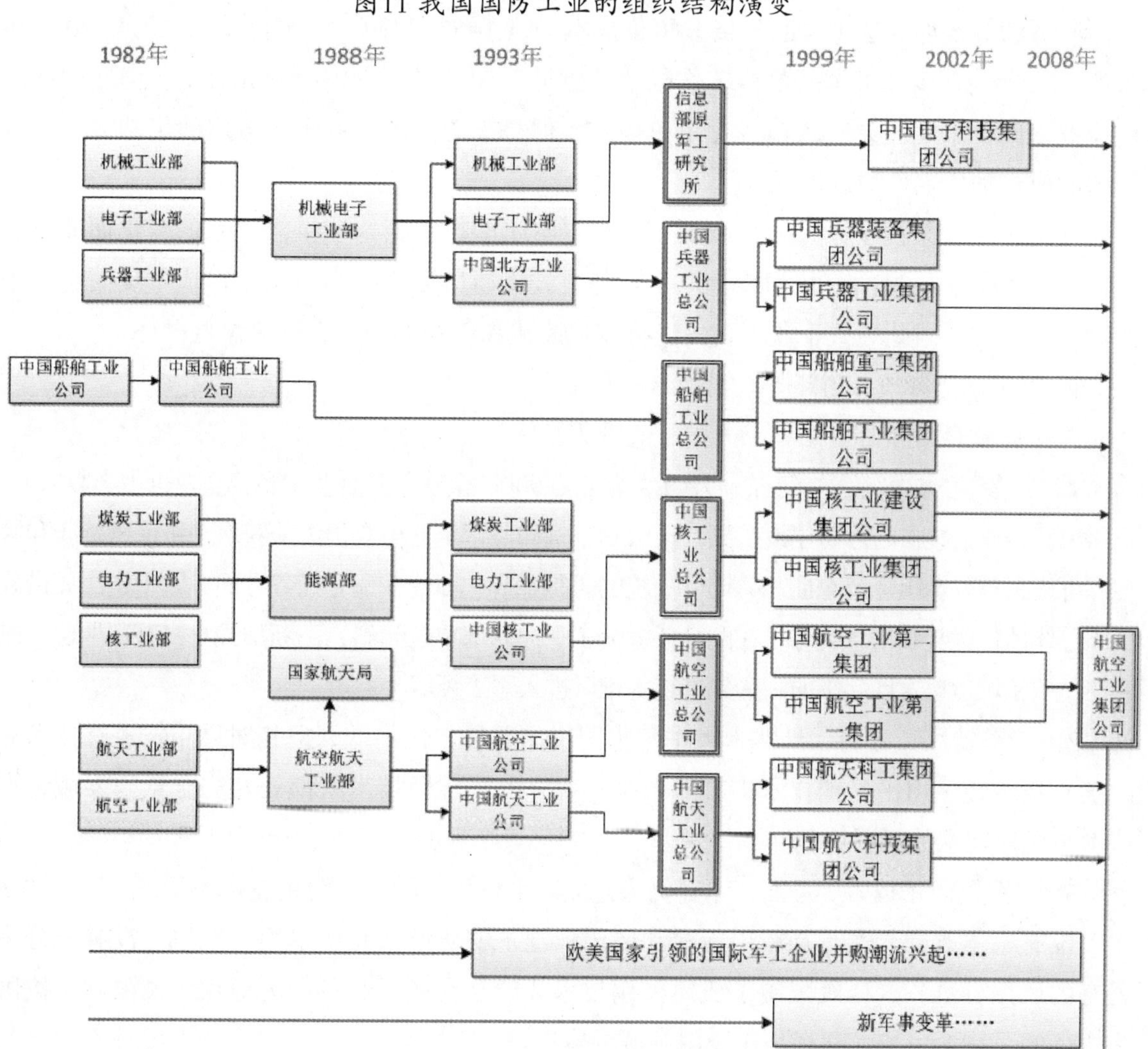

但至今为止，我国国防工业的市场化改革无论在深度还是广度上都还远远不够，突出表现在以下几个方面：

（1）军工集团仍非真正市场主体。军工集团的组建基本上是政府行为的结果，在组建过程中，常常违背市场经济规律，强行捏合。几乎所有主要的军工企业都属于国家所有，与其他国有企业一样，军工企业亏损严重却不会受到惩罚，也不允许破产，由国家提供补贴或银行贷款以弥补收支差额。这种缺乏财务约束的体制不仅使军工企业失去了减亏动力，也难以形成创新动机。

（2）军工集团现代企业制度尚未建立。虽然我国国有军工企业改革与其他国企的改革同步启动，但由于国防军工企业的发展必须服从国家战略目标和安全利益，企业控制权难以轻易向现代企业制度的多元结构转变。自 90 年代以来，国有国防企业多元化与企业控制权均未发生明显变化。

（3）军品定价机制仍然忽视军品的“商品”属性。我国军品价格形成机制长期沿用计划经济体制下的成本加成法（军品价格 = 审价成本 ×（1+5% 利润））定价模式。虽然 2011 年发布的《关于进一步推进军品价格工作改革的意见》在二级配套供应商和总承包商之间或配套供应商之间的采购开始引入市场化定价模式，但是下游总承包商和军方之间仍然完全按计划模式的成本加成定价法进行。

这种定价模式忽视了军品的“商品”属性：它不随市场行情和供求关系的变化而变化，更不随产品性能、质量的变化而变化。企业造成技术越落后、推高各项生产成本反而会带来绝对利润的增加，因此导致企业于丧失进行技术改造和创新的动力，形成恶性循环。

3. 军工系统仍然较为封闭，军民融合程度低

我国军民融合已经落后于军工大国，表现为：

（1）“民参军”方面，美国军工企业中私营企业占 90%，全球军工企业中私营企业也占半数以上。而我国民营企业直接参与国防建设受到政策限制，例如民营企业至今仍无法获取一级保密资质和第一类许可证，难以承担总装总成和关键分系统的研制生产；即使在配套任务方面，军工集团凭借武器系统总体地位优势和信息优势，在配套任务分工上向内部单位倾斜，不断加强自身垄断地位，以至于在民用领域迅速发展起来的一些先进技术难以进入军工领域。

（2）“军转民”方面，虽然十大军工集团民品总量占比不低，但相对民用技术有技术势差的核心技术转民用仍受到技术扩散的限制，现有的军转民技术大都处在完全竞争领域，军用技术与民用技术的互通性差。

（3）“军民两用技术”方面，体制仍未建立，平台仍较缺乏，两用技术不活跃，军民“两张皮”没有根本改变。尤其是军用标准和民用标准不够协调，有些军用标准也并没有充分采用现有的民用标准，这样既限制了成熟民用技术和产品在武器装备中的应用，又限制了按国军标执行的军民通用技术和产品在民用领域的应用。

军民分离不但会减少愿意从事军品生产的厂商数量，还会降低军品的规模效益、提高定价成本，国防科技工业基础与民用科技工业基础之间产品、工艺、技术由于缺乏交流，也造成了低效重复生产。

表6 军工大国的军民融合

国家	军品融合模式	进度/程度
美国	“军民一体化”	本世纪初已经基本实现
日本	“以民掩军”	比美国融合程度更深
俄罗斯	“先军后民”	实施过程中
以色列	“以军带民”	成效显著

4. 核心军品资产证券化和资本运作仍然受到限制

美国上市的军工大型企业，其核心竞争力就是资本运作。企业根据产业发展的趋势，一方面通过不断地买进朝阳产业进行消化和整合，另一方面将日薄西山的业务板块通过资本市场卖掉从而实现“吐故纳新”。

我国军工企业大部分优质资产还在集团内部，不被允许注入上市公司；重点军工企业的上市公司，国有控股比例也不得低于50%，这都严重影响了上市公司持续筹融资能力，也限制了军工资产自由流动。我国军工企业适应外部市场的能力和GE等国际军工巨头相比不可同日而语。

另外，军工企业的资本运作也受到较多的政策限制，并带有浓厚的行政色彩。例如2008年一航和二航集团的合并就是行政命令而非市场作用的结果。

5. 国际军工大国已基本完成转型，时不我待

二战结束以来，全球范围内的国防工业经历了深刻的变革：先是在冷战期间军备竞赛的刺激下迅速扩张，全球国防工业不惜成本发展优势技术；军备竞赛结束后随着军费的削减，国防工业发展由技术驱动转向商业驱动，达到以有限军费撬动国防工业优势的目的，军工企业开始私有化、市场化、国际化。这是全球国防工业转

图12 冷战后国际军工转型的动因与趋势

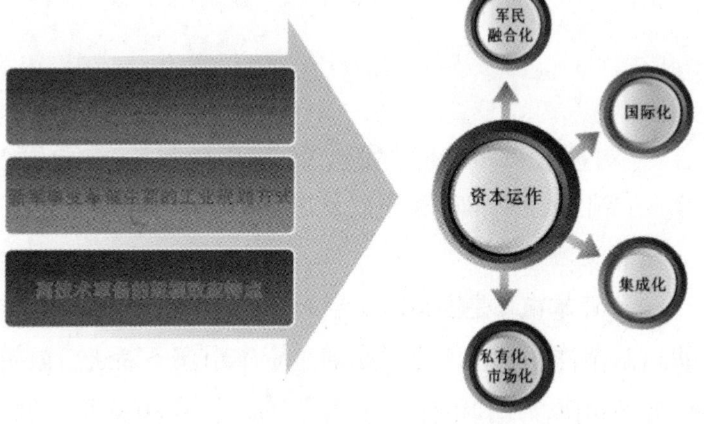

型的第一个主要驱动力。

第二个主要驱动力是新军事变革。新的作战组织思想要求军工企业由专业装备制造者变身为作战效果（能力）的提供者，军工企业开始整合原来的专业领域，构建自己的作战效果（能力）优势，军工企业开始集成化、跨平台化。

第三个主要驱动力是高科技军品的规模效益不断降低。随着武器装备的科技含量越来越高，一方面研发成本日益攀升，另一方面军备采购开始从重数量转为重质量，军品的规模效益不断降低。为了提高回报率，军工企业越来越倾向于吸收成熟的民用技术应用到军工领域，同时将军用技术外溢至民用市场，国防工业开始走上军民融合的道路。

时至今日，美欧主要军工企业已经基本完成了国防工业转型。以美国为代表，自20世纪末就开始将国防工业基础按照作战需求重新划分为作战空间感知、指挥与控制、兵力运用、兵力和本土保护、聚焦后勤、网络中心战6个领域，鼓励和引导专门从事指挥、控制、通信、计算机、情报、监视和侦察技术领域和专门提供技术服务的中小企业成为老牌公司（产品服务集成商）的收购对象，国际军工产业随之掀起了新一轮并购重组的浪潮，行业集中度得以不断提高，波音、洛克希德·马丁等一批军工巨头也在这一时期迅速崛起（见附件二），成长为综合性、跨平台和国际化的军工企业（图13）。

图13 国际军工巨头覆盖多个专业领域

	空间系统	弹道导弹核防御	攻击机	运输机、轰炸机	战略导弹	战术导弹	机载电子	其他电子	直升机	水面舰艇	潜艇	坦克、车辆	涡轮发动机	其他武器	训练和模拟	C^4I	弹药火药
波音	●	●	●	●	●	●	●	●	●					●		●	
洛克希德·马丁	●	●	●	●	●	●	●	●						●	●	●	
诺斯罗普·格鲁曼	●	●	●	●	●	●	●	●		●	●			●	●	●	
雷神	●	●				●	●	●						●	●	●	
通用动力	●							●		●	●	●		●	●	●	●
联合技术	●				●		●		●				●				
SAIC	●	●						●							●	●	
L-3通信	●						●	●							●	●	
Bae系统公司	●		●	●			●	●							●	●	
霍尼韦尔				●			●						●		●		

● 竞争优势 ● 有效竞争 ● 竞争劣势

资料来源：新时代国防

二、对接资本市场对我国军工产业具有重要意义

军工产业对接资本市场不仅是国际军工巨头发展壮大的经验，更对我国军工产业的整合具有多重意义。

（一）资本市场是国际军工巨头成长的沃土

纵观世界军工百强基本都是通过资本市场不断进行融资、收购和兼并发展壮大。从2002年起，世界军工十强100%是上市公司，到了2003年，世界军工十五强100%是上市公司；

到了 2004 年，世界军工二十强 95% 是上市公司，其中上市公司的军品销售额占了 98%，总销售额占了 99%，利润占了 99%，资本市场已成为国际军工巨头茁壮成长的沃土。

1. 资本市场作为融资平台的意义尤其表现在冷战时期军备竞赛刺激下的国防工业快速扩张过程中

例如，1926 年上市的通用动力的前身电艇公司在冷战初期凭借资本市场大幅扩张。1946 年融资 1000 万美元抄底收购了加拿大飞机公司，1953 年又从阿尔拉斯集团买下康维尔公司，实现了由海到空的业务转型，1952 年更名为通用动力公司。为了赶上产业升级的步伐，一批当今主要军工企业相继登陆资本市场（表 7），例如 1952 年 1 月诺斯罗普公司也在纽交所上市，紧接着雷神公司也在同年 10 月份在纽交所上市。而在此期间未上市的众多中小企业在军备竞赛面前感到力不从心，成为更具资金优势的公众公司的兼并对象。

表7 主要军工企业的上市时间表

年份	公司	所属国家	年份	公司	所属国家
1896	通用电气	美国	1987	罗・罗	欧洲
1926	通用动力		1992	芬梅卡尼卡	
1934	波音		1994	巴航工业	巴西
1934	联合技术		1999	BAE	欧洲
1952	诺・格		2000	EADS	
1952	雷神		2003	泰雷兹	
1961	洛・马		2005	赛峰	
1985	霍尼韦尔		2006	奎奈蒂克	

2. 资本市场作为并购重组平台的意义尤其表现在冷战结束后国防工业的转型升级过程中

后冷战时期美国的五大军工巨头的崛起都是背靠资本市场，通过不断地兼并重组、吐故纳新，构建全价值链的业务体系，提高国际竞争力和满足新军事变革中军方希望得到“一站式”服务的需要。例如洛克希德・马丁从 1993 到 2005 年间连续并购 14 家大型企业：

图14 洛克希德·马丁并购重组成长之路

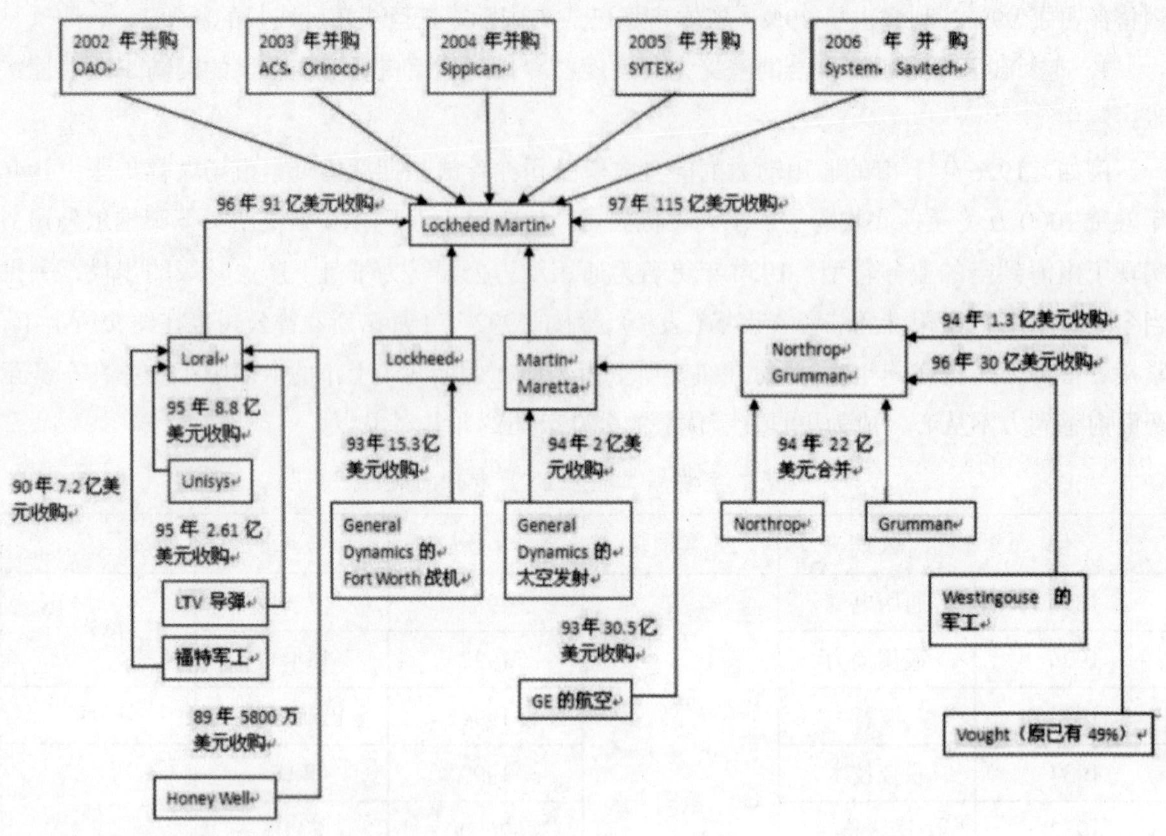

资料来源：中航证券

据统计，在国际军工并购重组转型升级第二次浪潮的 2001 年至 2005 年间，美国军工上市公司的并购金额占美国军工企业全部并购金额的比例高达 90% 以上，西欧的比例也高达 80% 左右。通过资本市场的购并和重组活动，军工企业实现了产业链的扩张，并将民用产业纳入军工企业的全价值链体系，使军工产业和民用产业实现了有机融合。

（二）增强军工企业筹资能力和抗风险能力需要资本市场

国防工业是典型的资本密集、技术密集和风险密集型行业，尤其现代武器装备系统复杂、技术先进、价格昂贵，其研发生产需要巨额投资和强大的技术支撑，这决定了国防工业具有比其他行业更强烈的利用资本市场开拓多元化投资渠道、增强抗风险能力的需求。

当今主要国家军工企业大部分都是整体上市公司，“商办官助”的模式和战略投资者的进入不断推动军工巨头们做大做强。

反观我国国防工业，融资渠道较为单一，仍严重依赖军费形式的财政投入，并带来两方面问题：（1）“成本最大化”式的核算机制大大降低了军费的使用效率；（2）长期高军费投入将有害于实体经济发展，不可持续。实际上 2008 年 ~2012 年间我国军费占财政收入的比例已经由 6.7% 下降到 5.3%，而根据国资委 2011 年的数据，在所有中央企业中，航空、军工企业的资产负债率总体在65%以上，总体高于国际公认合理水平。1983年10月，仅因由于继续研制所需要的3000多万元资金无法落实，“运10”项目被搁置，大飞机自主研发之路受挫。因此，总体而言，我国军工企业还处于资金渴求状态，对接资本市场可以为军工企业开拓多元化融资渠道。

（三）支持并购重组、破解结构性难题需要资本市场

支持并购重组、破解结构性难题是我国军工企业上市的主要意义所在。要破解我国国防工业结构性难题，需要发挥市场作用，按照规模效率的原则和新军事革命的要求重新组建市场主体，以合理配置国防资源，降低发展成本、减少重复建设的浪费。

此外，军品市场多变、风险高，强大的资本运作能力可以赋予军工企业适应外部环境变化的能力。世界军工巨头尤其擅长资本运作，灵活的兼并重组不但使其能够在国防军费大幅缩减的形势下保留住国防工业的精华，也使其能够迅速吸收最新发展的民用技术，节约大量的研发成本。而当前沿技术逐渐成熟其军事价值逐渐丧失之时，通过卖给民用市场收回研发成本，并促进民用科技发展，如此以来军工企业作为一国前沿科技“领头羊”的角色得以实现。

资本市场是资本运作、并购重组的重要平台，不仅能够提供并购的工具，还能够提供并购的资源，通过剥离非核心资产还能够实现有效退出。

（四）提高军工企业管理水平设需要资本市场

我国国防工业亟需现代企业制度建设。作为我国国防工业的绝对主体，国有十大军工集团并非真正的市场主体，甚至部分军工集团还履行着部分国家行政管理部门的责任。这种情况下，企业管理不规范，缺乏市场意识和活力，不但决策失误时有发生，还“等、靠、要”现象严重，束缚了企业的活力，严重制约了军工企业的发展壮大。通过股权多元化的股份制改革，调整产权结构，完善公司治理，并且尽快实现上市，是建立现代企业制最有效的途径；加强董事会和监事会的职能，进行权利的界定和制度的界定，最有效的“推手”就是资本化运作。

（五）推进“军民融合”战略需要资本市场

出于平抑和平与战争时期军品订单波动性的需要，军工企业应开拓民用市场；出于吸收新技术和管理经验的需要，军工企业应吸引战略民营投资者；出于高技术武器装备规模效益特点的需要，军工企业应推动军用、民用技术标准的统一，积极发展两用技术。因此，在产业组织、产品生产和销售上实现军民融合，推进军民一体化，尤为重要。

2010年《关于建立和完善军民结合寓军于民武器装备科研生产体系的若干意见》（“37号文”）将军民融合提升至国家战略，虽然此后政府通过吸引非公经济参与国防建设在军工产业中，但当前国防工业实际仍被国有企业垄断，民营经济通过直接生产军品方式参与国防建设还存在诸多限制，例如民营企业基本无法取得一级保密资质，以至于基本无法成为国防项目的总承包商。

而在资本市场，民营经济可以通过资本途径参与到国防建设中来，其敏锐的市场嗅觉、成熟的民用技术都可以为军工企业所用，这样不但军费得到了节约，国防工业发展的收益也可以回馈于民。

三、深化军工资产证券化迎来较好机遇

从目前制度、实践、管理层态度和外部环境四个层面看，我国军工资产证券化迎来较好的机遇，深化军工企业改制上市的条件已经基本成熟，重要军品乃至核心军品进入资本市场已经具有现实意义。

（一）政策环境正在形成

2005 年国务院发布了《关于鼓励支持和引导个体私营等非公有制经济发展的若干意见》，首次明确提出允许非公有制经济进入国防科技工业建设领域；2007 年国防科工委、发展改革委、国资委又联合发布了《关于推进军工企业股份制改造的指导意见》，其中明确了推进军工企业股份制改造的指导思想、目标和基本原则，这两个原则性文件，是我国国防工业改革的两根支柱。

此后，我国政府又相继发布了一系列文件，细化和实践了这两个纲领性文件，总结如下：

表8 2005年以来支持国有军工企业改制上市、重组的主要政策

时间	发布主体	政策文件	主要内容
2005年2月29日	国务院	《关于鼓励支持和引导个体私营等非公有制经济发展的若干意见》	首次明确提出允许非公有制经济进入国防科技工业建设领域
2007年2月27日	原国防科工委	《关于非公有制经济参与国防科技工业建设的指导意见》	鼓励非公有制企业以多种形式参与以民为主或从事军民两用产品、一般武器装备及配套产品生产的军工企业改组改制。
2007年3月1日	原国防科工委	《关于大力发展国防科技工业民用产业的指导意见》	鼓励合并重组，鼓励专业化规模化，鼓励各类社会资本利用资本市场进入军工民品市场
2007年3月5日	原国防科工委	《关于深化国防科技工业投资体制改革的若干意见》	明确了实行分类管理办法，尽可能扩大社会对国防科技工业投资的领域

2007年5月17日	原国防科工委	《关于推进军工企业股份制改造的指导意见》	确定了推进军工企业股份制改造的指导思想、目标和基本原则
2007年11月15日	原国防科工委	《军工企业股份制改造实施暂行办法》、《中介机构参与军工企事业单位改制上市管理暂行规定》	明确表示经国防科工局批准，国有控股的境内上市公司可以对国有控股的军工企业实施整体或部分收购、重组
2010年3月31日	工业和信息化部、总装备部	《武器装备科研生产许可实施办法》	进一步规范武器装备科研生产许可管理，为多种所有制经济主体进入军品市场提供了合法渠道和具体途径。
2010年10月24日	国防科工局	《关于建立和完善军民结合寓军于民武器装备科研生产体系的若干意见》（“37号文”）	把军民融合提升至“国家战略”，要求建立协调机制，并明确提出要用三到五年时间基本实现五大目标。
2012年7月19日	国防科工局、总装备部	《关于鼓励和引导民间资本进入国防科技工业领域的实施意见》	明确提出在坚持“积极鼓励、正确引导、同等对待、确保安全”的原则下，吸引和鼓励民间资本进入武器装备科研生产、国防科技工业投资建设、军工企业改组改制、军民两用技术开发等国防科技工业领域。

这一系列政策措施涵盖了国有军工企业改制上市、社会资本参与国有军工企业改制、社会资本直接从事军品生产的原则和方式方法，已经具有一定的完备性和可操作性，我国军工企业资本运营的环境正日益完备和可操作化。（军工企业首发改制上市、并购重组及企业经营重要法规及要点一览见附件三）

（二）前期经验不断积累

从 1993 年至今，十大军工集团旗下已有 70 多家上市公司，另有 30 余家其他所有制上市公司参与到军品生产中。我国国有军工企业股改上市大致经历了三个阶段：

第一阶段军转民资产证券化（从 1993 年至 2005 年）的运作方式是以民品业务和资产 IPO 上市为核心，产品和业务的军转民调整基本没有遵循与军品业务技术相通、工艺相近的原则，导致转产未能发挥军工企业既有的技术优势。

第二阶段军工资产证券化(从2006年至2008年)的运作方式是以军工企业通过IPO、股改、增发等形式实现军工资产上市为核心的，但涉及的主要是军工产业的非核心资产和业务。

第三个阶段为军工集团的整合、兼并和重组阶段（从 2008 年至今），首先是军工集团的合并，进一步在集团内部实现专业化的整合，并最终完成集团的整体上市，以 2008 年原中国航空工业第一集团和第二集团合并为中国航空工业集团公司，进一步实现子公司逐步上市和集团的整体上市为标志。

二十年间，不但国有军工集团对股改上市的积极性有所提高；投资者也对军工企业上市表现出浓厚兴趣，资本市场已逐渐成为我国国防工业重要的融资平台。

图15 近年来75家涉军企业融资规模（亿元）

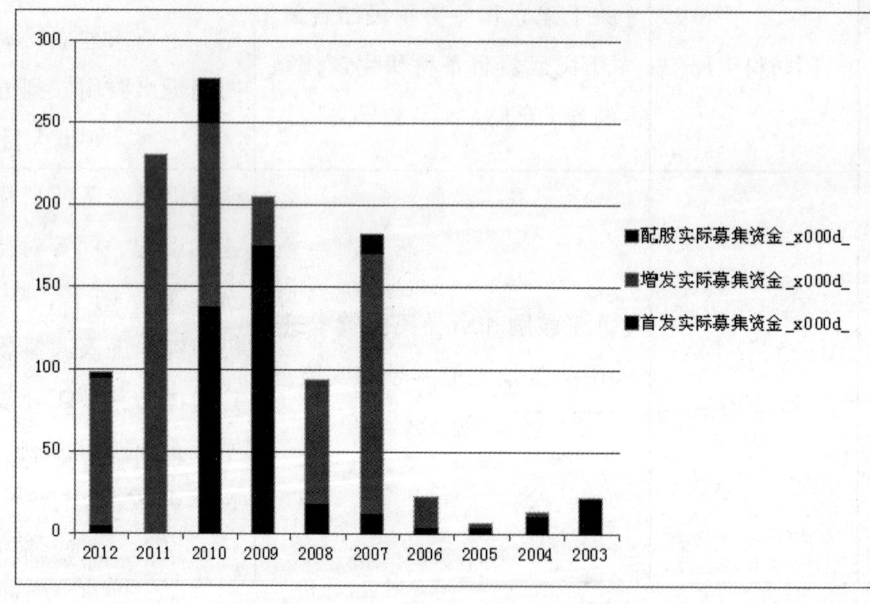

数据来源：wind

（三）高层积极推动

2013 年 9 月 11 日，中国重工（601989.SH）获国防科工局批复并发布重组预案，率先注入核心军品总装业务，实属“境内资本市场重大无先例事项”，表明新一届政府领导人对利用资本市场重组军工的态度更加积极，或意味着我国军工资产证券化将进入到新阶段。

（四）其他外部有利条件正在积聚

未来一段时间，我国国防工业的发展将迎来战略机遇期，为资产证券化提供了有利外部环境：

1. 国家工业基础增强，战略新兴行业助推

落后的国家工业基础曾经严重制约了我国国防工业的发展，近年来我国国家工业基础不断增强，将对国防工业发展形成有效支撑。另外，在七大战略新兴产业中，现代航空装备、卫星及应用产业的实施主体主要是军工集团，轨道交通、海工装备、信息技术、新能源、新材料等领域也不乏军工企业的身影。

2. 我国国防市场未来成长空间大，规模效益逐渐显现

主要受以下因素推动：（1）我国经济实力不断增强，国防投入有能力维持增长；（2）中国特色新军事变革方兴未艾，我国军事装备总体处在实现机械化与信息化双任务的历史进程中，装备换代远未完成；（3）我国外部安全形势不容乐观，军品采购将会持续增长；（4）在国防采购全球化趋势下，近年来我国军品外贸国际市场空间成长较快。

3. 一批重大装备相继突破带动国防工业发展

经过几十年技术引进消化吸收积累的过程，近年来我国装备研发能力不断增强，一批重大装备相继突破、进入批产期将带动国防工业发展（图 16）。

图16 我国新一代装备技术突破相继进入批产期

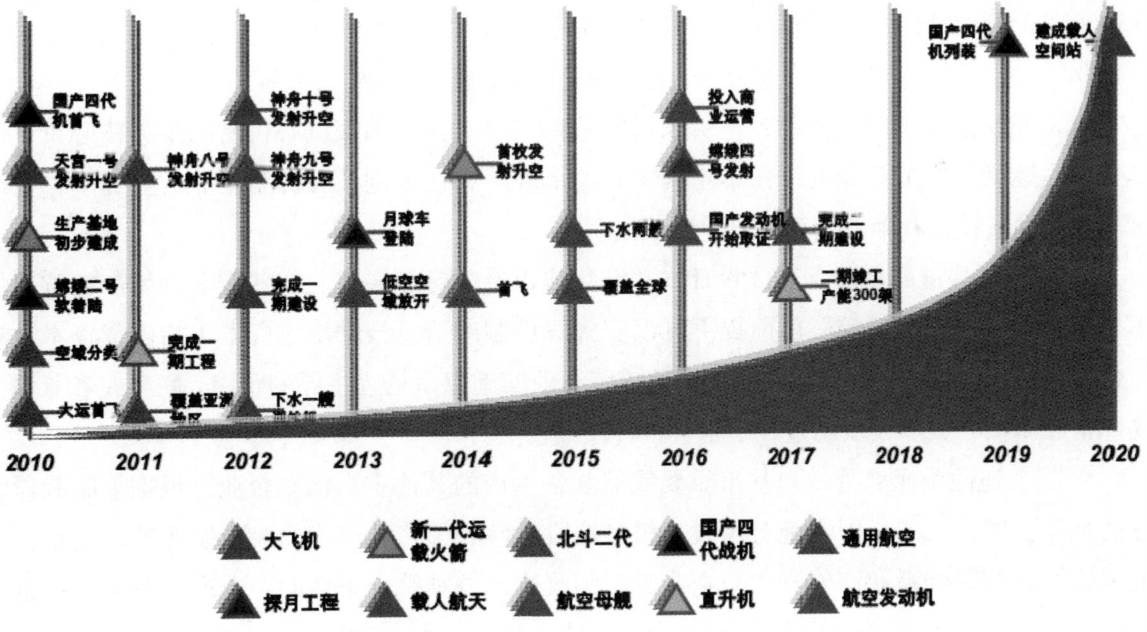

资料来源：东方证券

4. 国防保密有放松的趋势

过去，我国在尖端武器研发生产方面远远落后于战略竞争对手，对军工系统加强保密监管是一种国防策略。近年来，我国国防工业实力不断增强，增强军工透明度的条件已经具备，实践中军工系统透明度也确实在不断增强。

例如，近年来不但多次反导试验当天便发布公告，包括媒体报道东风 –21C 弹道导弹、长剑 –10 巡航导弹、99A2 坦克、歼 –11B 战斗机、第四代战斗机在内的一些在研重大项目也都予以积极回应并承认。2012 年年初，我国还主动公布了部队番号，这都表明了国防系统正在逐步开放。

军工系统逐渐开放为吸引投资者创造了良好的条件，放松保密监管也是解决军工企业信息披露的根本办法。

四、军工企业对接资本市场存在的问题

（一）国有军工企业股改上市存在障碍

在股改上市过程中，国有和民营性质的军工企业面临的问题并不相同：以十大军工集团为代表的国有军工企业在我国国防工业中处于垄断地位，其资产证券化主要障碍在于国家行政管制。相比较而言民营军工企业由于涉军程度较浅，除了要接受保密监管之外，并无其他行政限制。

1. 行政管制使得重要国有军品资产上市难

（1）从政策层面看， 在 2007 年连续出台的《指导意见》等三个政策文件中，国家严格界定了股份制改造的范围和程度，提出要按照军品的重要程度来区分企业的不同类型，对军工企业的股份制改造实施“分类指导、逐步推进”的理念，即：

1) 对从事战略武器装备生产、关系国家战略安全和涉及国家核心机密的少数核心重点保军企业，继续保持国有独资，在禁止其核心保军资产和技术进入股份制企业的前提下，允许对其通用设备设施和辅业资产进行重组改制。

2) 对从事关键武器装备总体设计、总装集成以及关键分系统、特殊配套件生产的重点保军企业在保持国家绝对控股的前提下可以实施股份制改造。鼓励境内资本（指内资资本）参与企业股份制改造，允许企业在行业内部或跨行业实施以市场为主导的重组、联合或者兼并，允许企业非核心资产在改制过程中租赁、转让或拍卖。

3) 除上述两类企业外，对从事重要武器装备生产的其他重点保军企业，根据承制武器装备的重要程度，可实行国有绝对控股、相对控股、参股等多种形式的股份制改造，鼓励引入境内资本和有条件地允许外资参与企业股份制改造，鼓励符合条件的企业通过资本市场进行融资。

从政策意图来看，除用于军民通用产品或者军品一般协作配套产品研制生产的资产以外，其它关键军品资产上市须由国家绝对控股，重点保军企业甚至不允许进行股份制改造。

（2）从行政审批层面看，即便对于政策所允许的关键武器装备总体设计、总装集成以及关键分系统等军工资产，行业主管部门在审批上仍顾虑重重并反反复复、摇摆不定。例如 2010 年、2011 年中航工业集团下中航精机、中航黑豹、航空动力等重组进程相继搁置，2012

年中航精机、2013 航空动力的资产注入又相继启动就凸显了这种摇摆不定。

（3）究其根本，行业主管部门主要为三个问题所困扰：1 核心军工资产企业化运作后，如何保证不至于因亏损而倒闭；2 股权不断摊薄稀释后如何能保持对重要军工资产的影响力；3 信息披露如何能保证不失密。这导致行业主管部门审批军品资产注入和并购重组时间漫长且充满了很大不确定性。

2. 国有军工事业单位改制难

（1）军工资产划界难。与其他国有企业不同的是，我国军工企业按照军品重要程度和涉密等级进行了人为划分，并基于此界定了股份制改造的范围和程度，但在实践过程中重要军品与非重要军品在专用资产方面并无清晰的划界。其次，军工企业一般都是全民所有制企业，下面存在众多的二级公司、三级公司，这样的单位就涉及进行一个小改制，才能纳入到股份公司的整体中来。所以从整个改制的程序和改制的内容上看，国有军工企业都要比其他国有企业更具复杂性。

（2）军工资产价格评估难。突出表现在三个方面：1 军工资产专用程度高，很难用市场手段来获得价格；2 军品、民品资产的分步上市造成相关资产要通过托管、上市收购或者重组等繁琐的过程；3 小改制过程中的无形资产评估由于涉及到军用技术的专利归属问题也成为资产评估的一个难点和重点。

（3）改制资金来源匮乏、中介支持难。中介机构参与军工企业改制不但存在资质性的限制，还存在着巨大的行业信息不对称性。因此多家军工企业就曾对“改制成本谁来埋单”的问题提出过质疑。

此外，国家对已经上市的军品企业是否还要进行投入以及投入后形成的资产如何处理仍然缺乏操作性强政策；事业单位人员身份的转变和有关事业费拨款机制的调整等国有企业改制的一般问题也同样困扰着国有军工企业。

3. 部分国有军工企业本身对上市积极性不够

主要原因是：（1）我国军工集团处在垄断地位、相互竞争性弱，生存问题考虑还不太多；（2）军工事业单位政府扶持还较多，而改制上市一定程度上将减少政府经费支持，因此改革的动力和上市融资的意愿不足；（3）部分企业员工和部分领导认为上市与资本运作影响自身利益。

（二）国防保密挤压信息披露空间

上市军工企业具有军事学意义和经济学意义的双重属性，信息披露既关系到国家安全的保障，又关系到广大投资者利益的维护，实现二者平衡是所有军工企业上市所面临的核心问题，也是资本市场支持军工企业上市、服务上市军工企业发展的重要工作。

1. 我国保密与信息披露冲突致使信息披露存在不足

实践中我国政府对国防保密的监管相对较严。主要表现为“国家秘密”的概念较为泛化：

（1）法律法规层面，《保守国家秘密法》中对“国家秘密”表述，内涵不清晰、外延不明确，界定也较为模糊；（2）实践层面，相对来讲我国“国家机密”界定的更为保守，在其他国家看来不应该涉及国家机密的信息，在我国被定为国家机密而不允许披露（例如企业军品业务占比、订单的金额、数量、单价等信息）。

另一方面，我国军工上市公司客观上却需要披露更多的信息。主要原因是：（1）我国国防军工市场更为封闭、特点更为突出，军品采购不确定性大，普通投资者认识不清；（2）我国目前上市的军工企业业务独立性欠佳、业务不完整、行政管制复杂，影响企业业绩的非市场化因素更多。

较为泛化的保密要求和较为泛化的信息披露要求之间存在冲突导致信息披露不足，突出表现在以下两个方面：

（1）军品信息披露参差不齐，人为因素作用大。由于缺乏具体的披露指引以及各家公司对国防保密具体认知程度、执行程度的不同，军工上市公司信息披露程度和方式参差不齐。例如，2011 年年报中国重工、航天电子详细披露了军品业务占比而北方导航、抚顺特钢虽然有较多军品业务却并未对军品业务的占比和变化情况做出说明。

（2）真实性难以验证。源于军品的信息披露及时性、准确性和完整性都相对不足，信息的真实性较难以验证。例如，核心技术及其来源、客户名称、用途等不被允许披露；军品订单的金额、数量、单价最多也只能采用区间法或加总法进行模糊披露、甚至不能披露。港交所上市的“中国高精密”案例就是军工企业信息披露真实性难以验证的典型案例 。

2. 军品信息披露现状或已将监管置于风险之中

信息披露责任主体还存在着博弈失衡，突出表现在：

（1）上司公司对减少披露有较大自由度

主要体现在：1 上市公司掌握国防产品定密的主动权；2 上市公司掌握豁免披露的解释权：行业主管部门仅证明某产品涉密，至于该涉密产品的什么信息可以披露、什么不能披露，自由裁量权在上市公司。因此并不能排除上市公司擅自扩大保密边界以掩护违法活动的可能。

（2）国防安全重于一切是主管部门普遍认识

尽管国防保密要求过于宽泛，国防安全重于一切是普遍的认识。一方面行业主管部门仅是保密的责任主体，扩大保密边界至少是会降低泄密的风险，因此扩大披露的主动性不足；另一方面证券监管部门也较难以界定是否“信息披露满足最低要求”，以及是否属于“要求豁免披露的信息过多”。实践中只要上市公司申请豁免，行业主管部门、证券监管部门都会通过。如若二者发生冲突，料将以安全保密为首要执行标准，从而有可能给投资者利益带来损害。

（3）认定、取证成本高

在“泄露国家秘密属于重大政治风险”的保密体制下，对于上市公司利用国家秘密掩护造假等非法活动的认定和取证不但没有工作机制，其成很高、过程也很复杂，从“中国高精密”案例中可见一斑。

因此，现行军工上市公司信息披露制度与实践孕育着风险。尤其是在核心军品逐渐注入上市公司的趋势下，类似“中国高精密”类似案件在我国资本市场上发生的概率正在不断上升。

3. 海外军工信息披露监管概况

目前尚未发现海外证券监管机构专门针对军工产业出台的“信息披露内容与格式准则”等信息披露法规或指引。欧美国家军工企业虽然也存在豁免的概念，但总体讲信息披露的外部环境更好，表现为：

（1）国际主流军工企业一般为整体上市，不存在国企改制到上市公司这层关系，关联交易不多，披露信息可信度高；

（2）美国国防工业市场相对更加的开放和透明，很多情况下国防部会主动公布国防订单情况，企业信息披露的空间较大；

香港市场方面，在“中国高精密”案例中，港交所主席周松岗曾表态称，上市公司日后不可再以“国家机密”作为不披露公司资料的理由，即便真的涉及机密，也要从其他渠道提供证明。

（三）现行股改上市路径不符合产业发展规律

“分类指导、逐步推进”的上市路径不但使得重要军品尤其总装总成资产难以上市，还造成军工产业链被人为割断。无论是2007年以前军工企业剥离军品后民品资产上市，还是2007年以后“禁止其核心保军资产和技术进入股份制企业的前提下允许对其通用设备设施和辅业资产进行重组改制”，都需要对企业原来形成的较为完整和独立的业务结构进行非市场化的剥离，以达到政府审批的要求。这不但造成了上市资产与母公司关联交易频繁，还会使得军工企业随着政府对控制军品上市理念和实施力度的不断变化而进行频繁的资本运作，完整军工产业链在资本市场的作用难以发挥，这并不完全符合产业发展的规律。

（四）业绩不确定性大，持续盈利能力存疑

主要表现在以下三个方面：

（1）中小型军工企业军品业务范围狭窄且其产品多属于配套服务等外围性工作，订单不确定性大、波动性强；由定价机制所决定，从事核心军品的大型上市公司更是没有核心军品定价权，因此军工企业对政府采购的依赖性很强。

（2）军工系统较为封闭，国防现代化建设和国防采办政策极具专业性，这给审核制下发行审核人员判断公司的持续盈利能力带来了很大的障碍；即使在注册制下，为促进公司提高军品信息披露质量也需要专业人士的参与。

（3）根据目前行业主管部门对军工企业实施“分类指导、逐步推进”的股改上市理念，大部分可供上市资产并非军工集团优质的核心资产，而是以技术势差小、充分竞争的军转民资产居多，在市场经济的环境下存在经营效率相对不高，市场反应相对较慢等问题。

（五）同业竞争与关联交易严重

根源于军工集团内部的分散结构和“分类指导、逐步推进”的上市路径，目前的军工上市公司和集团母公司之间存在较多着业务相近或者是上下游关系的现象，导致大量同业竞争和关联交易的存在。尤其少数涉军程度较深的国有军工上市公司，其经营和业务还需依赖军工集团母公司，体制上也未脱离母公司，关联交易更为严重（表9）。

表9 典型军工上市公司关联交易比重

证券代码	证券简称	关联销售（亿元）	关联采购（亿元）	营业收入（亿元）	关联交易总额占营业收入比例
600038.SH	哈飞股份	25.95	25.28	28.58	179.2 %
600316.SH	洪都航空	15.45	7.57	22.33	103.1 %
000738.SZ	中航动控	15.39	3.25	22.21	83.9 %
000768.SZ	中航飞机	102.67	0	155.88	65.9 %
600893.SH	航空动力	31.93	14.14	71.04	64.9 %
600118.SH	中国卫星	7.90	15.78	42.61	55.6 %
600372.SH	中航电子	17.84	3.54	43.00	49.7 %
000901.SZ	航天科技	4.59	1.33	13.08	45.3 %

数据来源：wind，2012年年报

虽然军工企业集团整体上市可以有效避免集团内部的关联交易问题，但也同时带来了军工集团自身独立性的问题，即我国国防工业仍能看到计划经济体制的影子，部分军品生产按照指令生产，企业并不掌握重要军品定价的主动权，军用技术向民用领域扩散也存在限制，以至于利润不高，活力不强。相对来讲，美国国防部军品订单的利润较为丰厚，国防采办过程中市场化程度也很高。

（六）外部治理影响经济利益

军工企业治理问题也是一个值得关注的问题。军工企业实行股份制改造之后，如何既能实现军品生产的经济利益，又能保证国防安全利益，核心就在公司治理中实现内部治理和外部治理的相互协调。

1. 从国际经验看，政府对军工企业管控的手段多种多样

不管是发达国家，还是发展中国家，都毫不例外地要对军工企业采取一定程度的管控措施，

只是实施的程度和手段有所区别（表 10）。国家对军工上市公司的控制不一定要绝对控股，甚至也不一定要相对控股，在这方面，军工大国采取两种主流做法，一种是通过设定健全的法律制度，以美国为代表；第二种为设立“金股”进度，以欧洲为代表。

表10 主要国家军工企业外部治理手段

国家	管控工具	主要内容
美国	政府不持股，通过相关法律影响相关企业，各类基金、财团持股，华尔街、政商“旋转门”也影响军工企业	安全审查、反垄断审查、WTO规则、市场准入等
英国	只有“金股”	“金股”条款限制：股比、高管任职条件、并购等
法国	政府持股、政府控股公司持股	通过股东地位直接影响和实施政府意见
德国	通过能够影响和控制的大公司、财团持股	间接影响和实施政府意见
中国	军工集团政府持股100%，途径高管进行行政控制	军工集团全部国资委100%控股，军工集团受中央直接管理，接受国防科工局的行业管理，集团高管“任命制”且具有政治身份

2. 我国管控军工企业方式对军工企业的影响

虽然 2007 年国防科工委主导连续出台《指导意见》等三部法规，军工企业军品资产证券化和军品上市的政策瓶颈原则上已被打破，但国家仍对这一过程的实施仍然非常谨慎，对重要军品的管控依然通过产权方式和对高管实行行政任命的方式进行，其弊端主要体现在：

（1）行政干预扭曲了市场化并购重组。政府对涉及重要军品业务的并购重组实施行政直接干预，例如 2008 年 11 月一航、二航的合并就是行政化的。

（2）难以实现投资主体多元化。军工产业与其他行业相比，建立现代企业制度严重滞后，股份制改造进程缓慢。2010 年，中央管理的军工企业中，进行整体改制并真正实现投资主体多元化的只有 23%，其中一部分还是政策性债转股企业，这远低于全国国有企业改制率 60% 的水平，在此条件下， 企业难以真正成为法人实体和市场竞争主体。

（七）多头监管现象严重，行政审批效率低

军工企业改制上市、并购重组涉及到的监管机构有证监会、财政部、国资委、国防科工局等（参见图 17），上市审批手续复杂、路径长，即使比较顺利审批时间也需要一年以上。

例如中航精机收购母公司航天机电类资产从公布到完成更达26个月之久。相对来讲美国的监管较为简单，只要美国国防部批准即可。

图17 我国国有军工企业管理体系

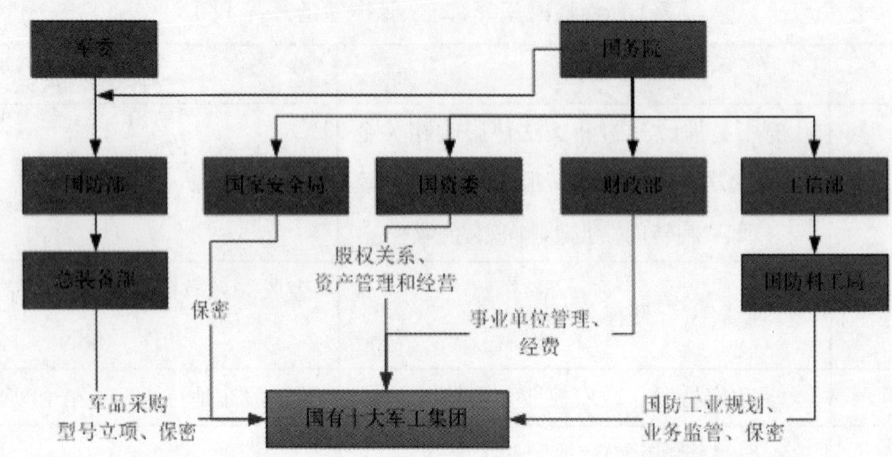

五、深化军工企业与资本市场对接的建议

（一）政府应夯实军工市场化基础，并激励民营军工

美国军工企业一直是私营企业为主，虽然经历过由多家公司兼并重组成寡头垄断格局的阶段，更有鼓励中小企业进入竞争序列的阶段。比如，目前以SpaceX为代表的一些中小私营军工企业开始成长为传统军工巨头的竞争对手。

我国民营军工方面，政府首先应逐步放开军品市场、允许民用企业直接参与更广泛的军品生产，例如允许民营企业获取一类武器装备生产许可证；其次要建立军品科研生产的信息交流平台，降低民营企业参军信息不对称成本；再次，政府并加大对非公经济主体的财政支持力度，真正在税收、信贷、金融扶持政策上实现民营、国有经济的平等对待。

我国国有军工方面，国有军工体制市场化改革应继续深入。首先总装备部应改革军品定价管理办法，实现竞争性采购和按作战能力采购；其次行业主管部门应弱化行业化管理，允许军品资产在军工集团间自由流动；再次应强化军工集市场主体地位和集团间的竞争。

如此多种所有制国防工业相互竞争所形成的鲶鱼效应不但会优化行业竞争环境，还不至于让政府陷入害怕失去关键军品产能的诚惶诚恐中。政府的威信得以增强的同时，行业的创新力也将会得到激发。

（二）政府应对重要军品资产强化立法监管，放松行政监管

建立健全的法律法规是政府弱化对军工企业行政性管制的前提。美国之所以从容地吸引民营企业参军，并且未对军工企业上市进行限制归根结底是因为拥有完善的法律法规体系做保障。我国应积极试点引用欧美国家控制军工企业的经验，例如：严刑峻法、减少补贴并提

高订单影响力、引入“金股”制度等。

在此基础上上，政府应进一步扩大军工企业股份制范围，明确哪些企业属于“少数关系国家战略安全”范畴，以此为基础，不再保留国有独资公司，将关系国家战略安全的少数企业改造为国有绝对控股的股份公司，将多数重要的企业改造为国有相对控股公司，一般性配套企业可以放弃控股地位。

鉴于“分类指导、逐步推进”的行政管制分割产业链的缺点，建议不妨尝试进行“行业管理、逐步推进”，即放弃对军品业务按照重要程度和涉密程度进行一刀切以避免人为割断产业链，转而站在行业的角度，选出某一行业进行试点性地全产业链上市。

（三）政府应适当放松保密监管，优化信息披露相关主体博弈结构

我国国防工业应进一步增加开放和透明度，适当放松保密监管，给信息披露流出更大的空间；与此同时，政府应允许更大范围的军品资产上市，完善公司的产业链，减少因独立性差对信息披露产生的额外要求。

资本市场还应该积极参与并关注信息披露相关责任主体的博弈生态，建立并维护与各方沟通的渠道，推动建立良好的利益约束生态。

（四）资本市场应出台“信息披露内容与格式指引”，防范潜在风险

我国资本市场前端监管强，后端监管弱，上市公司更多的是直接向监管部门负责而不是投资者。因此上市公司信息披露较为依赖“信息披露内容与格式指引”等强制性信息披露措施，所以资本市场有必要出台此类法规、指引来规范军品的信息披露。

信息披露指引制定的难度较大，成本也较高：（1）保密涵盖范围存大量灰色地带；（2）“投资者判断公司价值所需信息”难以界定；（3）上市公司业务各不相同。

资本市场宜早组织人力立项研究军品信息披露问题，防范“中国高精密”等类似风险事件。

（五）相关部门需整合监管机制，提高行政效率

建议国防工业股改上市和信息披露涉及到的政府机关（证监会、财政部、国资委、总装备部、国防科工局、保密局、国家安全局）建立常规沟通机制，或成立“上市及信息披露审查委员会”等，以避免“多头监管”现象造成的审批手续复杂、审批路径长等问题。

参考文献

[1] 东方证券，《军工行业：震荡中的思考，看现阶段军工股投资》行业研究报告，2013 年。

[2] 东方证券，《东方证券 - 军工行业：阿拉伯之春后的“黄金时代”与亚太的“新冷战”》行业研究报告，2012 年。

[3] 光大证券，《机械行业：基本面已经反转，大周期再度开启，变革与重组成为主题—再论国防军工板块的长期投资价值》行业研究报告，2013 年。

[4] 广发证券，《军工行业深度报告——广发报告 - 军工行业深度报》行业研究报告，

2013。

[5] 侯光明等，国防科技工业军民融合发展研究 [M]，科学出版社，2009 年。

[6] 世界国防科技工业概览编委会，世界国防科技工业概览 [M]，航空工业出版社，2012 年。

[7] 斯德哥尔摩国际和平研究所，SIPRI 年鉴 2011[M]，时事出版社，2011 年。

[8] 申银万国，《航空航天设备行业深度研究报告：2013 航空航天投资机会凸显》行业研究报告，2013 年。

[9] 吴献东，军工企业与资本市场和政府的关系 [M]，航空出版社，2013 年。

[10] 银河证券，《军工行业：军工重点公司面临新一轮投资机会》行业研究报告，2012 年。

[11] 招商证券，《寻找确定政策预期下的投资机会——航天军工行业 2013 年度投资策略》行业研究报告，2012 年。

[12] 中国证监会，《军工与资本对接中存在的问题和建议》，研究报告，2011 年。

附录

附件一：军工概念企业一览

集团公司	代码	简称	军品	军品产业链位置	军品业务类型	近年军品占比（%）
中国航天科技集团公司	600118.SH	中国卫星	卫星及应用	总装总成	武器	99
	600151.SH	航天机电		分系统	武器	很低
	600343.SH	航天动力			配套	较低
	600879.SH	航天电子		元器件	武器	86.87
	1185.HK	中国航天万源				
	0031.HK	航天控股			控股投资	
	1045.HK	亚太卫星				
	002405.SZ	四维图新	导航终端	分系统	武器	极低
中国航天科工集团公司	600271.SH	航天信息			配套	极低
	600677.SH	航天通信		专业总装总成	武器	10
	600501.SH	航天晨光		非关键军品	配套	30
	600855.SH	航天长峰		分系统	武器	较低

	000901.SZ	航天科技		元器件	武器	35
	002025.SZ	航天电器			配套	80
中国航空工业集团公司	600038.SH	哈飞股份		专业总装总成	武器	97
	2357.HK	中航科工		资本运作	控股投资	
	600316.SH	洪都航空		专业总装总成	武器	84
	600372.SH	中航电子		分系统	武器	85
	600391.SH	成发科技	航空发动机传动部件	关键分系统	武器	30
	600760.SH	中航黑豹		总装总成	配套	很少
	000738.SZ	中航动控	航空发动机控制系统	关键分系统	武器	80
	000768.SZ	中航飞机		整机	武器	93
	600765.SH	中航重机	航空发动机结构铸锻件	零部件	武器	50
	600893.SH	航空动力	航空发动机整机集成	整机	武器	80
	002013.SZ	中航精机		关键分系统	武器	47.2
	600523.SH	贵航股份		零部件	武器	8
	002190.SZ	成飞集成		分系统	武器	较低
	002179.SZ	中航光电		零部件	武器	55~60
	002163.SZ	中航三鑫				0
	000043.SZ	中航地产				0
	000026.SZ	飞亚达A				0
	000050.SZ	深天马A				0
	002419.SZ	天虹商场				0
	0161.HK	深圳中航集团股份				

	0232.HK	中国航空工业国际				
	300114.SZ	中航电测		元器件	武器	20
	600705.SH	中航投资		金融控股（A股军工首家）	控股投资	0
中国船舶工业集团公司	600150.SH	中国船舶		总装总成	武器	很少
	600072.SH	中船股份		零部件	武器	很少
	600685.SH	广船国际				0
中国兵器工业集团公司	000059.SZ	辽通化工				0
	000065.SZ	北方国际				0
	002246.SZ	北化股份			配套服务	较低
	600148.SH	长春一东				0
	600184.SH	光电股份		零部件	武器	50
	600262.SH	北方股份				0
	600435.SH	北方导航		分系统	武器	55
	600480.SH	凌云股份				0
	600495.SH	晋西车轴				0
	600967.SH	北方创业				0
	000519.SZ	江南红箭				0
	8298.HK	安捷利实业				
中国电子科技集团公司	002544.SZ	杰赛科技				0
	002415.SZ	海康威视				0
	002368.SZ	太极股份				0
	600850.SH	华东电脑				0
	600990.SH	四创电子		子系统	武器	28
	002268.SZ	卫士通		军工固定资产	配套	20

中国船舶重工集团公司	601989.SH	中国重工		系统配套	武器	8.61
	600482.SH	风帆股份		零部件	武器	30
中国兵器装备集团公司	002423.SZ	中原特钢		原材料	武器	10
	000625.SZ	长安汽车				0
	200054.SZ	建摩B				
	002189.SZ	利达光电		零部件	武器	10
	000550.SZ	江铃汽车				0
	600877.SH	*ST嘉陵				0
	002265.SZ	西仪股份		零部件	武器	10
	600178.SH	东安动力				0
	600698.SH	*ST轻骑				0
	600550.SH	天威保变				0
中国核工业集团公司	000777.SZ	中核科技		零部件	武器	10
	2302.HK	中核国际		原材料	武器	
其他	000099.SZ	中信海直		维护维修	配套服务	4
	000733.SZ	振华科技		元器件	武器	61
	600399.SH	抚顺特钢		基础材料	武器	50
	600565.SH	迪马股份			配套	4
	000710.SZ	天兴仪表				0
	002338.SZ	奥普光电			配套	65
	002465.SZ	海格通信		分系统	武器	75
	300101.SZ	国腾电子		分系统	武器	65
	600706.SH	曲江文旅				0
	601718.SH	际华集团		衣物	配套服务	32
	002036.SZ	宜科科技		衣物	配套服务	15
	300065.SZ	海兰信		分系统	武器	15
	300045.SZ	华力创通				60
	002297.SZ	博云新材		零部件	武器	20

	600456.SH	宝钛股份		原材料	武器	较低
	300034.SZ	钢研高纳	发动机涡轮盘	原材料	武器	100
	000806.SZ	*ST银河		配套	武器	10
	002080.SZ	中材科技		原材料	武器	20
	600459.SH	贵研铂业		原材料	武器	40
	002300.SZ	太阳电缆		配套	配套	2.6
	600363.SH	联创光电			配套	较少
	600353.SH	旭光股份			配套	很少
	600416.SH	湘电股份			配套	很少
	002254.SZ	泰和新材		配套	配套	较少
	600468.SH	百利电气		配套	配套	较少
	300024.SZ	机器人		非武器系统	配套	25~40
	002241.SZ	歌尔声学		零部件	武器	较少
	000920.SZ	南方汇通				很少
	002371.SZ	七星电子		元器件	武器	28
	002048.SZ	宁波华翔				很少
	000801.SZ	四川九洲			配套	10
	000748.SZ	长城信息		分系统	配套	15
	002046.SZ	轴研科技		零部件	武器	30
	600330.SH	天通股份		原材料	武器	较少
	000727.SZ	华东科技		零部件	配套	很少
	002111.SZ	华东科技		配套	配套	4
	300352.SZ	北信源		配套	配套	2.8
	002414.SZ	高德红外				

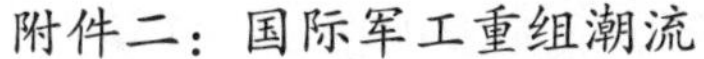

附件二：国际军工重组潮流

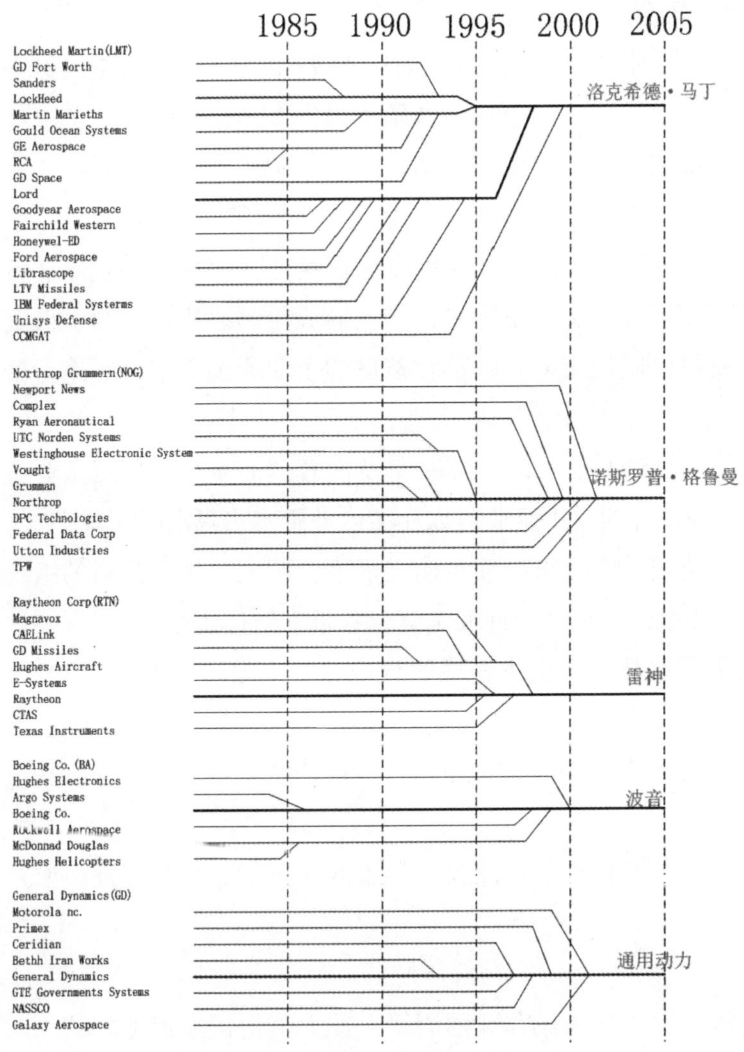

附件三：军工企业首发改制上市、并购重组重要法规及要点一览

（一）《关于军工企业股份制改造的指导意见》科工法〔2007〕546号

另有国防科工委副主任孙勤等人的在网站的访谈记录可作为解释。里面提出了“分类指导、逐步推进”军工企业股份制改造理念：

军工企业实施股份制改造，报国资委、国防科工委批准后，依照《企业国有资产监督管理暂行条例》等规定的法定程序实施。国防科工委会同总装备部和国家有关部门综合考虑武器装备战略影响大小、系统集成强弱和国防专用程度高低等因素，制定军工企业核心保军资产和技术指导目录，实施目录管理，并根据发展需要进行动态调整。

对从事战略武器装备生产、关系国家战略安全和涉及国家核心机密的少数核心重点保军企业，应继续保持国有独资，在禁止其核心保军资产和技术进入股份制企业的前提下，允许对其通用设备设施和辅业资产进行重组改制。

对从事关键武器装备总体设计、总装集成以及关键分系统、特殊配套件生产的重点保军企业在保持国家绝对控股的前提下可以实施股份制改造。鼓励境内资本（指内资资本）参与企业股份制改造，允许企业在行业内部或跨行业实施以市场为主导的重组、联合或者兼并，允许企业非核心资产在改制过程中租赁、转让或拍卖。

除上述两类企业外，对从事重要武器装备生产的其他重点保军企业，根据承制武器装备的重要程度，可实行国有绝对控股、相对控股、参股等多种形式的股份制改造，鼓励引入境内资本和有条件地允许外资参与企业股份制改造，鼓励符合条件的企业通过资本市场进行融资。

鼓励和支持以民为主，从事军民两用产品、一般武器装备及配套产品生产的军工企业引入各类社会资本实施股份制改造，具备条件的军工企业可以在国内外资本市场上融资。

国有独资的军工企业要按照《公司法》的要求，逐步建立董事会制度，规范公司的组织和行为。鼓励军工集团公司之间交叉持股，经批准允许其主营业务资产整体重组改制。

（二）《中介机构参与军工企事业单位改制上市管理暂行规定》（国防科工委 2007年11月 15日发布）

第四条 国防科工委对涉及军品业务中介机构实施资格审查。申请资格审查的中介机构应符合以下条件：

具有其行业主管部门审批认定的执业资格；其中涉及证券服务业务的，需具有证券监督管理部门批准的从业资格；

无外资参股或外资背景；

主要负责人及承办军品业务人员具有中华人民共和国国籍，并无其他国家或地区的永久或长期居留权；

通过国防科工委组织的涉密资格审查；

最近十二个月内未受到行业主管部门暂停部分或全部业务、停业整顿、吊销从（执）业资格证书等处罚。

（三）《军工企业股份制改造实施暂行办法》（科工改〔2007〕1366号）

第八条 军工企业按照国有独资（或国有全资，以下同）、国有绝对控股、国有相对控股、国有参股（含国有股全部退出，以下同）等四种类型实施改制。

第九条 国有独资的军工企业，应改制为一个或一个以上国有企业出资的有限责任公司。鼓励两个及两个以上军工集团公司（或其他国有企业）对其共同持股。

第十条 国有绝对控股的军工企业，鼓励境内资本参与其改制，可以在境内资本市场融资。

第十一条 国有相对控股的军工企业，鼓励境内资本以及有条件的允许外资参与其改制，可以在境内资本市场融资，经批准可以到境外资本市场融资。

第十二条 国有参股的军工企业，鼓励采取多种形式、引入境内外资本参与其改制。

第十三条 军工企业中的通用设备设施、非主业资产等，剥离出来后允许进行多种形式的改制。

第十四条 鼓励军工企业之间或与其他企事业单位结合专业化重组进行改制。对有利于提高自主创新能力，有利于促进军民结合、寓军于民，有利于小核心大协作、减少重复建设，有利于加快军民两用产业协调发展的重组改制，可以放宽改制类型的限制。

（四）《军工企业对外融资特殊财务信息披露管理暂行办法》（国防科技工业局、中国人民银行、中国证监会科工财审 (2008)702 号）

该文件为秘密级别文件，该文件不得上网，要点：涉及军品和国防工业信息的财务信息披露要采取合并、匿名等办法。

（五）《军工涉密业务咨询服务安全保密监督管理办法》（科工安密〔2011〕356号）

要点：各类中介都要到国防科工局下属的事业单位的涉密业务鉴定管理机构进行认证。

（六）《涉军企事业单位重组上市军工事项审查暂行办法》（科工财审〔2010〕1718号）

要点：规定了军工企业改制上市在国防科工局方面的具体审查程序。

（七）定型与价格管理办法

《军工产品定型工作条例》；《军品价格管理办法》（1996 年发布）；

要点：规定了对于不同军品其价格的形成机制和办法。

（八）军品出口的有关法律

包括《中华人民共和国军品出口管理条例》及配套的《军品出口管理清单》、《中华人民共和国导弹及相关物项和技术出口管制条例》及配套的《导弹及相关物项和技术出口管制清单》等。要点如下：

政府对军品出口实行严格的许可制度，项目的审批实行“三报三批”。许可制度包括经营许可、经营范围许可、项目许可和通关许可。中国的军品出口由依法取得军品出口经营权的军贸公司在核定的经营范围内开展经营。未取得军品出口经营授权的任何单位或组织，不得从事军品出口经营活动。国家禁止个人从事军品出口经营活动。

武器装备及相关技术首次向国外推销前，须办理产品的立项审批手续，产品立项由国防科工委、国防部共同审批，重大项目须报国务院、中央军委审批，这是第一步。获得立项批准后，军贸公司可在国外推销相关产品，寻到目的客户后，须向国防科工委提出项目出口申请，这是第二步。项目获得批准后，军贸公司可以对外签订军品出口合同，出口合同获批准后方可生效，这是第三步。这称做“三报三批”。军品报关出口前，军贸公司凭出口合同批准文件向国防科工委申领军品出口许可证，作为通关凭证。海关凭许可证验放出口产品。

（九）其他企业经营层面规范

《武器装备科研生产许可管理条例》、《武器装备科研生产许可实施办法》、《武器装备科研生产许可监督检查工作规程》、《国防科学技术成果鉴定办法》、《武器装备科研生产协作配套管理办法》、《军工产品质量管理条例》、《军工产品质量监督管理暂行规定》、《武器装备科研生产单位保密资格审查认证管理办法》、《中国人民解放军装备采购条例》、《关于深化装备采购制度改革若干问题的意见》、《关于加强竞争性装备采购工作的意见》。

军民融合之路

——中金公司军工研究部研究员王宇飞

装备升级需求决定军工行业的成长性

亚太复杂局势决定中国必须进行军事装备升级

“中国仍面临多元复杂的安全威胁和挑战，生存安全问题和发展安全问题、传统安全威胁和非传统安全威胁相互交织，维护国家统一、维护领土完整、维护发展利益的任务艰巨繁重。有的国家深化亚太军事同盟，扩大军事存在，频繁制造地区紧张局势。个别邻国在涉及中国领土主权和海洋权益上采取使问题复杂化、扩大化的举动，日本在钓鱼岛问题上制造事端。恐怖主义、分裂主义、极端主义‘三股势力’威胁上升。‘台独’分裂势力及其分裂活动仍然是两岸关系和平发展的最大威胁。重大自然灾害、安全事故和公共卫生事件频发，影响社会和谐稳定的因素增加，国家海外利益安全风险上升。机械化战争形态向信息化战争形态加速演变，主要国家大力发展军事高新技术，抢占太空、网络空间等国际竞争战略制高点。”——《2013 国防白皮书：中国武装力量的多样化运用》

2013 年 4 月发布的国防白皮书的上述论述是对中国安全形势的最全面描述，如今亚太局势愈加复杂，复杂的形势决定中国必须进行军事装备升级以应对多方挑战、保卫领土安全。

中国军费补偿性增长

2015 年国防预算达到 8898.6 亿元，同比增加 10.1%。中国军费占 GDP 总额的比例，和国际上其他大国相比仍偏低，在整个“十二五”期间中国的这一数字仅为 1.2%-1.3%，远低于美俄日英等国，也低于 3% 的世界平均水平，中国的国防经费增长仍有空间，预计未来仍会保持较快增长速度。

装备升级需求空间大

军工行业属于技术密集型的行业，投入高、风险高、进入壁垒高，中国的现代军事工业经历了新中国建国以来几十年的技术积累，尤其是 20 世纪以来的快速发展，已经具备一定的技术基础和相对完善的研发生产体系，前期技术积累逐渐结出硕果，这是决定军工行业快速发展的基本条件。但是我们前期在国防投入的不足以及体制原因导致我们的军队装备整体落后于军事发达国家，我们的装备升级需求空间巨大。

军工装备出口需求潜力巨大：瑞典斯德哥尔摩国际和平研究所(SIPRI)发布的最新报告显示2010–2014年中国武器出口首次升至全球第三。前五大出口国具体占比为：美国31%、俄罗斯27%、中国5%、德国5%、法国5%。虽然上述数据统计仅为一家之言，但是也在一个侧面反映了中国武器出口增长的迅速。过去中国武器出口一直以低端装备为主，近年来这种情况开始发生变化，目前我国军队正处于机械化和信息化建设加速发展的关键时期，大力推动军备现代化，一些武器已可媲美俄罗斯或西方国家的同类产品，不断有自主生产的新型装备出口，如新型战机、潜艇、护卫舰、坦克等，中国正逐渐同欧美在更先进的武器系统领域展开竞争。中国的军工发展质量在逐步提升，中国的军工装备也越来越受国内外军队的青睐，随着综合国力的增强以及国家对军工行业的不断支持，相信军工技术会不断提升，军工装备的质量也会随之不断提高，中国军工装备未来出口需求空间广阔。

军民深度融合是军工行业改革的主要方向

进入21世纪，我们的国防经费增长较快，国防装备需求空间巨大，但是军工行业依然给人感觉没有太多的活力。我们认为，限制国内军工企业盈利能力的最主要原因是体制的落后，与国外军工产业发达国家对比，我们的军工行业市场化不足，在利用资本市场以及军民融合两大方面均不能达到市场资源的优化配置，在当前装备需求迫切的形势下，改革势在必行。

十八届三中全会确定军工行业改革基调

2013年11月份十八届三中全会审议通过《中共中央关于深化改革若干重大问题的决定》，宣布成立国家安全委员会，并在《决定》文件单列出第十五部分“深化国防和军队改革”，为军工行业确定改革基调。

深化国防和军队改革内容中，包括“深化军队体制编制调整改革”、“推进军队政策制度调整改革”、“推动军民融合深度发展”等3大部分。第3部分“推动军民融合深度发展”对军工行业的影响最为直接，内容包括“健全国防工业体系，完善国防科技协同创新体制，改革国防科研生产管理和武器装备采购体制机制，引导优势民营企业进入军品科研生产和维修领域”。

最近二十年我们的军工行业经历了一段较为充足的资金投入和技术积累时期，军工产业也已经初具规模，许多军工企业已经有了很好的基础。但是要成为推动自主创新、引领转型升级的先锋，需要突破体制限制。军民深度融合是军工行业焕发活力的必由之路。军民深度融合发展将使军工行业最有希望成为因国企改革和军民融合而迎来大发展的行业。

军民深度融合实质性推进

实际上我们对军民融合的概念并不陌生，2010年10月国发37号文是我国第一次将军民结合、寓军于民武器装备科研生产体系建设工作从国家层面提出，并上升到国家意志和国家行为的战略性、方向性和指导性文件。但是在文件出台之后的几年中，实施效果并不太好，国有军工企业在民品生产方面普遍没有经验市场竞争力不强，而民营企业想要拿到军品生产资质更是要面对重重困难。但是面对国防市场需求的迫切性，我们必须打破固有体制，实行真正的军民融合。十八大以来，军民融合已经有实质性进展，而十八届三中全会《中共中央关于深化改革若干重大问题的决定》出台之后，军民深度融合实质性推进趋势更加明显。我们重点关注两个方向的改革：军工产业与资本的结合、军民融合发展，其实质都是军民深度融合的体现。

军民深度融合上升为国家战略

2015年上半年3月习近平在十二届人大会议强调军民融合是重大决策、国家战略，我国正处于初步融合向深度融合的过渡阶段；2015年5月份《中国制造2025》强调大力推进军用技术向民用领域转化，利用军用先进技术提高民用制造业水平，将军民融合深入到工业发展体系脉络中；2015年5月份出台的国防白皮书《中国的军事战略》强调贯彻军民结合、寓军于民的方针，努力形成全要素、多领域、高效益的军民融合深度发展格局。

产业与资本结合是军民深度融合的重要前提

军工企业不解决好产业和资本的结合，就很难做好军民融合，也就很难做好军工产业。借助资本市场平台，可以形成产融结合、适度多元的发展格局，打造一批航母级企业，积极参与国际竞争。目前国内主要的军工生产企业集中在国有军工集团，国有军工企业的资产证券化进程对整个行业的发展有着重要意义。

军工资产证券化是军工企业做大做强的有效方式

军工资产证券化有以下几点优势：1、拓宽军工企业融资渠道，减轻政府的财政负担、解决制约军工产业发展的资金瓶颈。2、促进军工资产的优化配置，提高军工企业的规模效益、专业水平和整体竞争力。3、通过并购重组可以进行产业整合、降低发展成本、减少重复建设的浪费。4、提升管理水平，独特的机制优势可以使广大投资者共同分享军工产业的发展成果。

西方现代大型军工集团，无不是产融结合的大集团，金融家在西方军工产业重组中扮演着重要的角色。建立高效的资本平台，是军事工业发展的重要依托，从全球范围军工企业并购情况来看，通过资本市场进行的并购起着主导作用。美国的军工企业借助发达的资本市场实现了军工资产证券化，也催生了波音、洛克希德马丁、雷神、通用动力几大军火巨头。而全球前100家军工企业80%以上是上市公司。据统计，从2001至2005年，美国军工上市公司的并购金额占美国军工企业全部并购金额的比例高达90%以上，西欧的比例为80%左右。可见，没有资本市场这个高效平台，西方军工企业大规模重组活动是难以实现的。

军民深度融合是军工行业焕发活力的必由之路

军民融合发展的具体形式

军转民：过去的十几年我们由于受人才、技术、资金等条件限制以及国家军工建设的迫切要求，国有军工企业偏向于军品的研发，现在我们已经度过了这个阶段，军工企业要想进一步发展，必须走军民融合的道路，充分发挥前期积累的技术、人才优势，寓军于民、军民结合，把握住民用市场的巨大空间能够使军工企业的资源得到充分利用，同时又能够反哺军品建设。

民参军：民营企业由于军工生产的政策性放开，将充分发挥民营企业的技术优势和市场敏锐性，民营企业深入融入军工研发生产不仅能够提高民营企业的盈利能力，又能充分利用社会资源，摊薄军工研发成本，减少不必要的重复建设和资源浪费。

在中证军工指数当前72只成分股中，有28只为非十大军工集团旗下公司，其中13家实际控制人为个人。上市公司中也不断有技术领先的企业拿到军品资质，非上市企业对参与军工生产也充满热情。本身有技术积累的民营企业参与军品生产的边际成本很低，降低重复建设。

军民深度融合：其实不论是军转民还是民参军，都是军民深度融合的一种体现，之间的界限并没有那么清晰。国有军工企业与民营军工企业都在寻求相互合作，国有军工企业也在进行混合所有制改革的尝试。随着科技产业化与事业单位改制的不断深入，国有企业会向更市场化的方向发展。而随着军品招标向民营企业的不断开放，民营企业也有可能诞生军民融合的产业化集团。资本市场在其中也将起到非常关键的助力作用。军民深度融合是军工行业发展的最佳状态。

美国军民融合发展的借鉴意义

冷战后美国军工行业进行了大规模兼并重组：军事工业自诞生于18世纪末的工业革命以来，大致经历了成长阶段、两次世界大战期间的快速发展阶段、冷战时期的扩张阶段和冷战后的转型阶段等四个重要发展阶段，美国亦是如此。冷战结束后，由于国防经费减少，军品订货下降，加上国际竞争日趋激烈，在世界军事工业生产集中化程度不断提高的过程中，出现了一个十分明显的特征，就是通过兼并组建大型军事工业集团，美国的兼并重组由国防部在背后推动，美国的五大军工集团也应运而生。

开发军民两用技术成为美国军事工业的发展趋势：军工产业的集中加快了高新军事技术的发展，也加快了军事工业的国际扩张。为了谋求军事效益和经济效益最大化，使社会资源与技术成果得到最充分和最有效的利用，美国开始有计划的开发军民两用技术。美国国防部认为，发展军民两用技术是美国国防科技战略的重要内容，同时也是振兴美国经济，增强国防竞争能力的国家安全战略的组成部分。

美国军民深度融合带动了美国经济发展：美国的军民融合发展不仅仅产生波音、通用技术等跨国巨头，更是全方位带动了美国经济发展。由于大多数军工企业同时从事民用工业，越来越多的技术同时可以军民共用，大大提高了美国的综合科技实力。同时军民互补及技术转化还培育和发展了硅谷等高科技产业园区。美国军民融合发展在经济、政治和军事上都强化了美国超级大国的地位。

我国军民深度融合发展方向：结合美国的军民融合发展史，我国军工行业的军民深度融合发展也有了一定的方向，国家在适当控制的前提下，让军工企业充分参与市场竞争，形成几大军工集团集中力量进行关键设备总装科研生产的同时，注意军工成果的民用产业转化，并充分调动社会力量参与军工生产建设。军民深度融合发展，国防军工将成为带动经济发展的重要力量。

结论：军民深度融合将深刻影响中国科技与经济发展

军转民、民参军、军工资产证券化，都是军民深度融合的一种体现。国家在适当控制的前提下，国有军工企业充分参与市场竞争，形成几大军工集团集中力量进行关键设备总装科研生产，同时注重军工成果向民用产业转化，并充分调动社会力量参与军工生产建设。而随着军品招标向民营企业的不断开放，民营企业也有可能诞生军民融合的产业化集团。资本市场在其中将起到非常关键的助力作用。军民深度融合是军工行业发展的终极目标，军民深度融合发展将深刻影响中国科技与经济的发展。

山东省世纪北斗导航系统科技有限公司

SHAN DONG CENTURY BIG DIPPER NAVIGATION SYSTEM SCIENCE AND TECHNOLOGY CO.,LTD.

山东省世纪北斗导航系统科技有限公司是2013年10月16日在青岛高新技术产业开发区创业中心注册成立的一家以卫星导航芯片、模块、集成电路、整机产品设计制造和行业应用解决方案、北斗公共位置服务平台及运营服务完整产业链为主营业务，以智慧政务、交通、旅游、海事、通信、物流和个人信息消费等信息服务为主要应用拓展领域的民营高科技企业。

公司主要致力于北斗定位与导航技术相关产业产品的研发、设计、生产、销售、服务及公共位置服务平台的运营管理，可承担基于北斗卫星导航系统设备的软硬件研发工作，现有自主研发生产的RDSS、RNSS芯片模块及手持终端产品，并可为客户提供北斗应用解决方案及平台方案。

单位在军民融合领域开展的活动：

自成立以来，我公司一直努力探索军民融合发展的道路。经过一年多的努力，在教育方面，2014年，我公司与青岛电子学校合作办学，开创第一届北斗应用技术专业，作为第一个北斗应用专业的开拓者，世纪北斗公司为北斗行业培养了大量人才，引领了北斗行业教育的发展，也为北斗行业的教学提供了宝贵的经验。

单位军民两用产品介绍：

在军民融合产品应用方面，北斗公司开发了多款军民两用的产品，既满足了军方的需求，又极大的迎合了广大民众多样化的需求。以下为北斗公司军民两用的产品介绍。

1. CBD-5001北斗数字智能对讲终端

CBD5001 是一款行业北斗智能手持终端产品，该产品集PDT数字集群对讲、常规对讲、北斗RDSS/RNSS、GPS、GLONASS、4G LTE智能手机、融合了后台多网互联互通等多种功能于一体。采用Android4.4.4操作系统，采用市场独有便捷式桌面告别繁琐的操作模式，桌面首屏即可实现语音搜索和手写搜索。用户无需再下载大量的APP，无论线上还是本机，一步直达，实现行业用戶极速流畅的交互体验。CBD5001满足IP57 防水防尘的三防等级,严格按照特殊行业通讯设备标准要求设计，为用户提供高质量高可靠性的产品，更好的满足特殊行业用户需求，是目前行业内功能最齐全，性能最高端的产品。

产品应用前景：在人们沟通信息需求不断的扩大，CBD5001的作用也将会逐渐增加，不仅仅是公安武警和军方，包括物流，野生动物及地址科研，医救，旅游等众多行业也会对这款产品需求不断增加，在满足稳定和实时的重要通讯的基础上，也会基于终端平台的强大延展性增添功能，从而占领北斗智能终端的广阔市场。

2.物流车联网云服务系统

后台场景模拟

物流车联网云服务系统是由“轨迹分析系统、实时视频分析系统、地理信息系统、运营风险分析系统、运营成本统计分析系统、数据交互对接子系统”构成，为用户提供车辆“在途监控服务、实时视频监控服务、物流运单监控服务、车辆空/重载率统计服务、车辆里程油耗成本统计服务、车辆行驶安全隐患监管服务、车辆运输调度服务”，该系统能承载20万以上的物流车辆接入，使得物流运输在途车辆看得见、管得着，让货物运输准时准点安全到达，满足物流运输合约上的指标要求。

产品应用前景：在未来物联网和车联网的市场中，物流车联网云服务系统会起到枢纽的作用，无论是在民用行业还是在军用等特殊行业，都会使人，车，物关联在一起，便于监督和管理。

3.BDWS03终端伴侣

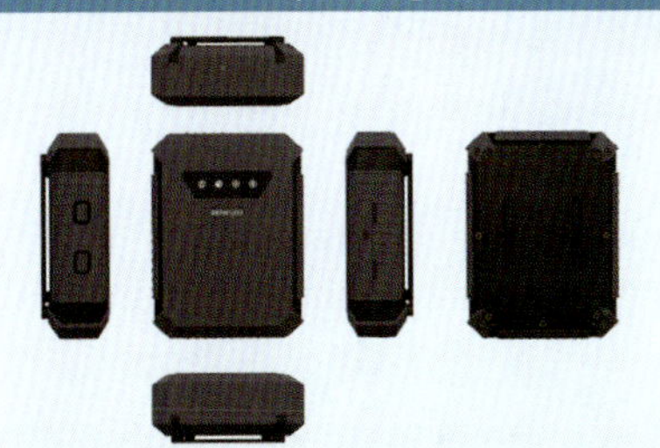

具有RDSS定位，短报文，一键呼救功能，可以与基Android，Windows-CE 平台的手持终端以及行车记录仪连接，满足特殊行业的需求。

产品应用前景：由于国家军民融合的政策影响下，结合人们生活和娱乐的各种需要，一个北斗伴侣将是很多人必备的装备。

4.XGNSS100三系统定位板卡

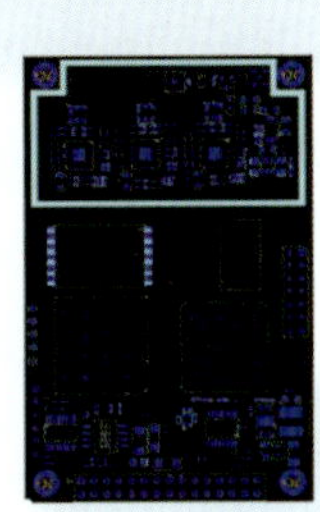

XGNSS100是本公司完全自主研发的一款三系统卫星定位导航板卡，可以接收BDS B1、GPS L1和GLONASS L1的卫星信号，实现单系统定位，双系统组合定位、三系统组合定位等共7种模式，且此板卡接口兼容JAVAD公司的JNS100产品，可原位替换。

产品应用前景：多模合一实现高精度定位功能，可满足不仅是中国本土，包括全市解各个位置对于位置信息和卫星授时的需求，在轨道建设，船舶定位和停泊，调度站时间校准等都需要性能更优的XGNSS100实现。

5.CBD-SN03船载一体机

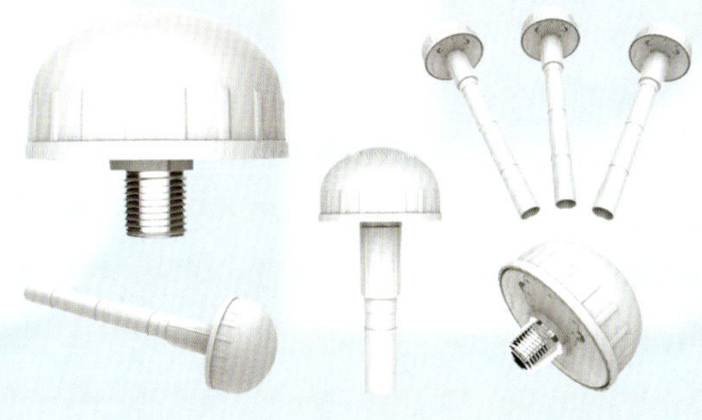

CBD-SN03一体机内部集成RDSS模块、RNSS B1/GPS L1模块、天线等，该模块集成度高、功耗低、可完整实现RDSS定位、短报文通信功能，并且实时接收RDSS、RNSS B1/GPS L1卫星导航信号。CBD-SN03一体机体积小巧、功耗低，连接简单、操作方便，非常适应船舰导航等人规模应用。

产品应用前景：完善的系统品台和出色的人机交互界面，不仅可以在专业军舰上使用，还可以在普通渔船，游轮和快艇的各种船只使用，操作简单，方便，未来国产船只都可以安装的北斗定位通信装置。

公司荣誉：

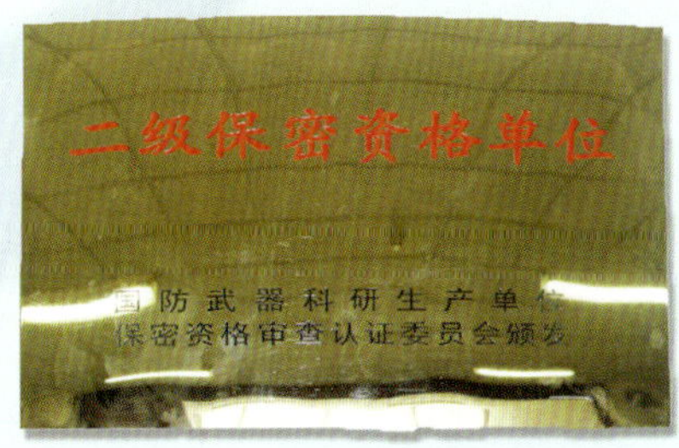

地址：山东省青岛市崂山区株洲路143号
电话：0532-88702777-118　传真：0532-88607808
邮箱：luyong@hsjgroup.com　网址：www.sdcbd.cn.com

中国“猎鹰”旋翼机

“猎鹰”旋翼机赴内蒙古机群阵列

“猎鹰”旋翼机是我军特种部队自我保障的新型空中机动渗透装备，编配特种作战旅（团）特种作战营，担负在中近程范围、以中低空或超低空气飞行方式输送特战人员，执行特种作战空中机动渗透任务，也可在反恐处突等非战争军事行动中执行空中观察监视、对地搜索跟踪等任务。

听党指挥，能打仗，打胜仗

在朱日和参加2013“砺刃”军演

飞向太阳

整装待发

飞行归来

机群飞向战区

空中编队飞行

主要技术参数

发动机型号	ROTAX 914
发动机功率	85kw/115HP
起飞滑跑距离	20-80m
降落滑跑距离	20m
最大平飞速度	≥180km/h
实用升限	≥4000m
续航时间	≥5h
最大航程	600km
最大起飞重量	≥560kg
有效载荷	230kg
额定载员	2人

运兵突击车

运兵突击车在中国北极村

运兵突击车主要编制于特种作战部队、摩托化部队的战斗班组等，作为机动作战平台，遂行野战运兵、突击作战、城市作战和反恐维稳等任务，也可遂行战场警戒、巡逻、搜捕等任务，并为各军兵种改装轻型专用车辆提供基型平台。

轮式装甲运兵突击车

承担总装的运兵突击车项目

运兵突击车行驶在越野泥泞路面

运兵突击车赴东北漠河地区进行寒区环境的车辆性能试验

运兵突击车行驶在越野路上

我公司负责亲自生意兴隆坐在装甲车内，对车辆乾地防护试验测试

主要技术参数

最高车速	≥100km/h
发动机最大功率	112kw
整备质量	≤4500kg
装载质量	≥1100kg
额定载员	7人
续驶里程	≥ 500 km
最大爬坡度	≥60%
最大行驶侧坡	≥40%
最小离地间隙	≥350mm
垂直越障高度	≥450mm
水平越壕宽度	≥700mm
涉水深度（无准备／有准备）	≥0.75m/1.2m

ZFB05-GJ 装甲车技术参数

底盘	4*4 军用越野底盘
发动机型号	康明斯 ISDE180-30\200-30 电喷、涡轮增压、Bosch 共轨（HPCR）中压中冷柴油机
发动机最大功率	136kg/2500 r/min (4.5L) 147kw (选装)
最大扭矩	650/1200-1700 n.m/rmp
燃油消耗量	20L/100 km
车辆乘员人数	2+9 人
整车整备质量	4800kg
最大装载质量	1700kg
总质量	6500kg
最大拖挂重量	2000kg
外廓尺寸（长*宽*高）	5360mm*2320mm*2300m
车辆最高车速	115km/h
最大爬坡度	≥60%
最小离地间隙	350mm
垂直越障高度	≥350mm
转弯直径	15m
涉水深度	无准备 0.8 米，有准备 1.2 米
油箱容积	120L
最大行驶里程	600km
防护性能	车体正面可抵御 53 式 7.62mm 穿甲弹射击，侧面和后面可抵御 53 式 7.62mm 标准弹射击

电话：0917-3321300　传真：0917-3321362　邮箱：wangbaohe_bj@126.com

华纺股份有限公司
HUAFANG CO., LTD

华纺股份有限公司坐落于中国黄蓝两区（黄河三角洲高效生态区与山东半岛蓝色经济区）主战场——黄河三角洲腹地的滨州市，是一家以印染为主导，兼容纺织、服装、家纺成品、热电、房地产、信息服务及金融等产业的上市企业，至今已有39年沿革历史，形成集团化规模，是中国人民武装警察森林指挥部核准的物资供应商。年产印染布2.8亿米，花色品种达10000余个；现有环锭纺4万锭、紧密纺2.8万锭；年产床品类产品600多万件（套），服装300万件；产品广泛应用于军工、消防、矿山、旅游、家居装饰等多领域需求。

公司以“高品质纺织品缔造者，健康时尚生活倡导者”为使命，以“人文华纺、绿色华纺、质量华纺、数字华纺、国际华纺、百年华纺”为愿景，致力于纺织科技创新，服务军工，服务民生，打造领导传统产业转型升级新典范的行业旗舰。

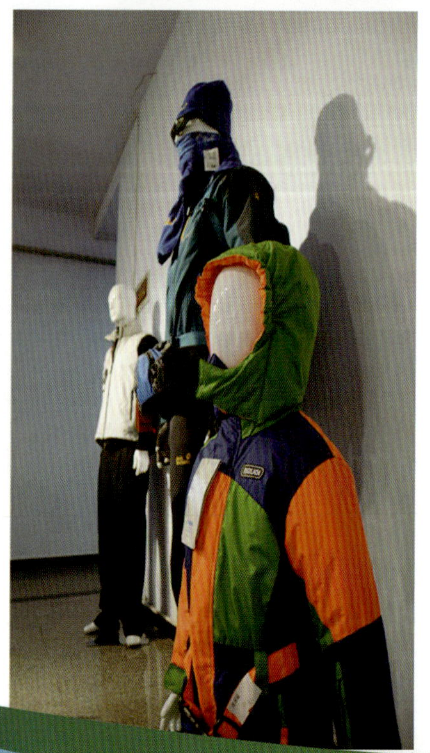

通讯地址：山东省滨州市黄河二路819号
联系电话：0543-3288608
传　　真：0543-3288518
电子邮件：news@hfyr.cn
主页网址：www.hfgf.cn

创新卓越 引领行业

至臻品质 成就品牌

- 全国五一劳动奖状
- 国家认定企业技术中心
- 国家科学技术进步二等奖
- 全国纺织行业劳动关系和谐企业
- 中国纺织服装行业社会责任信息披露实践示范奖
- 中国海关总署认定“海关AA类管理企业资格”
- 中国印染行业“十佳”企业
- 中国纺织行业企业文化建设十大品牌
- 山东省富民兴鲁劳动奖状
- 中国专利山东明星企业

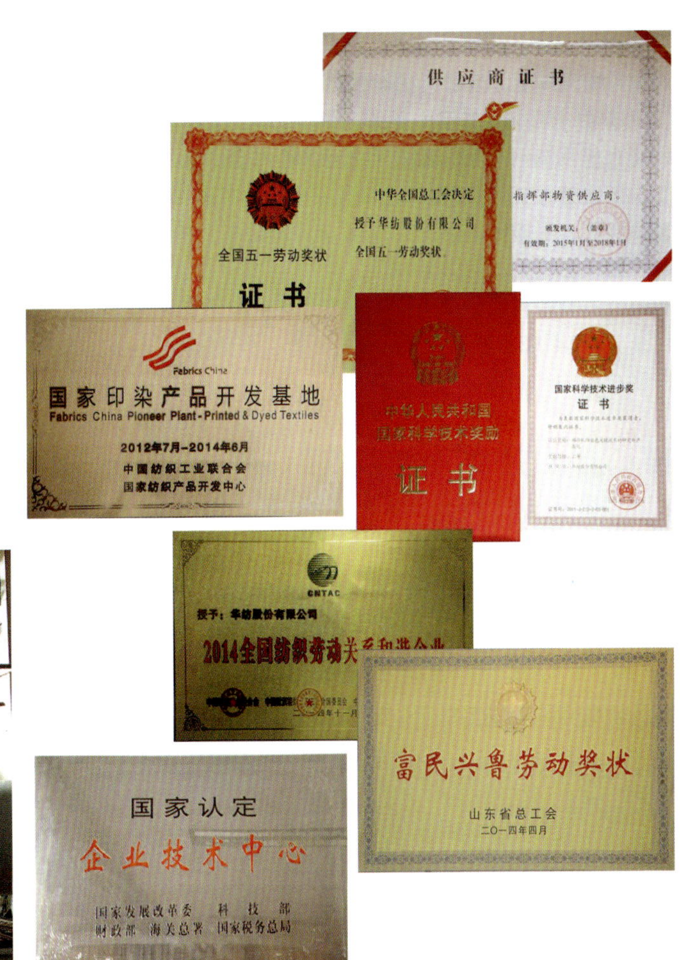

公司集研发、生产、销售、服务于一体的现代化的军工民营企业

教练弹的仿真药粒 （阻燃、比重大、抗冲击等特点）

教练弹的仿真药柱（阻燃）

榴弹的闭气环（耐高温、产品性能温度、抗冲击、强度大等特点）

穿甲弹闭气环 （耐高温、产品性能温度、抗冲击、强度大等特点）

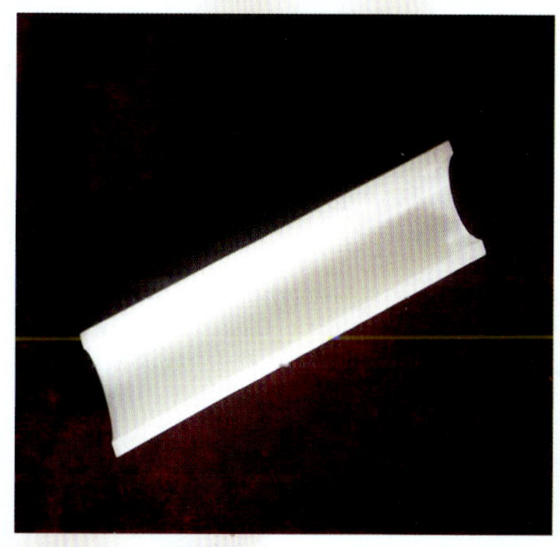

穿甲弹、破甲弹的定位套、衬块（耐高温、产品性能温度、抗冲击、强度大等特点）

改性聚氯乙烯仿真药粒，仿真药粒是替代炮弹发射药的仿真产品，要求仿真度高、质量可靠、性能稳定。对聚氯乙烯进行改性，采用全新的增强、增韧、抗老化、复合、共聚等一系列特殊改性技术生产系列聚酯–酰胺改性聚氯乙烯仿真药粒。该仿真药粒是在特殊加工工艺过程中进行改性，实现了以氯乙烯–酯–酰胺共聚物替代原有聚氯乙烯，使产品具有高密度、高强度、高阻燃、高抗冲、抗静电等特点。

闭气环是MC尼龙改性材料，通过采用特定的加工工艺，这种材料可以是离心浇铸的方式将己内酰胺高温融化、抽真空等加工工艺，将各种改性剂和助剂，发生化学变化通过离心浇铸的方式生成的MC改性尼龙的制品。这种制品内部均匀无气泡，各种物性稳定性、具有无毒、质轻、优良的机械强度、耐磨性、抗冲击性能、抗静电、耐盐雾及较好的耐腐蚀性，尺寸稳定性好。该种材料还广泛应用于代替铜等有色金属，在航天、机械、化工、仪表、汽车等工业中制造轴承、齿轮、泵叶及其他零件。

定位套、衬块 是改性ABS产品，通过加入各种改性剂、保留其ABS原有性能外，还增加了ABS不具备的性能。如耐高温性能、尺寸稳定性、抗静电、冲击性能高、耐腐蚀、抗老化等特点。

洪昌 HONG CHANG 湖南省洪昌科技有限公司

公司介绍

湖南省洪昌科技有限公司地处“鱼米之乡”的洞庭湖畔。生产基地处于沅江市经济开发区，是一家集滚塑研发、生产、销售服务为一体，以人机界面、PLC变频器为控制手段达到精准的机电一体化智能控制的高科技公司。

湖南省洪昌科技有限公司与北京道和科技有限公司为紧密的核心技术战略联盟公司，与中国滚塑协会达到了良好的技术交流与合作。

主要产品为军用油桶、军用安全防护箱、滚塑围栏水马、滚塑防撞桶、施工隔离护栏、安全路锥以及各种容器类、体育器材、各种箱体、壳体、大型管材等制件。如周转箱、垃圾桶、机器外壳等等。公司产品均采用先进的滚塑工艺一次性成型，防腐蚀，坚固耐用，色彩鲜艳，可根据客户需要的定制生产。

产品介绍

该军用滚塑油桶外型直径为Φ580mm，总高度为870mm，桶身平均壁厚约为5mm,单个油桶净重为12.5kg，有效容积约为170L。该油桶采用经抗静电和防颜料析出改性的茂金属催化线性低密度聚乙烯MLLDPE材料，经滚塑加工工艺一次性生产成型。相比传统的金属材质的油桶，该产品有耐应力、不易变形，耐环境应力开裂性>1000hr,150J落锤冲击不变形，不开裂；也具有更强的防静电性能与防腐蚀性能；同时又有很强的抗老化性能。

油桶上盖部分安装的金属密封螺母是嵌件，是和桶身一次性滚塑成型的，再配合密封垫与螺栓，提高了油桶密封性能，不易泄油、漏油。桶身外壁设计有2条环形半圆凹槽，凹槽内放置环形橡胶弹性圈，橡胶弹性圈凸出凹槽，二者配合使油桶滚动时桶身既不会直接接触地面，又缓冲了桶内的油对向桶盖和桶底的冲击力，提高了油桶的抗冲击性能与使用寿命。

秦皇岛耀华玻璃钢股份公司

艰苦奋斗　严守纪律

一、单位介绍

秦皇岛耀华玻璃钢股份公司是由始建于1922年的中国耀华玻璃集团下属企业–秦皇岛耀华玻璃钢厂和秦皇岛经编厂于2003年实施整合，并于2007年实行改制而创立的股份制企业，改制前两厂分别创立于1958年和1973年。公司长期专注于复合材料领域，已成为国内同行业中技术力量雄厚、工艺装备检测手段完备，集复合材料研究、设计、生产、检测、服务等综合功能为一体的骨干企业。

公司是中国玻璃钢/复合材料工业的创始单位之一，是中国复合材料工业协会常务理事单位，是玻璃纤维增强聚酯波纹板板国家标准第一起草单位，是纤维增强塑料用不饱和聚酯树脂国家标准的主要起草单位之一。

公司经营范围为：玻璃钢制品、船舶及配套设施、工程塑料制品、不饱和聚酯树脂产品的生产、销售；玻璃钢工程设计、技术服务。主要产品有玻璃钢板材、型材、船艇、包装器材，工程塑料包装箱，不饱和聚酯树脂等。主要军品为轻型渡河器材、弹药包装器材、水上导航器材以及军警用特种型材等产品，是总装、总参、海司航保部、武警总部、公安部、国家防汛抗旱总指挥部等部门的科研生产承制单位。

公司以务实、高效、创新、诚信的经营理念，致力于把公司打造成为和谐发展、管理卓越、效益良好、文化浓郁的现代化企业，持续为客户、员工和社会创造更高价值，成为受客户信赖、员工爱戴、行业尊重、社会认可的业界标杆。

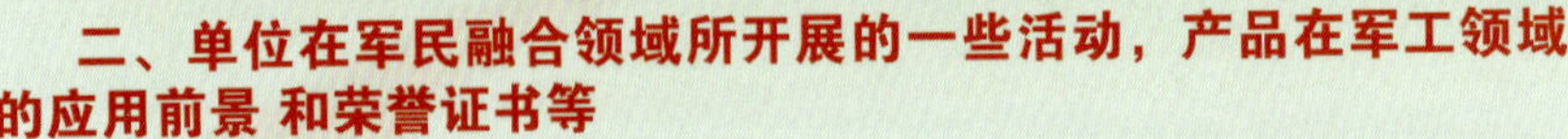

二、单位在军民融合领域所开展的一些活动，产品在军工领域的应用前景 和荣誉证书等

秦皇岛耀华玻璃钢股份公司公司坚持军民融合发展，充分发挥军工技术、管理优势，着力推进自主创新，努力打造高新技术企业，在工程、军械、海军、武警等装备领域圆满完成了所承担的各项装备生产和技术服务等任务，在节能采光、清洁能源、城市化建设等民用市场不断突破创新，受到了上级机关、任务部队、和社会的表扬和信任，企业稳重有进、持续发展。公司在军民融合发展中的具体做法如下：

1、确立军民融合发展理念，规划军民融合发展战略

公司树立“军民同重”的战略思想，提出了“企业生存发展的根基在军工，做强做大的出路在民品”的发展思路，确立了军技民用、民为军用，军民一体化发展的军民融合理念，大力推进军民两用技术和产品的发展。

2、立足战略新兴材料技术，找准军民融合发展抓手

公司瞄准战略新兴产业领域，抓住新材料产业的发展机遇，加大高性能和高技术装备的发展。相继研发定型了高性能工作艇、多功能弹药包装器材、军警用特种型材等多系列、多型号产品,装备应用领域不断拓宽。

3、实行产学研联合发展，搭建军民融合创新平台

公司不断加强专业科研机构的自身建设，加大与军方科研院所、地方高校及院所深层次合作，建立开放型、高层次、多元化的产学研用联合体，为军民技术论证、技术攻关、项目咨询、经营管理提供内

做复合材料精品 创世界知名品牌

求实创新 勇争一流

外支持，形成军民融合技术体系的智力支撑。近年来公司开发重点项目20余项，获军队科技进步一等奖1项、二等奖3项，发明专利10项，公司自2009年被认定“高新技术企业”，被河北省国防科技工业局等部门评定为“军民融合产学研用示范基地”。

4、统筹规划生产制造系统，合理调度生产制造资源

公司于2013年实施了整体搬迁，实施多项技术改造，统筹搭建了生产制造系统、质量控制平台、原材料采购供应系统等，对军民品生产中涉及到的物资配套、生产进度、质量控制等进行统一指挥调度，建立了统一协调的军民融合生产制造系统。

5、推进军民市场观念融合，实现市场服务相互支持

公司针对军民品市场的不同特点，推进军民品市场观念的融合，将民品市场的快速反应意识、成本意识、效率观念等引入军工市场，在国家保密许可范围内，建立军工和民品市场信息互通机制，实现军民信息共享；整合市场售后服务服务资源，形成快速响应的市场服务体系，操作指导准确、产品维护及时、信息传递快捷，服务优质高效，企业的市场竞争力有效提升。

三、荣誉

2009年认定为“高新技术企业”，2012年河北省军民融合型企业，2014年7月，河北省国防科技工业局、科学技术厅、发展和改革委员会、教育厅和知识产权局等五部门联合发文件，公司被认定为“河北省军民融合产学研用创建基地”，标志着公司在推动军民融合深度发展、推进国防科技成果的转化工作中又迈上了一个新台阶。

四、产品说明

公司主要产品有玻璃钢船艇、板材、型材、包装器材，工程塑料包装箱，不饱和聚酯树脂等。主要军品为轻型渡河器材、弹药包装器材、水上导航器材以及军警用特种型材等产品，多年来为总装、总参、海司航保部、武警、公安部等部门提供了优良的装备。公司坚持军民融合发展，利用军品技术和管理的优势，积极开发和拓展民用产品和市场，主要民品有船艇、玻璃钢板材、型材、城市景观等产品，广泛应用于公务、节能环保、城市景观建设等领域。玻璃钢轻型舟艇产品形成了冲锋舟、刚性充气艇、公务工作艇、休闲娱乐艇等系列，用于执行公务、抢险救护、休闲等领域，在军用、民用实践中得到了广泛应用，并在抗洪抢险、非战军事行动中屡建功勋，被誉为“生命之舟”、“不沉之舟”。

鑫鹏源智能装备集团有限公司

XIN PENG YUAN INTELLIGENT EQUIPMENT GROUPCO.,LTD.

公司简介

公司成立于 2005 年，主要产品为各种能源装备用高合金、海洋钻探合金、航空航天、军工、钛合金材料等，年产能力达到 80 万吨，可实现产值 60 亿元。作为国家重点产业支撑能源装备制造基地，先后被国家发改委评为“ 国家能源自主创新及重点产业振兴技术改造项目 ”、被国家环保部评为“ 国家节能减排重点示范企业 ”、被山东省政府评为“ 新能源装备制造与物流联动发展示范企业 ” 等 13 次国家、省级行业重特大技术改造研发试点单位，并且获得聊城市市长质量奖、市重大贡献企业、市节能减排环保先进企业、市出口节能创汇先进企业、市重合同守信用示范企业等荣誉称号。

公司通过了国家“ 安全生产标准化三级企业 ”的认定，通过了美国石油协会颁发的 API 5L、API 5CT 的认证，取得了国家特种设备生产许可证，通过了国家 3C 产品认证，荣获“ 山东名牌产品 ”称号等 22 项国际、国内认证。

公司秉承“ 科技鑫鹏、智慧云商 ” 的发展战略。未来的鑫鹏源将坚持以“ 科技创新驱动 ” 为发展战略，创造出一片更加广袤的新天地！

生产车间鸟瞰

核电 · 钛产品展示（一）

产品简介

我公司专业研制生产有色金属压延制造钛合金材料 TC4、TC11、TC21 等。钛合金材料具有比重轻、吸热慢、散热快、强度高及超耐酸碱的特性；被广泛应用于航空、航天、核电、海洋造船、医学领域。我公司钛合金材料 TC4、TC11、TC21，热轧工艺制造生产的钛管生产规格：直径为Φ133~325mm 壁厚为 6~120mm 长度为 8~12.5m。

其它类产品为：

· 管线管（代表钢号 X70、X100、X110）

· 石油裂化用无缝钢管（代表钢号 20、12CrMo）

· 油套管（代表钢号 37Mn5、30Mn2V）

· 液压支柱用无缝钢管（代表钢号 35、27SiMn）

· 不锈钢（代表钢号 12Cr18Ni9、06Cr19Ni10、022Cr19Ni10）

· LNG（代表钢号 16mnR、06Cr19Ni10）

军工 · 钛产品展示（二）

科技鑫鹏　智慧云商

科技创新驱动

设备简介

本公司主要设备装备公司目前拥有5条生产线：

(1) Φ340多功能限动芯棒斜轧机能源机械装备生产线，

年生产能力：40万吨

产品规格：Φ(180–377)*(8–150)*(6000–13000)mm

(2) Φ140ACCU–ROLL能源装备生产线

年生产能力：20万吨

产品规格：Φ(114–219)*(6–25)*(6000–13000)mm

(3) 750/300高精度冷拔能源机械装备生产线

年生产能力：10万吨

产品规格Φ(114–377)*(3.5–20)*(6000–13000)mm

(4) 石油套管、管线管能源装备生产线，

年生产能力：10万吨

产品规格：Φ(114.3–355.6)*(7–25)*(6000–13000)mm

(5) Φ1200星行旋扩机组能源装备生产线（筹建中）

预年生产能力：30万吨

产品规格：Φ(377–960)*(10–25)*(6000–13000)mm

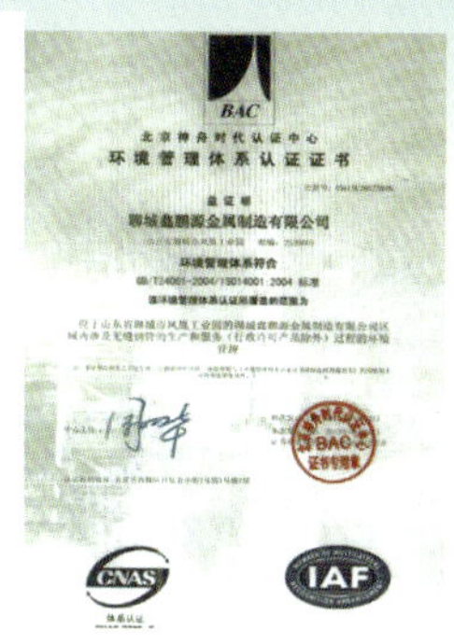

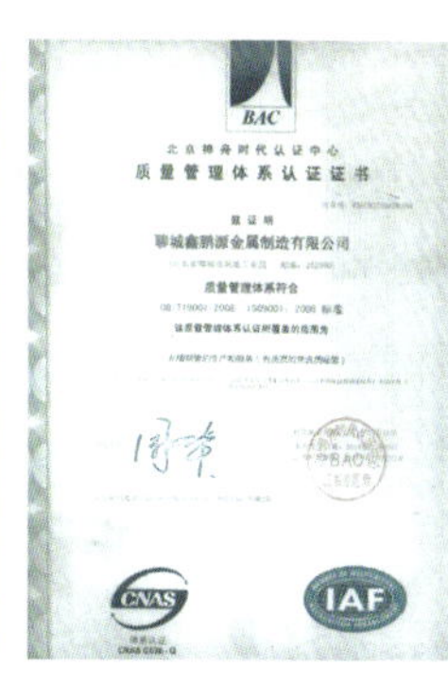

地址：山东聊城市东昌府区凤凰工业园经二纬三路

电话：0635–6199999　6198765　6198016（传真）

天宝集团
Tianbao Group
山西天宝集团有限公司
总部地址
地址：山西省定襄县北关工业区
邮编：035400
电话：+86(0)350-3322090(销售部)
传真：+86(0)350-3322091　3322095
邮箱：sxtbfd@163.com　hdv@163.com
北京分公司
地址：北京市海淀区远大东路鲁园
上河村三区7号楼2单元3203
电话：+86(0)10-88405622
传真：+86(0)10-88405622
邮箱：sxtbfd@163.com　bjtbfd@163.com

诚信　务实
创新　进取
专注于专用通信系统的研究、设计、开发、生产及服务

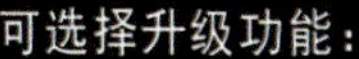

秦皇岛星箭特种玻璃有限公司

秦皇岛星箭特种玻璃有限公司成立于2000年10月，是一家专业从事空间用抗辐照玻璃盖片、航天用掺铈的二次表面镜(OSR)玻璃基片及高强度超大超薄玻璃盖片等产品的研发和生产的高新技术企业，是中国航天科技集团公司唯一一家合格供应商，产品市场占有率达到了95%以上，创下了14年无一质量差错的历史记录。

2003年，公司通过了ISO9001：2000国际质量管理体系认证。2008年，在中国航天科技集团发布的航天型配套国产材料合格供应商名录中，星箭公司被评为全国同行业中唯一一家合格供应商。2010年，公司通过2008转版质量管理体系认证。公司先后获得两项国家发明专利和一项实用新型专利，其中OSR玻璃基片的研制成功，填补了我国航天技术一项空白，打破了国外技术的垄断局面，每年为国家节约外汇上千万元。2012年，OSR玻璃基片被评为国家重点新产品，荣获市科学技术进步二等奖、科学技术进步奖三等奖。2015年公司新研究开发了0.05mm厚超薄柔性抗辐照玻璃盖片，此项产品可为国家每颗星节省发射成本300多万元，每年可为国家节约发射成本近六七千万元。

目前，公司的产品已广泛用于高、中、低轨道飞行器。自“神舟四号”“神舟五号”“神舟八号”“神舟九号”“神舟十号”系列飞船以及“嫦娥一号、二号、三号”月球探测卫星等都使用星箭公司的产品。公司的产品多年来始终保持100%合格率。尼日利亚、委内瑞拉、巴西等国发射的卫星也使用星箭公司的产品。

总经理卢勇

航天用二次表面镜玻璃基片

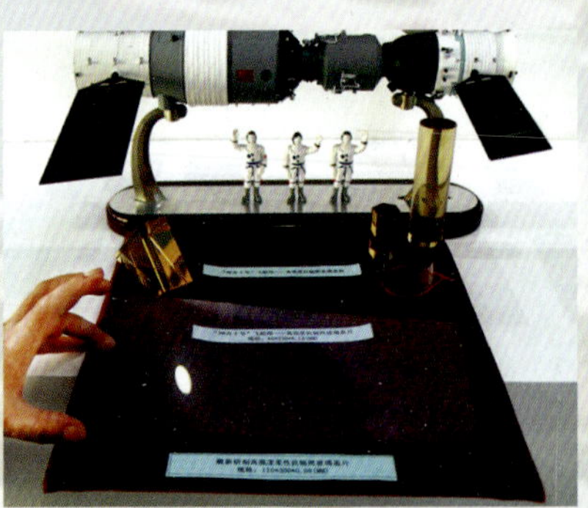

超大规格柔性抗辐照玻璃盖片